高职高专文秘专业工学结合规划教材

秘书实用心理学

Practical Psychology for Secretaries

主　编　潘慧莉

副主编　吴新化　邢静南　蒋雨岑

主　审　杨群欢

ZHEJIANG UNIVERSITY PRESS
浙江大学出版社

高职高专文秘专业工学结合规划教材

审读专家委员会（按姓氏笔画排序）

总　序

2007 年 12 月，浙江大学出版社邀请省内外数十所开设文秘专业的高职高专院校的教学负责人召开了高职高专文秘专业教学及教材建设研讨会。会议重点研讨了当前高职高专文秘专业建设、课程设置、招生就业、教材使用、工学结合课程改革等情况。大家一致认为，教材建设是文秘专业建设发展的重要环节，配合教学改革进行教材改革已迫在眉睫。会议决定开发一套"高职高专文秘专业工学结合规划教材"。

针对高职高专文秘专业的实际情况，结合目前秘书职业岗位需求和工作特点，浙江大学出版社确定了新编高职高专文秘专业工学结合规划教材的基本原则。即：思想性、科学性和方法论相统一；先进性和基础性相统一；理论知识和实践知识相统一；综合性和针对性相统一；教材内容与秘书职业岗位无缝接轨。同时根据高职秘书人才培养计划，遵循"以够用为度，以适用为则，以实用为标"方针，以职业活动为导向，以职业技能为核心，突出项目化、任务驱动的教学特点，体现实用性、技能性、职业性，融趣味性和可读性于一体的高职教育教学特色。

本系列教材主编和编写人员都是经过精选的，主要选择富有教学和教学改革实践经验的高职高专院校秘书专业的教师或秘书专业研究人员来担任。教材内容组合新知识、新技术、新内容、新案例、新材料，体现最新发展动态，具有前瞻性。编写体例新颖，主次分明；概念明确，案例丰富，同时安排了大量的便于教学过程中操作的实训方案，并有配套的习题和教学课件。

为了确保教材的编写质量，浙江大学出版社邀请了当前国内一流的文秘专业教学与研究方面的权威专家、学者对本套文秘专业工学结合改革教材进行了认真的审稿。专家们普遍给予了高度的肯定，同时也提出了很多宝贵的意见和建议，使得这套教材能更加完善。相信这是一套学生便于学习训练、教师便于教学指导的好教材。

教育部高职高专文秘专业教学指导委员会委员、教授
杨群欢
2009 年 6 月 18 日

前　　言

在科技日新月异、经济飞速发展的今天,人们对心理素质的理解已越来越深刻,心理素质就像著名的"木桶理论"中的那块短板,直接制约着个体整体素质的提高。

秘书心理学是一门应用学科,是心理科学与秘书事务科学的有机结合。它与秘书学、秘书实务、企业管理等课程有密切联系,对培养综合素质高的秘书从业人员有不可或缺的作用。

本着高职课程建设适应工学结合、教学做合一的教学模式,对传统的秘书心理学课程进行了改革,把适合学生发展的团体心理辅导的理论和技术应用到秘书心理学的课堂教学中,结合职业能力培养要求设置内容,突出项目教学、心理训练、案例教学等以完成职业岗位工作任务的多个技能目标培养为体系,结合心理学实用的技能训练,把抽象的知识演变成生动活泼的操作,使学生在秘书活动情境中体验、领悟训练中所蕴含的深刻道理,促进文秘学生心理素质的提高。

本书以技能培养、心理训练为主要目的,运用项目教学法的模块化结构编写,有三个创新点:一是浓缩理论,注重训练。以能力体系为基础确定课程内容,设计相应的心理训练活动。培养学生的综合职业能力,使学生掌握相关的理论知识,既考虑到学生的可持续发展,又能进一步拓展知识、强化能力。二是做学结合,行知并进。采用互动式、体验式的教学方式,特别强调学生的体验和感悟,通过与其他学生分享交流,深化对自己和他人的认识,学习到新的行为,并将成果应用到日常的专业学习及社会实践中去。三是激发兴趣,寓教于乐。学生是课堂的主角,是主动的学习者,通过体验以及生动的案例、富有启迪的故事获得受益终身的知识,并体会到学习是一种莫大的乐趣。

编写的总体思路,以心理学的基础理论为基石,以秘书心理活动和心理需求为主体,分成六个模块:秘书的角色和价值观、秘书的能力和生涯规划、秘书的个性心理、秘书的意志和情绪、秘书的人际交往以及秘书的心理健康,并把心理训练、案例教学融入其中组成一个有机的整体。上述六个模块的安排具有由内及外、由易渐难的特点。

在编写体例上,每个模块下均包括"学习目标"、"心理训练"、"案例导入"、"理论知识"、"相关链接"、"思考与练习"、"综合实训"等内容。"学习目标"明确本模块要达到的知识目标和能力目标。"心理训练"全员参与,特别强调学生的体验和感悟,深化认识,并学习到新的行为。以"案例导入"中涉及的知识点,过渡到对"理论知识"的探讨,使学生最优化地掌握相关的理论知识。"相关链接"为拓展知识部分,起到夯实知识、巩固成效的作用。"思考与练习"有助于学生对学习内容作进一步的思考与消化。"综合实训"把课堂延伸到课外、校外,提高学生的综合技能。心理训练是一个持久的过程,只有通过反复的训练才能把它作为一种心理倾向稳定下来。整个教材体系明晰,重点突出,心理训练操作性强,在内容和形式上更符合高职人才培养的规律。

本书由潘慧莉确定框架并统稿,模块一由潘慧莉完成,模块三、四、六由吴新化完成,模块二、五由蒋雨岑完成,其中心理训练、综合实训、相关链接由潘慧莉、邢静南编写。

在编写的过程中,编者博采众长,参考吸收了有关专著、教材和相关网络资源的成果,得到了有关部门、学校领导的大力支持,有关专家和教授的热情帮助,在此一并表示感谢。

由于我们水平有限,同时采用了新的编写体例,加之时间仓促,书中出现缺点、错误在所难免,敬请诸位专家、读者赐教,我们一定会在今后的教学和实践中不断改进与完善。

编　者

2010 年 5 月

目　录

模块一 上司的左右臂——秘书的角色和价值观

◎ 学习目标

知识目标:

1.了解角色的含义,认识秘书的角色意识;

2.掌握秘书的角色意识的构成;

3.了解价值观的含义以及秘书的价值观念。

能力目标:

1.明确秘书的辅助、服务角色定位;

2.能正确培养秘书的角色意识;

3.能对秘书价值观作正确的定位。

项目一 秘书的角色意识

◎ 心理训练

任务一:国王与天使

时　　间:10分钟。

材　　料:五颜六色的卡纸每人一张(身份证大小),背景音乐。

目　　的:创造彼此关心的氛围,增强同学间了解和亲密感。

　　　　养成关心他人、勇于奉献的职业素养。

操作程序:

1.发给每个学生一张"国王与天使"卡,每个人在"国王"的旁边写上自己的名字,然后交还老师。

2.老师将所有卡片收齐后,将全部卡片的背面朝上,并打乱,请每个人抽取一张。如果抽中自己写的卡片就重新抽取一张。

3.告诉大家,你所抽取的卡片上的人,就是你在大学期间的"国王",你作为"天使"要在整个大学期间,暗暗关心他、帮助他;同时在全体成员中,也有某个人是你的"天使",他也会默默地关心你、帮助你。

4.之后,请大家在抽取的卡片中"天使"旁边的位置写上自己的名字,并且牢牢记住"国王"的名字,将卡片交给老师。

【提示】 这个活动可以使全班同学充满浓浓的温情与亲密感,结果也可以暂不公布,等到毕业的那一刻再公布。

作为"国王",我应该怎样关心我的"天使"? 作为秘书,我应该怎样关心、帮助我的上司? _____

任务二:镜中人

时　间:约20分钟。

目　的:培养学生对他人的敏感性,互相沟通且互相接纳。

操作程序:

1.两人一组,一人自由做动作,另一人模仿,互相模仿2分钟后互换角色,不可说话,用心去体会对方的心意。

2.完成后交流,看看自己对对方的理解是否正确。

3.第二轮仍然两人一组,一人说话,另一人照原话说,两分钟后互换角色。结束后两人交流,全身心投入地理解观察他人。

【提示】 在扮演镜中人的过程中,模仿别人的表情、言语时,你是否能体会、捕捉到别人细微的变化?

通过这个练习,你感悟到了什么? _____

任务三:组建团队

时　间:40分钟左右。

材　料:图画纸若干、水彩笔。

目　的:打破同学之间的人际隔阂,增强团体凝聚力。

操作程序:

1.分组。可以按寝室床号或任意抽签或报数来分组,每组6～8人,适当考虑男女生比例。

2.组建团队。每组在规定的时间内完成以下任务:推选队长、秘书各一人;为团队命名;确定团队标志;商议团队口号;编制有特色的队歌。

3.展示。按每组完成的先后顺序,请小组成员集体到讲台前展示成果,摆出队伍造型,请一位成员介绍本队基本情况,队名、队标的含义,并一起唱队歌喊口号。

【提示】 社会心理学家研究发现,要想在一个群体中快速地建立一个团队,最好的方法就是给这群人一个共同的任务,让他们在完成任务的过程中自发地分工、合作。任务完成了,团体也就建立起来了,他们会在合作的过程中彼此欣赏、相互鼓励。

你对这个过程有哪些感受？　_____

让你印象最深刻的是什么？　_____

你在其中扮演了什么角色？　_____

◎ 案例导入

如此露脸

年轻的小王大学毕业以后，应聘到一家规模很大的贸易公司的杭州分公司工作。凭着他的聪明和能力，经过了一段时间的努力，他被分公司的李经理看中，调到经理办公室当秘书，王秘书干得倒也有声有色。

这些天王秘书很兴奋，因为几天后总公司的张副总经理要来他们分公司视察工作。由于他工作出色，人又机灵，李经理点名让他陪同张副总经理汇报工作。王秘书心想机会来了，他要精心准备一番，一定要在副总经理面前好好表现一把，不光让李经理脸上有光，说不定借此机会以后还可以调到总公司工作。所以，在张副总经理视察期间，王秘书总是抢着介绍公司某些具体情况，侃侃而谈，从现状到未来发展趋势，从具体工作到宏观评价无一遗漏。对自己了解得不太准确的情况，也能灵机一动，迅速做出汇报。对张副总经理给公司布置的任务，王秘书也毫不犹豫地承诺下来。视察结束后，王秘书还给张副总经理留了名片，表示今后张副总经理要办什么事，无论公私，都可以直接找自己。

送走张副总经理以后，王秘书对自己的表现有些沾沾自喜，可是，他发现李经理的脸色有些不对头，并没有表扬他，只说了句："辛苦了。"过了几天，王秘书被调到销售科当业务员去了，他怎么也没有想到是这个结果，郁闷极了。

（资料来源：孟庆荣《秘书工作案例及分析》，清华大学出版社 2007 年版）

王秘书在接待工作中的表现合适吗？秘书应如何界定自己的工作和职权？

◎ 理论知识

在一个组织化的社会之中，生活在一个具有一定价值观、行为模式和文化形态的社会里，人们会因为某种原因而成为某个群体、某个组织中的一个成员，在群体或组织中扮演某个特定的角色。在扮演某个角色的过程中，人们往往会遵循这个角色所必须遵守的某些特定的社会规范，角色规范会成为约束个人行为的标准。

随着中国经济的快速发展，各企业对秘书标准的要求也和以前相比有了很大提高，秘书职业正在经历着向高素质、专业化人才转向的巨大变革。凡是专门从事办公室程序性工作、协助上司处理政务及日常事务并为决策及实施提供服务的人员，都可以称为秘书，包括组织中的基础文员、专职秘书到高级行政助理等一个完整的行政辅助人员体系。因此,认识秘书的角色意识,掌握秘书的角色意识的构成,明确自己的工作性质和职责,正确合理地为自己所承担的角色定位。

一、角色概述

"角色"一词最先是戏剧中的一个专有名词,是指戏剧舞台上所扮演的剧中人物及其行为模式。

美国社会学家乔治·米德(G. H. Mead 1863—1931),在《心灵自我与社会》一文中将"角色"一词引用于社会心理学中,运用角色的概念来说明个体在社会生活中的身份及其行为如同演员在舞台上的扮演,从而使角色成为社会心理学中的一个重要概念。大多数社会心理学家认为,角色是由人们的社会地位所决定并为社会所期望的一套行为模式。具体地说,就是个人在特定的社会环境中拥有相应的社会身份和社会地位,并按照一定的社会期望,运用一定权力来履行相应社会职责的行为。它规定一个人活动的特定范围和与人的地位相适应的权利义务与行为规范,是社会对一个处于特定地位的人的行为期待。因此,现在我们所指的角色一般是"社会角色"的简称,用来比喻一个人在社会群体中所处的地位以及由此规定的社会职责。

人们在社会生活中随时扮演着各种不同的社会角色,对不同情境下的不同角色,人们也会提出不同的要求与期望,并形成不同的社会角色规范。每个社会成员在扮演不同的社会角色时,必须使自己的行为符合相应的社会角色规范,否则就会受到舆论的否定和社会的排斥。因此,一个人如果想要做一个符合社会要求的合格的社会成员,就必须学会角色扮演。

斯坦福监狱实验——模拟监狱中的社会角色

1971 年,斯坦福大学心理学教授津巴多曾经做过一个探讨人性心理的"斯坦福监狱实验"。他以一天 15 美元的报酬找了 24 个身心健康、情绪稳定的男大学生志愿者,随机抽出一半让他们扮演"囚犯"和"看守"。

实验开始了,这些学生很快就进入所扮演的角色,一开始一切都很正常,可是到了第二天,"囚犯"们对于被监禁做出了反抗。"看守"们迅速而残忍地采取了报复。他们把"囚犯"全身扒光,搬走了"囚犯"的床,把这次反抗的头目拉去关了禁闭,并且开始骚扰"囚犯"。不久之后"囚犯"们开始无条件地服从"看守"。经过了仅仅几天逼真的角色扮演之后,之前的身份似乎已经完全被抹去了,他们成为自己在监狱中的"号码"。同样的情况也发生在"看守"们的身上,他们辱骂并且虐待自己的"囚犯"。

原本计划要进行两个星期的实验,由于"看守"对"囚犯"的虐待以及"囚犯"的过度投入,使情况逐渐无法掌控,因此不得不于第六天叫停。

精神正常的大学生为什么在短短几天的看守、囚犯扮演中就分别显示出虐待狂病态人格和极端被动、沮丧呢？津巴多教授指出，看守和囚犯的角色对他们的思想和行为产生了极大的影响，实验向我们展示了角色和规则对我们的行为几乎具有决定性的影响。这种力量的强大性，是令人吃惊并且发人深省的。

（资料来源：菲利普·津巴多著《心理学与生活》，人民邮电出版社 2007 年版）

【提示】　这个实验留给人们的思考是多方面的，不过有一点是显而易见的：个体学习一种新角色是多么迅速；一个人的社会角色深刻影响着人们的行为。

当你担任或摆脱不同的角色，你会变成什么样的人？你从什么时候开始失去自我感而具有同一性？_____

二、秘书的角色意识

秘书的角色意识是指秘书对相应的社会角色规范的认知和体验。秘书的角色意识是秘书自我意识的一项重要内容，一个秘书能否经常意识到自己是"秘书"，意识到社会对秘书角色的期待，是其能否进入秘书角色、适应岗位的关键。只有形成明确的角色意识，秘书群体才能形成一个符合社会要求的职业行为规范，秘书个体也才能不断地调节、完善自己的职业行为，以取得社会的全面认可。

秘书角色意识的心理结构通常包括以下三部分内容。

1. 角色认知

角色认知是指角色扮演者对角色的社会地位、作用及行为规范的实际认识和对与社会的其他角色的关系的认识。

任何一种角色行为只有在角色认知十分清晰的情况下，才能使角色得以实现。角色认知是角色扮演的先决条件，一个人能否成功地扮演各种角色，取决于角色认知的程度。作为一个认识过程，它贯穿于角色行为的整个过程中。对于秘书来说，只有具有清晰的角色认知，才能按照相应的身份在各种社会情景中恰当地行事，以良好地适应社会。秘书的角色认知就是秘书通过学习、职业训练、社会交往等，了解社会对秘书角色的期望和要求。

三个工匠的故事

有三个工匠在一起盖房子。行人路过，分别问他们在干什么。

第一个工匠一脸茫然地说："没看到我在忙吗？工头安排我来砌砖呢。"

第二个工匠很兴奋地说："我在盖一栋很大的房子，等这房子盖好了，就可以住很多很多人。"

第三个工匠非常自豪地说："我要让这座城市变得更美丽。我要争取将来盖更多更漂亮的建筑，让来到这个城市里的每一个人都称赞我们的城市是最漂亮的，这是我这一辈子一定要做的事情！"

十年以后……

第一个工匠还是一名普通的工匠，在埋头砌砖。

第二个工匠成了工程师,在工地上指挥大家建房子。

第三个工匠当上了这座城市的设计师,在他的规划下,这座城市正变得越来越漂亮。

【提示】 只有明确自己将来要成为的角色,才会有目标,有努力的方向,才会走向成功。

我对秘书角色的理解是 _____

我实现心中目标的策略是 _____

2.角色体验

角色体验是指个体在扮演一定角色的过程中,由于受到各方面的评价与期待而产生的一种情绪体验。一般来说,这一体验因主体行为是否符合角色规范并因此受到不同评价而有积极与消极之分,如责任感、自尊感或自卑感等都是秘书在角色扮演过程中产生的情绪体验。

3.角色期待

角色期待是指角色扮演者对自己和对别人应表现出什么样的行为或应成为什么样的角色的想法和期待。它是因具体认知和情境的不同而变化的。秘书的角色期待是秘书自己和他人对其行为的期待。在角色期待里有两种形象:一是自我形象,即个人对自己的行为期望;二是公共形象,即他人对某一特殊角色的期望。这两者是相互作用和相互影响的。秘书只有对秘书角色的社会期待不断地认同与内化,才能尽快地把社会期望转化为自我期待,从而减少角色混淆与角色冲突。角色期望的水平越高,角色行为的水平也就越高。

秘书的角色意识是秘书人员对秘书角色的心理体验,是秘书工作活动中的心理活动。淡化和削弱了这种心理活动,秘书人员就无法发挥秘书自身的主观能动作用,只能做一个机械履行秘书职能的"机器",不可能成为一个优秀乃至卓越的秘书。例如人家说秘书是领导的"高级保姆",这就贬低了秘书工作,属于工作性质误判;秘书是"花瓶摆设",这就轻视了秘书的工作。

因此,一名优秀的秘书人员,不仅应具备良好的业务素质,拥有熟练的操作技巧,正确的角色意识更是有助于秘书在工作中获得"事半功倍"的效果。因为秘书每天要处理的事情很多,要接触的人也很多,只有端正态度,摆正位置,才不至于犯"角色错位"的错误,才能在纷繁复杂的人和事中做到忙而不乱、从容应对,才能更好地为领导提供及时、准确、高效的服务。

三、秘书角色的构成

美国赖特在《秘书工作手册》中运用美国式的幽默,形象地把秘书比喻为"是一位'万能博士',是一位心理学家、政治家、外交家、研究专家,一位饱学之士,作家、业务律师、机械师、上司的私人财务出纳、跑街女郎与办公桌的清理人"。

一名优秀的秘书要胜任自己的角色,并能在繁杂的日常工作事务中,灵活自如

地转换角色,避免各种角色冲突和角色错位,就必须树立以下四个方面的角色意识:

(1)写作意识。写作,作为人们进行交际、沟通思想、传递信息、传播知识的手段,是秘书人员的基本技能。秘书的工作千头万绪,十分复杂,其中重要的一项工作就是写作。秘书人员作为上司的助手必须具有扎实的写作基础,有一定的写作水平,也就是企事业单位中上司的笔杆子。从事各种应用文的写作,熟练掌握各种应用文体的写作要领和技巧,迅速准确地撰写出观点正确、内容充实、结构严谨、表达流畅、格式规范、文笔精练的各类应用文。秘书人员只有不断努力,才能适应不断变化的需要。

(2)创新意识。秘书作为上司的参谋、纽带,必须要有创新意识。要投身到社会实践中,只有进行了思想上的创新,管理上的创新,技术上的创新后,才有可能持续保持自己的竞争力。创新在各行各业都是一个非常值得秘书经常提醒自己的话题,当今时代十分重视创新能力的培养和推广,而秘书作为企业、公司重要的一分子,其创新能力尤其重要。职业秘书的创新能力是指秘书在熟悉公司情况的基础上,敢于突破传统的思维能力,大胆突破条条框框,提出富有创意的理念。创新直接影响着企业、公司的长远发展。因此,培养秘书的创新意识,是现代中国秘书训练的重要课程。

(3)职业意识。秘书作为上司的监督员、资料库,职业意识对于一个秘书人员来说是有一定重要性的。秘书职业意识是秘书职业对秘书从业者提出的专业品质要求,它应该成为秘书专业教育的重要内容。树枝先树心,很难设想,一个不具备良好职业意识的人又怎么能够成为一名优秀的秘书。职业能力是由职业角色从事一定岗位工作所需的个体能力、理论知识、理解力和技能诸要素构成的,此外还包括气质、胆量、临场应变等素质。

(4)形象意识。秘书作为上司的随员,其个人形象及一言一行,都代表着企业的形象,对内体现着办公室的形象,对外代表着组织和单位的形象。秘书人员要忠于事业,一心为公,严于律己,自觉维护集体形象,自觉抵制各种不正之风,不凭借领导的名义办私事,不打着领导的旗号向下伸手索利,不利用工作的便利条件拉关系等。为人处世做到与人为善、以诚相待、和蔼谦逊。平时要讲究仪表,衣着得体,整洁利落,举止大方,彬彬有礼。

老板需要什么样的秘书

当秘书就得用细心和敏感去观察和了解老板。知道他内心真正在想些什么,才能较好地协助老板。通常而言,老板眼中的好秘书应该具备“四M”品质。

1. Manager(管理者)。秘书并不是一个只会抄抄写写的文书,也不只是处理日常杂务的勤务员。一个好的秘书应该是老板的得力助手。接待、沟通、谈判、公文、函电、市场策划、形象设计、公共关系和网络开发等都和秘书工作相关。更为关键的是,秘书还应是一个得力的管理者。

2. Mother(母亲)。人们常说女性比男性更适合当秘书,因为女性一般性格比较细腻、温柔,善于沟通,这些都属于较好的特质。另外,工作经验也是很宝贵的东西。工作的时间越长,积累的经验也就越多。这是欧美公司的老板喜欢用年纪大一些的秘书人员的原因。对于一些年纪比较大的领导来说,与自己一起工作多年的老秘书,就像他的老花眼镜一样,式样可能有些陈旧,但离不了,也换不得。

3. Model(模特)。在公司里秘书是老板的助手,在公司外秘书又是所在企业的形象代表,秘书的气质和形象应与所在企业的形象相匹配。总的来说,秘书风度形象要好,着装要得体,应是当之无愧的白领丽人。

4. Majordomo(管家)。要保证老板有足够的时间和精力来处理公司的一些战略问题或核心问题,秘书有一项重要的日常工作,就是像块纱布,过滤一些电话、客人或文件。给领导挡驾千万不能掉以轻心。挡错了,肯定要挨骂,不挡,更要挨骂。比方,有些客人虽没有提前约好,但可能他要谈的事很重要,因此秘书要先问清楚客人的身份、来访的目的,再进行判定。

【提示】 现代秘书的角色已经发生了根本的转变,如今的秘书已经不是传统意义上负责抄抄写写、端茶倒水的小人物,而是被赋予更多的职能:商务沟通的桥梁、企业形象的代表、决策者的守门人、工作中的多面手等。

给我的启示是 _____

四、秘书角色意识的培养

"秘书是没有角色的角色,你得努力表演但不能出格。"作为一种社会职业,秘书是从属于、服务于上司的,主要内容就是指秘书工作本身不能脱离他所服务的上司而独立存在,上司的工作涉及哪里,它的工作范围就延伸到哪里。秘书应尽可能地为上司创造便利条件,以提高其工作效率和工作质量。因此,角色意识的培养是做好秘书的先决条件。

杨修的错误

杨修,东汉建安年间人,出身世代官宦之家。杨修本人生性机敏,聪明多智,为世人称道。曹操很欣赏杨修的才干,曾任命他为自己的主簿,协助自己办理军机要务。但杨修聪明过甚,为曹操所忌,最后反被聪明所误,丧失了身家性命。以下是关于杨修的几则典型事例。

1. 相国门"阔"

曹操建造花园时,动工前工匠们请曹操审阅花园工程的设计图纸,曹操看了什么也没说,只在园门上写了一个"活"字。工匠们不解其意,忙去问杨修。杨修说:"丞相嫌园门设计得太大了。"工匠们按杨修的提示修改了方案。曹操见改造后的园门,心里非常高兴,问工匠们如何知道自己的心意的,工匠们说多亏了杨主簿的指点。曹操口中称赞杨修,心里却嫉恨杨修的才华。

2.一人一口

有一次,有人送曹操一盒糕点,曹操品尝过后,便在糕点盒子上写了一个"合"字。杨修就把盒子打开,吃了一口点心,众人见状大惊,忙问杨修怎么回事。杨修回答说:魏王要大家一人一口,你们还犹豫什么啊。大家恍然大悟,原来"合"这个字是人一口的意思啊。

3.梦中杀人

曹操害怕别人杀害他,假装说自己好梦中杀人,不允许任何人靠近他。一天夜里,曹操被子掉下去了,近侍过去盖被子,曹操当场将其杀死,倒头继续睡觉,第二天起床,看见房间里一死人,悲痛地说:我梦中错杀好人。杨修知道曹操是故意杀的,于是当场将其揭穿。

4.鸡肋鸡肋

曹操平汉中时,连吃败仗。欲进兵,怕马超拒守。欲收兵,又恐蜀兵耻笑,心中犹豫不决。适逢庖官进鸡汤,操见碗中鸡肋,沉思不语。这时有人入帐,禀请夜间口令,操随口答:"鸡肋!"杨修见令传鸡肋,便让随行军士收拾行装,准备归程。将士们问何以得知魏王要回师,杨修说:"从今夜口令,便知魏王退兵之心已决。鸡肋,食之无味,弃之可惜。今进不能胜,退恐人笑,在此无益,不如早归。魏王班师就在这几日,故早准备行装,以免临行慌乱。"曹操早恨杨修,今见修又猜透了自己的心事,便以扰乱军心定罪,杀了杨修。杨修死时年仅45岁。

（资料来源:罗贯中《三国演义》,人民文学出版社1985年版）

【提示】 作为职业秘书,一定要吸取杨修的教训,时时刻刻牢记自己的身份和角色,应该揣度领导的心思和想法,但仅限于更好地为领导服务,为领导出谋划策,不能自以为是,擅自替领导作决策。

杨修作为主簿,在曹操进兵取胜不易、骑虎难下的情况下,应该_____

_____

要正确认识秘书角色意识,一个秘书要想干好自己的工作,必须清楚自己所担任角色的社会地位、身份,必须深刻了解自己的角色本质,才能在头脑中形成一个秘书角色的立体形象,并按照角色的特定要求去加强自己德、才、识等方面的修养,自觉地将自己的言谈举止纳入秘书的角色要求中去。

(一)形成基本的职业角色认知

形成正确的职业角色认知,即摆正自己在工作中的位置,认清自己在职业生活中扮演的角色。

秘书在职业生活中,一般扮演着三种角色:在企业内部,秘书只是所有职工中的普通一员,他和其他所有职工一样,都是为完成组织任务、实现组织目标而工作的,除职务不同和分工不同外,并无任何特殊之处;在和上司相处时,秘书人员是下级、是配角、是辅助者和服务者,应该接受上司的指挥和安排,协助上司做好工作,完成任务;当秘书受到上司和企业的委派,作为上司或企业的代表参加一些活动或从事工作时,秘书人员又成为企业的代表,可以在上司授权范围内做出决定,同时应该注意建立和维护组织在公众心目中良好的形象。

形成正确的职业认知,还应该注意摆脱错误的角色认知造成的误导。目前,我国的秘书人员队伍,尤其是行政机关、事业单位的秘书中,不少对自身的角色定位有偏差、有错觉。在我国,很多行政机关、事业单位的领导都是从秘书岗位上提拔起来的,这就容易给人造成一种错觉——今天的秘书就是明天的领导。再加上我国传统"官本位"文化的影响,更是让一些人为了升官而选择了秘书职业。这种错误认识在非秘书人员中也普遍存在,以至于形成了一个"错误氛围",也在一定程度上对秘书人员形成正确认识带来了影响。做秘书是为做官打基础、作准备,秘书是"准领导",一旦产生了这种错误认知,在工作中难免会无法认清、摆正自己的地位,无法用正确的心态来面对自己的工作和工作中的各种关系,从而影响了正常的工作开展。这种错误认知同时也影响和阻碍了秘书职业化发展的道路,即秘书应该被看做是和教师、医生等一样的一种职业,而不只是一个职位,更不是一个通向仕途的跳板。许多领导人从事过秘书工作,这是事实,但走向领导岗位不是选择秘书职业的目的,更不是秘书工作的本质和目标。其实,在西方,包括我国的港台地区,许多秘书人员把秘书这一职业作为自己终生奋斗的事业,四五十岁的资深秘书大有人在,而且他们以自己的努力赢得了荣誉和他人的尊重。如果把秘书职业作为跳板或者"领导储备库",势必会影响到工作的动机和态度,甚至会急功近利、苦心钻营而无心把工作做好、做精、做细。

因此,培养正确的秘书角色意识首先应该培养正确的职业角色认知。

(二)培养正确的职业角色认同

虽然"认知"与"认同"仅一字之差,但职业角色认同却比职业角色认知更进一步。如果说"认知"还只是从客观上正确认识自己所从事的职业,那么"认同"则是从主观上给自己一个正确的评价。

许多秘书人员在谈到自己的工作时,常常不愿意用"秘书"两个字,似乎这两个字给人的感觉是琐碎、平凡,甚至低等,而换用"助理"、"文员"等看似是更专业、更上档次的名称。的确,秘书的工作可以用琐碎、平凡来概括,但绝不低等。秘书工作可以分为三大类:办文、办事、办会。仅就办事一项,就包含了许多琐碎而复杂的事情:接打电话、收发文件、打印复印、替上司安排日程,甚至端茶倒水……这些事情看似简单,更看不出对于一个决策的制定、一个组织的运营会起到什么决定性的作用,所以,许多秘书人员觉得自己的工作"技术含量太低","随便换个人都能做","好似勤杂工",成就感很低。感觉自己所做的百分之八十甚至更多可能都是一些不起眼的琐事,而自己在单位中又只是名不见经传的无名小辈,有了成绩是领导指挥有方,失误了却是自己的失职,甚至要背负骂名,时间久了,难免会产生职业倦怠。

其实,作为秘书人员,应该看到自己在一个组织中所发挥的作用,应该自己首先认同自己的作用、肯定自己的价值。

秘书人员在一个组织中就像一颗螺丝钉,虽然很小、很不起眼,容易被人忽略,但是作用却是不容替代、更不能缺少的。试想一下,一部正常运转的机器如果忽然掉了一颗螺丝钉,是不是得出故障呢?

小演员与小角色

一个男孩哭着回家。因为在学校的活动里,老师派他扮演了一个小角色,而他的同学却扮演主要的角色。

妈妈听后把她的手表放在小男孩的手心里,接着问男孩:"你看到什么?"男孩回答说:"金表壳和指针。"妈妈把表背打开后,又问男孩同样的问题:"你看到什么?"这次男孩说看到许多小齿轮和螺丝。

妈妈对男孩说:"这只表如果缺少这些零件中的任何一件,便不能走了。就连那些你看不到的零件也一样重要。"

【提示】 无论我们在生活中、社会上担任什么样的角色,只要是我们分内应该做的事,就应当尽力把它做到最好。再小的事、最不起眼的小角色,也有它存在的价值和意义。

我认为＿＿＿＿＿＿＿＿＿＿＿＿＿＿＿＿＿＿＿＿＿＿＿＿＿＿＿＿＿＿＿＿＿
作为秘书人员大可不必自我轻视,应该对自己的价值有一个正确的认同。

(三)形成自信的职业自豪感

在认同和肯定了自己的作用与价值,给了自己一个客观、正确的评价之后,还应该进一步因自己的职业而感到骄傲与自豪,树立"我是秘书我自豪"的自信形象和坚定信念。

可以说,每一个成功的企业里都有一个团结高效的秘书团体在协同合作,每一位成功的领导背后都有一个得力的秘书充当他的助手。比尔·盖茨曾经在公开场合说过:"我和微软的成功因为有露宝。"(注:露宝是微软总裁秘书)

从秘书人员在一个组织中发挥的作用来看,一个组织中任何工作的任何一个环节中,都活跃着秘书人员的身影。一个组织内部,秘书人员是助手、是参谋、是桥梁,同时又是"管家"。日常工作中,秘书人员要为领导安排日程、处理杂务、协调事务;领导需要做决定的时候,秘书人员需要向领导提供决策的依据、参考,随时准备快速查找领导需要的信息,以保证决策的正确性和可行性;决策的实施过程中,秘书人员又必须把领导的意图妥善地传达到各部门,保证各部门能正确领会决策,科学地执行决策;同时,在执行决策的过程中,还必须要协调好各职能部门之间的关系,以保证部门与部门之间的完美配合。所以,一个称职的秘书要既能撰文办文,又能沟通协调;既懂专业,又会管理;既能处理信息,又能处理公关事务;既可以为领导办理各种具体事务,又能为领导出谋划策;既是领导的工作助手,又是领导的生活助理。

从秘书人员所需要具备的知识结构和能力来看,在知识结构方面,秘书人员既需要具备较宽广的知识面,又要有深厚的专业知识。在纵横两个方向上都具有较高的要求。在能力方面,必须具备良好的理解能力、沟通能力、协调能力、表达能力、应变能力、办公自动化系统的操作能力……看来,要做一个成功的秘书还真得苦心修炼不可。所以,在一个组织的职员中,也许只有秘书可以自豪地称自己是本职业范围的精英的同时又是综合性人才。试问,有几种职业对从业人员有如此高的要求呢? 秘书不应该因此而感到自豪吗?

在我们身边,不少人包括一些秘书人员自己常常对秘书一职有一些错误的看法,例如,提到秘书尤其是女性秘书,总是有些人戴着有色眼镜把秘书看作"花瓶"。秘书人员也常因此而觉得低人一等。其实,"花瓶"要做好也不易,也是需要内外兼修的。从外表来看,能称得上"花瓶"的,必然有良好的外在形象。如果这个"花瓶"摆在室内,能凸显整体设计,与大环境相得益彰,它的功效也就发挥了。从内在来看,秘书人员有时还真的要像一个花瓶,一个"嘴小肚大"的花瓶。所谓"嘴小肚大",一是就秘书一职所处的特殊位置而言,秘书人员在一个单位中虽然属于管理层,但实际上是介于领导与职能部门中间的一个特殊位置。处在这样一个位置上,有时可能会面对一些两难的事情,比如职能部门对上级的抱怨可能会说给秘书听,上级对职能部门的不满也可能会发泄给秘书;不同的部门之间的矛盾有的时候可能也会汇集到秘书这里。这时候,秘书人员就要学会做一个嘴小肚大的"花瓶"了:对于有些对工作不利,或者不利于部门与部门、领导与下级、同事与同事之间和谐相处的话,秘书人员要学会甄别,更要学会存在肚里,不能如大喇叭一样地到处传、到处说。嘴小肚大的另一含义则是指要有足够的容量装下充足的文化知识、专业知识,装得下领导随时可能需要的各种信息,还得有足够的空间随时准备吸纳新的信息内容。但同时,嘴巴又要足够小,对于事关组织机密、不能透露的事情一个字也不能说,学会守口如"瓶"。秘书人员的工作决定了他们经常会接触到一些组织机密,秘书人员应该具备高度自觉的保密意识,防止"密"从嘴出。由此来看,一个合格的"花瓶"也不是人人都做得来的。

秘　密

罗斯福当海军助理部长时,有一天一位好友来访。谈话间朋友问及海军在加勒比海某岛建立基地的事。

"我只要你告诉我"，他的朋友说，"我所听到的有关基地的传闻是否确有其事？"

这位朋友要打听的事在当时是不便公开的，但既是好朋友相求，那如何拒绝是好呢？

只见罗斯福望了望四周，然后压低嗓子向朋友问道："你能对不便外传的事情保密吗？"

"能。"好友急切地回答。

"那么"，罗斯福微笑着说，"我也能。"

【提示】　该保密的事要绝对保密，谁也不能说。你任何时候都不能指望别人就某事守口如瓶，你可以跟好朋友说，他也会同样地跟他的好朋友说，唯一的解决办法就是保密。

你是怎么理解保密的含义？＿＿＿＿＿＿＿＿＿＿＿＿＿＿＿＿＿＿＿

秘书人员应该自豪地肯定而不是否定自己的价值。秘书价值的实现，无论是从本质的角度还是从其最终的目的看，都取决于他的艰苦工作和他对别人、对社会的实际贡献。尽管秘书人员不直接做决策，也不直接创造经济效益和社会效益，但是秘书人员所做的每一项工作，如文字工作、会议筹办、活动策划、信息搜集、协调沟通等，都在创造价值，都在间接地创造经济和社会效益。就这一点而言，秘书的作用是不容轻视、更不容忽视的。秘书人员应该以自己所从事的职业为荣，以自己为组织、为社会所作的贡献而自豪。

总之，一个秘书想要干好自己的工作，首先必须清楚自己所担任角色的社会地位、身份及行为，必须深刻了解自己的角色本质。只有这样，才能在头脑中形成一个秘书角色的立体形象；而秘书角色意识具有主观能动性，有驾驭其他心理活动的特殊功能，因为人们的工作、学习、生活等各种活动都是在意识的支配下完成的。秘书角色意识是对自己所处的地位以及由地位所规定的社会职责的感知与认识，是自己与周围人的种种角色关系的理解与协调。秘书的角色意识是做好秘书工作的关键所在，在现实的秘书工作中，只有把握秘书的角色特征，深入分析秘书角色意识并培养秘书角色意识，才能充分地发挥秘书人员的主观能动性，才能树立正确的角色意识，从而成为优秀的秘书工作者，塑造良好的秘书人员形象。

◎ **相关链接**

精神分析学派创始人——弗洛伊德

弗洛伊德（Sigmund Freud，1856—1939）早年的梦想是成为一名脑神经的研究员，但他的犹太人背景限制了他的发展，不得已行医而后创立"精神分析"学说。他一生中对心理学的最大贡献是对人类无意识过程的揭示，提出了人格结构理论、人类的性本能理论以及心理防御机制理论。虽然不是每个人都接受他的观点，但所有的人都承认他是一名伟大的学者和思想家。

精神分析理论是现代心理学的奠基石，它的影响远不是局限于临床心理学领域，对于整个心理科学乃至西方人文科学的各个领域均有深远的影响，它的影响可与达尔文的进化论相提并论。

"精神分析"理论的要点综述如下：

1. 人的心理活动分为意识、前意识和潜意识（又称无意识）三部分，其中意识是指人能够知觉的心理活动；前意识是指人平时感觉不到却可以经过努力回忆和集中精力而感觉到的心理活动；潜意识是指人感觉不到却没有被清除而是被压抑了的心理活动。弗洛伊德认为，许多心理障碍的形成，是由于那些被压抑在个人潜意识当中的本能欲望或意念没有得到释放的结果。

弗洛伊德

2. 人格是由"本我"、"自我"和"超我"三个部分组成的。其中"本我"是个人最原始、最本能的冲动，如食欲、性欲、攻击欲、自我保护欲等。它依照"快乐原则"行事。"自我"是个人在与环境接触中由"本我"衍生而来的。它依照"现实原则"行事，并调节"本我"的冲动，采取社会所允许的方式行事。"超我"是道德化的自我。它依照"理想原则"行事，是人格的最高层次，也是良知与负疚感形成的基础。弗洛伊德认为，"本我"、"自我"、"超我"之间的矛盾冲突及协调构成了人格的基础。人要想维持心理健康，就必须协调好三者的关系。

3. 人在维护自我的心理平衡和健康时，常对生活中的烦恼和精神痛苦采取某种自圆其说或自欺欺人等认识方法，以求心灵的安慰。弗洛伊德将这些认识方法称作"心理防御机制"，通常包括解脱、补偿、合理化、投射、转移、升华及理想化等方式。弗洛伊德认为，这些心理防御活动多是无意识的，它们对人体的心理健康可起积极作用，也可起消极作用。

4. 为使人们领悟其心理障碍的根源，人们需要接受精神分析的治疗，通过移情关系的建立来重塑人格。在这当中，心理分析师通常使用解析、自由联想、催眠、释梦等技巧来疏解患者"本我"与"超我"的冲突，减轻"自我"的压力，更好地面对现实。

◎ **思考与练习**

1.什么是角色？秘书的角色意识由哪几部分内容构成？

2.假设你是一位刚刚走上秘书岗位的职场新人,你将如何定位好自己的职业角色？

3.欣赏电影《时尚女魔头》。思考:安迪是如何在人称"女魔头"的主编米兰达手下顺利"活了过来"的？

项目二　秘书的价值观念

◎ **心理训练**

活动一:拥有与丧失

时　　间:20分钟。

材　　料:事先印好练习表。

目　　的:澄清个人价值观。

认清生活中最有价值的东西,更加懂得珍惜拥有。

操作程序:

1.每组6～8人,小组围坐在一起。

2.每人发一张练习用表,请大家静静思考:个人生活中什么最重要? 依次写下,并思考为什么这样写。

3.小组分享,每人将自己写好的内容在小组中分享,各小组同时进行。

4.接着请成员逐一删除,每删一项,就交流一遍,以帮助成员澄清自己的价值观,在丧失练习中更加懂得珍惜拥有。

活动二:姑娘与水手

时　　间:30分钟。

目　　的:澄清个人价值观。

强化学生分析事物的能力。

操作程序:

1.教师讲述故事。

一艘船遇上了暴风雨,不幸沉没了。船上的人中有5个幸运地上了两艘救生艇。一艘救生艇上坐着水手、姑娘和一位老人;另一艘上坐着姑娘的未婚夫和他的亲戚。气候恶劣,波浪滔天,两只救生艇被打散了。

姑娘乘的艇漂到一个小岛上,与未婚夫分开的她惦记着未婚夫,千方百计寻找。但找了一天一点线索也没有。第二天,天气好转,姑娘仍不死心,继续寻找,还是没找到。有一天,姑娘远远发现了大海中的一个小岛,她就请求水手:"请修理一下救生艇,带我去那个岛上好吗?"

水手答应了她,但提出了一个条件,必须和他睡一夜。陷入失望和困惑的姑娘找到老人,与他商量:"我很为难,怎样做才好呢?请你告诉我一个好方法。"老人说:"对你来说,怎么做正确,怎么做错误,我实在难以说什么。你扪心自问,按你的心愿去做吧。"姑娘万般无奈,寻未婚夫心切,结果满足了水手的要求。

第二天早上,水手修好了救生艇,带着姑娘去了那个小岛。远远的,姑娘看到了岛上未婚夫的身影,不顾船未靠岸,从船上跳进水中,拼命往岸上跑,一把抱住了未婚夫的胳膊。在未婚夫温暖的怀抱里,姑娘想:要不要告诉他昨晚的事呢?思前想后,下决心说明情况,未婚夫一听,顿时大怒,一把推开她,并吼着"我再也不想见到你了",转身跑走了。姑娘伤心地边哭边往海边走,见此情景,未婚夫的亲戚走到她的身边,用手拍着她的肩膀说:"你们两人的吵架我都看到了,有机会我再找他说说,在这之前,让我来照顾你吧。"

2.思考。从故事中出现的 5 个人物中,按照自己的好感程度作出选择并排序,简单写出选择原因。

3.小组讨论。每 6～8 位同学组成一组,每位成员在组内说明自己好感排序的理由。

4.班级交流。每小组推选代表进行交流,在共同讨论中表现每个人的价值观。

活动三:价值观拍卖

时　　间:40 分钟。

材　　料:每人一张《价值观大拍卖表》,象征钞若干。

目　　的:促进成员了解自己的价值观。

　　　　　鼓励学生公开表达自己的思想、观念和看法。

操作程序:

发给学生《价值观大拍卖表》,并给学生 100 万元象征钞,并说明《价值观大拍卖表》的使用方式,请学生在表上在自己想买的价值观处写下预估的金额,一定要将 100 万元用完(每学生至少要选择 3 项以上,不可单独只选 1～2 项)。再一次说明拍卖会进行的方式,教师喊三声由最高者买得并成交,说明完后进行拍卖。请每位学生分享自己拍卖中所购得价值观,教师分享在拍卖过程中对学生的新发现并进行讲解。

价值观大拍卖表:

如果你有 100 万元,你希望将之分配购买下列项目:(请在希望购买项目前的数字打圈,然后在其后的线上填入花费的金额。)

购买项目	愿意花费	思考如何得到	得到后的坏处
1.成为有名的人(如电影明星、乒乓球英雄、宇航员等)			
2.一种能使大家不再说谎的疫苗			
3.成为世界上最富有的人			
4.当国家主席			
5.一次最完美的恋爱			
6.成为世界最有吸引力的人			
7.活到100岁后不曾生病			
8.去除世界一切不公平的事			
9.发现一座金矿,把它送给最好的慈善机构			
10.精通你本行的事情(无论你是做什么行业)			
11.除了享受以外,什么事都不必做的时光,一切你所有的需要和欲望都会自动地得到满足			
12.成为世界上最聪明的人			
13.能轻轻松松地做你想做的事情,一点儿也不需着急			
14.有无数多的车票、机票、戏票,使你能观赏各地音乐、舞蹈和戏剧的演出			
15.能使人不会有心理困扰的药物			
16.拥有一个万能电脑,要什么情报就有什么情报			
17.拥有一个温暖的家庭			

注意:当你不顾一切地拍下你所要的价值观后,请你再一次思考,将其不好的地方也列出来。

◎ **案例导入**

自律:自己做自己的老板

小韩是北京海天文化发展公司的总裁秘书。总裁星期一下午出差,要星期六才回来,到下星期一早晨来上班。总裁出差了,总裁办公室门窗紧闭,难染灰尘,尽管如此,小韩仍然每天一上班就去总裁办公室打扫卫生,特别是要擦拭总裁的办公桌。小韩每天早晨都去打扫总裁的办公室,这不仅让一些同事不理解,甚至让有的同事不满:"小韩,总裁出差了,你打扫他的办公室有什么意义?他要下星期一才上班,你下星期一早晨再打扫不就行了,为什么要那么死心眼?你不会利用擦办公桌这段时间去做别的事情?"面对同事们的不理解和不满,小韩没作解释,她觉得这是自己的责任,笑笑之后继续干自己的活。

(资料来源:谭一平《我是职业秘书》)

【提示】　责任感就是自觉地做好自己分内的工作。秘书小韩正因为具有这样的责任感,并把它当做一种价值尺度,随时约束自己的行为,所以算得上是真正的职业秘书。

◎ 理论知识

一、价值观概述

价值观是指一个人对周围的客观事物(包括人、事、物)的意义、重要性的总评价和总看法。像这种对诸事物的看法和评价在心目中的主次、轻重的排列次序,就是价值观体系。价值观和价值观体系是决定人的行为的心理基础。价值观是人们对社会存在的反映,是社会成员用来评价行为、事物以及从各种可能的目标中选择自己合意目标的准则。价值观通过人们的行为取向及对事物的评价、态度反映出来,是世界观的核心,是驱使人们行为的内部动力。它支配和调节一切社会行为,涉及社会生活的各个领域。

价值观是后天形成的,是通过社会化培养起来的。家庭、学校、所处工作环境等对个人价值观的形成起着关键的作用,其他社会环境也有重要的影响。个人价值观有一个形成过程,是随着知识的增长和生活经验的积累而逐步确立起来的。个人的价值观一旦确立,便具有相对的稳定性,形成一定的价值取向和行为定势,是不易改变的。但就社会和群体而言,由于人员的更替和环境的变化,社会或群体的价值观又是不断变化着的。传统价值观会不断地受到新价值观的挑战,这种价值冲突的结果,总的趋势是前者逐步让位于后者。价值观的变化是社会改革的前提,又是社会改革的必然结果。

价值观具有相对的稳定性和持久性。在特定的时间、地点、条件下,人们的价值观总是相对稳定和持久的。比如,对某种事物的好坏总有一个看法和评价,在条件不变的情况下这种看法不会改变。但是,随着人们的经济地位的改变以及人生观和世界观的改变,这种价值观也会随之改变。这就是说,价值观也处于发展变化之中。

价值观取决于人生观和世界观。一个人的价值观是从出生开始,在家庭和社会的影响下逐步形成的。一个人所处的社会生产方式及其所处的经济地位,对其价值观的形成有决定性的影响。当然,报刊、电视和广播等宣传的观点以及父母、老师、朋友和公众名人的观点与行为,对一个人的价值观也有不可忽视的影响。

二、秘书价值观的构成因素、特点及其作用

秘书价值观,是秘书人员关于自身(秘书这一特殊社会职业和特殊社会阶层)

社会价值的认识、理解、感知,是秘书人员对秘书这一社会角色的整体把握,是秘书人员赖以承担秘书角色、从事秘书工作、进行秘书实践活动的思想基础、道德基础和精神动力。它全面、综合地反映着秘书人员的人生观、社会观、行为观和职业道德观。秘书的价值观,是秘书人员不可缺少的灵魂,无时不在规范着秘书的社会实践和社会行为;否则,秘书就不会是能动的活生生的个体,而成为一个只会机械工作的机器。

秘书价值观的构成,包含着两个因素:一是秘书人员对秘书职业特殊社会分工(秘书实践对象)这一客体的全面整体的认识和把握,这是秘书价值观的认识基础,决定着秘书价值观的正确与否;二是秘书人员对自身(主体)角色的全面整体的认识和把握,这是秘书价值观的物质实体和真实构成,是秘书人员的人生观、道德观对秘书职业认识和感知的产物,它决定着秘书人员的秘书实践和社会行为的正确与否。

小毛虫的故事

一只小毛虫趴在一片叶子上,用新奇的目光观察着周围的一切:

各种昆虫轻歌曼舞,飞的飞,跑的跑,又是唱,又是跳……到处生机勃勃。只有它,可怜的小毛虫,被抛弃在一旁,既不会跑,也不会飞。小毛虫费九牛二虎之力,才能挪动一点点。当它笨拙地从一片叶子爬到另一片叶子上时,自己觉得就像是周游了整个世界。尽管如此,它并不悲观失望,也不羡慕任何人,它懂得:每个人都有各自该做的事情。它,一只小小的毛虫,应该学会吐纤细的银丝,为自己编织一间牢固的茧房。小毛虫一刻也没迟疑,尽心竭力地做着工作,临近期限的时候,把自己从头到脚裹进了温暖的茧子里。

"以后会怎么样?"与世隔绝的小毛虫问。

"一切都将按自己的规律发展!"小毛虫听到一个声音在回答,"要耐心些,以后你会明白的。"

时辰到了,它清醒过来,但它已不再是以前那只笨手笨脚的小毛虫。它灵巧地从茧子里挣脱出来,惊奇地发现自己身上生出一对轻盈的翅膀,上面布满色彩斑斓的花纹。它高兴地舞动了一下双翅,竟像一团绒毛,从叶子上飘然而飞。它飞呀飞,渐渐地消失在蓝色的雾霭之中。

(资料来源:雅琴编著《小故事大道理》)

【提示】　顺其自然,一切都将按自己的规律发展。做好自己应该做的事情,不悲观失望,不羡慕任何人,以一种平静的心态来对待自己的职业,既收获充实,又不失精彩!

一个人的价值观的形成决定于其所处的政治地位、经济地位以及角色特征,因此秘书价值观有以下三个突出特点。

1. 顺从性特点

秘书价值观的顺从性特点是由秘书地位的从属性和作用的辅助性特点决定的。在企业内部,秘书是从属于上司的,他的基本责任就是辅助领导工作,服从上司领导,并为上司提供服务。尽管秘书人员也有一定的主动性,可以为上司出谋划策,甚至指出上司的不足,但其处于服从与服务的地位却是不可改变的。在这种服从地位与服务地位上的秘书人员,其价值观的基本倾向具有顺从的性质。具有顺从性特点的秘书人员,工作忠诚努力,尽职尽责,踏实肯干,喜欢明确的工作任务,重视安全和公平的监督方式。

这样的人无论哪儿都需要

美国经济学家葛尔布莱,雇用了一位称心如意的女管家,她不仅做事精明干练,为人也相当忠实可靠。

那年秋季,葛尔布莱由于连续乘飞机到一些国家讲学,感到有些疲惫不堪。回到家后,他想睡一个好觉,调整一下。于是,他特意吩咐这位女管家,无论是谁来电话,都不要打搅他。就在葛尔布莱刚刚入睡的时候,电话响了起来。电话里传来了总统的声音:"我是约翰逊,请帮我找一下葛尔布莱先生。"

女管家委婉地说:"总统先生,葛尔布莱先生刚刚从国外讲学回来,我暂时还不能叫醒他。"

约翰逊加重了语气强调说:"我有要紧的经济政策问题要同他商量,请你把他叫醒吧。"

可女管家进一步耐心地解释说:"不,尊敬的总统先生,他方才曾特意嘱咐过,不接任何人的电话。我现在只能是替他工作,为他负责。待他睡醒之后,我一定将您打来重要电话的事情及时转告他。何况只有在他休息好之后,才能精力充沛地同您讨论经济政策问题。您说对吗,尊敬的总统先生?"

女管家说得有理有据,滴水不漏,约翰逊只好放下了电话。

葛尔布莱睡醒之后,知道了此事,便抓紧时间见到了总统,特意表示了深深的歉意。

没想到约翰逊总统对女管家大加赞赏。他不仅理解了女管家执着不变的忠于职守,而且对她的为人品格产生了深深的敬意。于是,他又向葛尔布莱提出了一个令其意想不到的建议:"请转告您的女管家,如果她愿意,那就请她到白宫来工作,这里需要像她那样的人。"

(资料来源:于光《年轻人》,2005 年 12 月)

【提示】 女管家忠于职守,尽心尽职,爱岗敬业,体现了一个秘书良好的职业素养。

作为一个准秘书,你了解自己的职责吗? 仔细想想并列出来:＿＿＿＿＿＿＿＿

注：如果觉得自己列得还不全面，可以向同学、老师或其他人请教，然后对比自己平时所做的，看看是否满足了角色的要求。

2.交往性特点

秘书价值观的交往性特征，是受秘书部门枢纽性作用影响而形成的。秘书部门作为一个企业的枢纽部门，要同四面八方的人交往，对内要与上司交往、与各职能部门交往，对外要与社会上的各种人交往，要迎来送往。秘书人员要扮演一个合格的秘书角色，必须善于交往。角色性质规定了秘书人员价值观的交往性特点，要求秘书人员善于交往和处理人际关系，在与他人的和谐相处中发展自己。

3.秘书价值观的作用

秘书价值观会影响秘书的行为，规范秘书的行为方向。秘书价值观的两种主要特点，对秘书行为都有积极的影响。顺从性的价值观，有助于秘书人员进一步增强角色意识，服从领导，听从指挥，更好地发挥辅助作用和服务作用，干好本职工作。当然，服从并不等于依赖和盲从，正确的服从是服从工作，对领导的错误决策和瞎指挥，应该提出自己的意见和批评。交往性的价值观也有助于秘书人员进一步明确秘书部门的枢纽作用和公关职能，强化秘书人员的交往意识，充分发挥秘书部门上情下达、下情上传、沟通左右、联系内外的作用，为塑造良好的组织形象、实现工作目标作出积极的贡献。

三、秘书价值观的错位和模糊

秘书的概念和角色意识决定了秘书价值观的定位，正确的秘书价值观作为科学、合理的秘书角色体验，它的建立只能是一个循序渐进的过程，它无时不受到各种脱离实际的主观愿望和引诱力极强的利益关系的干扰和纠缠，使之偏离正确的运行轨道，产生了各种离位和错位现象。秘书价值观的错位和模糊，就是秘书人员由于受人生观、社会观、道德观、生活经历、实践锻炼等主客观因素的限制和影响，对秘书社会角色认识上的非正确性和模糊性导致的认识偏离，是对秘书工作本质、规律的不正确、不准确的理解和把握。这种错位和模糊在现实中有这样几种主要表现和倾向：一是对秘书职业地位及其社会功能主观夸大性和秘书价值的膨胀性；二是对秘书职业地位及其社会功能习惯蔑视和低估秘书价值，认为秘书职业低人一等的心理障碍。

四、秘书价值观的正确定位

在正确的人生观、社会观、道德观指导下，建立和构筑了正确的秘书价值观，秘书个体才能在秘书实践、秘书生涯中正确地认识和找到自我，正确地把握秘书角色，达到主、客观的和谐统一，最大效益地发挥秘书阶层的整体社会功能和秘书人员个体的社会作用，做一个清醒的、符合角色要求的、为自身所认同又为社会所接受的、有所作为的优秀秘书人员。

（1）以配角为荣，淡泊明志。甘当配角，敬业爱岗，是做好秘书工作的前提。配角虽不如主角显眼，但没有了绿叶的衬托，红花也照样缺乏光彩。好的配角在任何时候都是不可或缺的。一项工作的内在价值不在于是否在形式上出人头地，而在于其本质作用是否得到了充分发挥。

每个人都是一个零件

客厅中一架巨大的挂钟滴滴答答地响着。有一天夜里，客厅的家具突然听到一阵哭泣声，便到处寻找声音的来源，原来是秒针在饮泣。

秒针哭着说："我的命好苦啊！每当我跑一圈时，长针才走一步，我跑 60 圈时短针才走 5 步，一天我需要跑 1440 圈，一星期有 7 天，一个月有 30 天，一年有 365 天——我如此瘦弱，却需要分分秒秒跑下去，我怎么跑得动呢？"

旁边的台灯安慰它说："不要去想还没有来到的事情，你只须一步一步地向前走，你会走得轻松愉快。"

社会就如同一部机器，每个人都是一个零件，每个人都有自己的分工，对于整部机器而言，每个零件都很重要，都缺一不可。

（资料来源：雅琴编著《小故事大道理》）

【提示】　目前在中国，秘书是"大职业，小行业"，秘书对于企业来说非常重要。对企业而言，文化是最核心的部分，是企业待人接物的规矩，而秘书的重要性就体现在它是企业文化的传承者。

作为秘书，我的价值体现在 _____

_____

（2）以服从为意志，坚持原则。秘书作为下级，要执行上级的决定，做好服务工作，但并非说对上司仅是一味顺从，投其所好。如果发现上司工作、决策上的问题和错误，要通过正当的渠道、妥善的方法向公司的董事会反映，并及时纠正和处理。

（3）以自制为品格，洁身端行。自制是一种非常难得的美德，良好的自制力以及对生活的控制能力，是高品质自我实现的保障，也是塑造自己人格魅力的关键。秘书在上司身边工作，处于一种特殊地位，有许多便利条件，此时需要秘书人员学会自制，清醒地认识到自己的责任，约束自己的行为；同时，秘书人员要学会控制自己的情感，不以物喜，不以己悲，保持一种良好的情绪状态，并学会规划自己的时间，不断充实自己，做到自重、自省、自警和自励。

蚂蚁和蜜的故事

碟子里有一摊蜜，一群蚂蚁发现后，争先恐后地跑过去贪吃。很不幸，它们细细的脚被蜜粘住了。这时，另一批蚂蚁也闻讯赶来。先前被粘住的一只垂死的蚂蚁向它们发出警告："不要来贪吃了，没有看到我们的不幸吗？"可是，后来的蚂蚁们经不住那蜜的香甜的诱惑,结果也陷入了蜜海。不一会儿,那一摊蜜中,就积满了蚂蚁们的尸体。

【提示】　面对诱惑,要有自制力,不能心怀侥幸,任贪欲无限膨胀。

故事给我的启发是＿＿＿＿＿＿＿＿＿＿＿＿＿＿＿＿＿＿＿＿＿＿＿＿＿＿＿＿

◎ 相关链接

李开复的"成功同心圆"

李开复认为,做最好的自己需要一些原则、方式来保证,他总结为"成功同心圆",一个简单的公式是:

成功＝价值观＋态度＋行为

价值观:一个人要想取得成功,就必须首先拥有正确的价值观,因为价值观是指导所有态度和行为的根本因素。如果价值观不正确,一个人无论怎样努力,都会像南辕北辙故事中的赶车人那样离成功越来越远。

态度:有了正确价值观的指引,就可以更好地完善自己的人格,端正自己的人生态度。对一个渴望成功的人来说,最重要的人生态度包括积极、同理心、自信、自省、勇气、胸怀等六种,它们构成了同心圆的第二层。

行为:最后,还要将正确的价值观和人生态度应用到追寻理想、发现兴趣、有效执行、努力学习、人际交流、合作沟通等六种最基本的行为方式中,它们构成了同心圆最外面的一环。

只有按照这样的逻辑顺序寻找通往成功的道路,每个人才有可能真正做最好的自己,真正取得多元化的成功。

(资料来源:李开复《做最好的自己》)

◎ 思考与练习

1. 什么是价值观?价值观是如何培养的?

2. 秘书的价值观由哪几个因素构成?有什么特点?

3. 秘书价值观的错位表现在什么地方?秘书如何正确定位自己的价值观?

◎ 综合实训

角色扮演

一、实训目的

通过实训,要求学生掌握了解上司的途径和方法,与上司保持良好的关系,尽快地适应本职工作。

二、实训内容

(背景材料)

秘书小敏刚进公司不久就听同事们说上司很难相处。上司 50 来岁,做事雷厉风行,平时不苟言笑。小敏做他的专职秘书两个月了,但是直到现在,只要一进他的办公室,她心里还是有些紧张。为什么? 小敏说她已经挨了好几次批评了。

第一次是小敏刚做他的专职秘书不久。那次她去他的办公室时,上司正在打电话;见她进去之后,上司马上捂住话筒对她说:"你赶紧把那个人给我找来!"说完继续打他的电话。

"那个人是谁?"小敏心里纳闷,但见上司那么严厉而且又正在忙,所以她不敢多问。回到自己座位上后,她想了想,觉得上司要找的可能是研发部的李经理,因为在她进上司的办公室的时候,李经理正好从上司的办公室出来。于是,她马上打电话给李经理,说上司有急事找他。当李经理急急忙忙来到上司办公室时,上司冷冰冰地问他:"你有什么事吗?"结果是她不仅挨了上司的训,还把李经理得罪了。

第二次是前天上午,她去上司办公室送材料时,上司正在看资料。她进去之后,他头也没抬就对她说:"把那份资料拿来!"

"哪份资料?"她一头雾水,吸取以前的教训,她只好硬着头皮反问。

"哪份资料?"上司有些诧异,抬起头来盯着她,似乎觉得她问得多余,她没有理由不知道自己要哪份资料。过了一会,他才指着自己手上的资料说:"就是关于某某公司的资料。"

"唉,我怎么就摊上这么一个老板?!"小敏愁眉苦脸地对好朋友梦娜说,"要是我自己有权力调换上司那该有多好!"

"你完全有权力调换上司,不过,你在调换上司之前你要调换公司。"梦娜开玩笑说。

"对于这么一个古怪的上司我该怎么办?"小敏一脸茫然……

三、实训要求

1.将班级同学分成若干组,每组 4～5 人,分别扮演秘书小敏、上司、办公室主任、好友梦娜等角色,结合背景要求以及所学的知识,进行角色扮演。

2.根据新手秘书可能遇到的问题进行"脑力激荡法",记录所提出的意见(在规定时间内)。

　　遵守三条规则:一是不批评他人的意见正确与否;二是尽可能多地出主意;三是争取超过别的小组。

　　3.全部实训内容在课内完成。

　　4.任务完成后,学生汇报相关实训成果。每组派一位代表汇报本组的角色扮演情况,并将脑力激荡的结果贴在墙上,并解释这些方法。

　　5.教师综合考核因素,对学生的实训情况进行评定,评选最优扮演奖,脑力激荡"优胜奖"、"实用奖"等。

附录

角色测试题

　　说明:

　　1.本测试共由 9 组测试题组成,每组测试题有 9 个字母选项,共计 81 题的测试。

　　2.每组测试题满分为 10 分,在做每组测试题时,可以根据每个字母选项和自己的符合程度给分,可以把 10 分只给一个字母选项,也可以根据符合程度把分数分散到各个字母,但是总和要等于 10 分。

　　测试题:

　　1.我认为我最擅长做什么:

　　(a)我接受过专门训练,具备丰富的专业知识和工作经验。

　　(b)我善于跟各类人打交道。

　　(c)我点子特别多,喜欢出主意、想方案。

　　(d)我善于倾听各方意见。

　　(e)我做任何事情都胆大心细、有勇有谋。

　　(f)我擅长调动大家,有很强的号召力。

　　(g)我会绝对服从上级领导。

　　(h)我很快能够发现别人做事的不足之处。

　　(i)我善于发现新的机会和机遇,擅长打听各种信息。

　　2.我的缺点是什么:

　　(a)我有些时候过分依靠指令行事,忽略周围的环境,缺乏灵活性。

　　(b)我有些教条主义,对没有把握的事情一般不敢贸然行事。

　　(c)别人常说我喜欢道听途说,见风就是雨。

　　(d)我对任何事情都持怀疑态度,容易忽略别人的长处。

　　(e)有时候为了完成某件事情我会很武断,不会听取别人的意见。

(f)我如果几分钟不说话就憋得难受。

(g)我有时会想事情过于投入,经常顾此失彼。

(h)我对缺乏挑战性的工作不感兴趣。

(i)我可能会花过长的时间倾听大家的意见。

3.我的工作态度是:

(a)只要有人不知道,我就有责任告诉他。

(b)只要是决定了的事情,不管多么困难,我一定会完成。

(c)我认为一切都应该从专业角度出发考虑问题。

(d)我的态度是"服从命令听指挥"。

(e)我认为"没有做不到,只有想不到"。

(f)我认为要做就做到最好。

(g)我认为没有调查就没有发言权。

(h)虽然我倾向于博采众长,但在必要时会果断决策。

(i)我认为"没有规矩不成方圆"。

4.我的一般做法是:

(a)我会在各方意见的基础上权衡利弊,根据情况进行决策。

(b)我经常提醒自己和其他成员做事要细心。

(c)我会根据成员的特长来安排工作。

(d)我在执行任务时,完全按照规定的行为准则或操作手册执行。

(e)我经常主动和遇到的各种人打招呼、聊天。

(f)我总是热衷于打听最新的消息,寻找最新的想法,关注事情的最新进展。

(g)我总是以挑剔的眼光看别人有什么不足。

(h)接到上级指令后,我会立刻遵照执行。

(i)在讨论中,我总是会提出一些有创意的想法或建议。

5.我的应急反应是:

(a)在遇到特别紧急的情况时,我会独自构想出摆脱困境的方法。

(b)在紧要关头,我会当机立断地做出决策。

(c)在紧要关头我会义无反顾地采取行动。

(d)在争论过程中,对方越厉害,我的口齿反而越伶俐。

(e)尽管事情非常急迫,我还是强调坚持原则,一切按规定行事。

(f)如果遇到自己无法处理的情况,我会去找这方面的专家询问处理办法。

(g)追求完美的性格使我不会因为任务紧急就不做任何准备而直接采取行动。

(h)紧急时刻我会调动一切资源来打探消息。

(i)事情紧急时,我会亲自冲锋陷阵。

6.我给团队作的贡献是：

(a)我总能提供一些很有价值的资料或信息。

(b)我能够提供需要的行动方案，有时可能不止一套。

(c)我敢于指出别人的不足，能在工作中起监督作用。

(d)我能够完成一些一般人不能完成的任务和工作。

(e)我总是能比较准确地把握局面，是拿主意的关键角色。

(f)我会严格按照上级的指令完成任务。

(g)我能够带领大家完成任务。

(h)我能够处理那些技术性很高、需要经过特别训练才能完成的工作。

(i)我能够把各种消息传播出去。

7.我给团队造成的负面影响是：

(a)当任务受到阻碍时，我可能会表现出不耐烦的情绪，大家可能觉得我很不近人情。

(b)有人会批评我鸡蛋里挑骨头，凡事总喜欢往坏处想。

(c)由于我总是追求完美，有时会因为准备时间过长而延迟事情的进程。

(d)我很容易对人和事失去兴趣并感到厌倦，总是需要别人来激励我。

(e)我喜欢独立行事，别人可能会觉得我不合群。

(f)由于我的想法过于复杂，难以清晰地表述，使大家无法完全理解，增加了实施的难度。

(g)有时我提的目标可能过高，让别人觉得有些强人所难。

(h)我有时会因为话说得太多，以至于说了一些不该说的话。

(i)我有时可能还没有理解指令的真正意图就急于行动，以致变成了盲目行动。

8.我的满足感来自：

(a)只有我才能发现别人的不足。

(b)我的原则是："行动者最快乐！"

(c)别人是从我这里得到消息的。

(d)我能够带领团队克服困难，实现事先设定的目标。

(e)我经常能得到第一手信息，接触到各种新事物、新想法。

(f)主意靠我来拿。

(g)只有我才能搞定那些复杂的、有技术含量的工作。

(h)我提出了许多建议和方案，提高了我的想象力和创造力。

(i)大家都说我干的活很漂亮。

9.我的厌恶感来自：

(a)我觉得只要把事情做完就行了，我讨厌每个环节都抠细节。

(b)我最讨厌让我去打听消息,或去一个陌生的地方了解情况。

(c)我最讨厌拿主意之类的事情。

(d)我平时最讨厌想那些令人头疼的问题,我不喜欢给别人出主意。

(e)一想到要做事情我就浑身不舒服。

(f)我最讨厌让我去挑别人的不足或毛病。

(g)我最讨厌和人打交道,尤其不喜欢和陌生人说话。

(h)我不想当头,尤其是还要带领"刺头"去实现那些很难实现的目标。

(i)一看到那些复杂的、需要技术性很强的工作,我就浑身难受。

1.1 至 8 题的得分之和是正常情况角色得分情况,作为评价该角色状况的依据;第 9 题的得分主要测试被测试人是否对该角色有厌恶心态,作为对其他角色评价时的参考因素。

2.如果角色测试中个别角色的分数大于等于 11,说明擅长此角色的扮演或偏好此角色,如果个别角色的分数小于等于 5,说明不擅长此角色的扮演或不偏好此角色。

角色测试答题纸

	1	2	3	4	5	6	7	8	9
a									
b									
c									
d									
e									
f									
g									
h									
i									
合计									

注意:

1.每道题的得分之和必须为 10 分。

2.将《角色自测答题纸》的得分按照《角色分析》的字母顺序重新填写,并进行分析。

角色测试的得分统计

题号角色	1	2	3	4	5	6	7	8	角色得分	9	排　序
参　谋	c	g	e	i	a	b	f	h	参　谋	d	
侦察兵	i	c	g	f	h	a	d	e	侦察兵	b	
元　帅	d	i	h	a	b	e	g	f	元　帅	c	
将　军	f	e	b	c	i	g	a	d	将　军	h	
督　察	h	d	i	g	e	c	b	a	督　察	f	
宣　传	b	f	a	e	d	i	h	c	宣　传	g	
战　士	g	a	d	h	c	f	i	b	战　士	e	
突击队长	e	h	f	b	g	d	c	i	突击队长	a	
排雷专家	a	b	c	d	f	h	e	g	排雷专家	i	

注意：

1. 在计算角色得分时，只计算第 1 题到第 8 题的得分。

2. 角色得分大于等于 11 分，代表偏好此角色，角色得分小于等于 5 分，代表不偏好此角色。

角色测试介绍：

《角色测试题》由关雪峰和郭蓉晖编制。

由于各行业在岗位设计、职务称呼上叫法很多，即使是同一个行业，在不同企业中的叫法也多种多样。为了便于比较，在角色测试中采用了大家都比较熟悉的军队角色进行测评，以参谋、侦察兵、元帅、将军、督察、宣传、战士、突击队长、排雷专家九个角色为基础，主要从优点、缺点、平时做法、态度等方面进行测评，通过角色测试来了解被测试人员的角色扮演情况。

不论个体角色行为还是集体角色行为都需要经历三个重要阶段，即方案策划、

执行管理和具体执行,而这三个不同阶段中分别都有三个关键角色:

策划阶段:参谋主要负责提供策划方案,侦察兵负责收集相关的信息,元帅则对参谋的提案进行拍板。

管理阶段:当方案通过后,将军带领团队执行,督察对执行情况进行检查和监督,宣传鼓动团队执行。

执行阶段:战士要冲在第一线,当战士出击遇到困难时需要突击队长完成攻坚任务,而排雷专家则是在团队遇到困难时解决特殊难题的人员。

如何进行角色分析:

进行角色分析时,需要了解被测试者目前的工作职务、工作时间等情况。角色分析由以下两部分组成,处理测试题和点评测试题。

一、处理测试题

1.1　把参谋、侦察兵、元帅的得分加总,把将军、督察、宣传的得分加总,把战士、突击队长、排雷专家的得分加总,看这三个得分之和是否等于 80 分。

如果三个得分之和不等于 80 分,说明被测试人员的测试题目回答存在错误,请被测试人员重新检查测试结果。

1.2　对各个角色的得分进行标记,大于等于 11 分的属于偏好扮演此角色,小于等于 5 分的属于不偏好扮演此角色。

1.3　对各个角色的得分情况按照从大到小的顺序进行排序。

①按照角色的得分进行排序。

②对于得分一样的角色,根据所选项目的多少再进行排序,选的项目多的排名靠前。

③如果得分和所选项目的数量都一样,则没有厌恶度的角色排名靠前。

④如果得分、所选项目和厌恶度的情况都一样,则按照以下情况考虑排名:正面影响、负面影响、态度、平时做法、应急做法、优点、缺点、满意度、厌恶度。

1.4　将每组测试题中的最高分标记出来。

在 1～8 组题中,如果每组有不止一个最高得分时,选角色得分排序在前的进行最高分的标记。

在第 9 组题中如果有不止一个最高得分时,选角色得分排序在后的进行最高分的标记。

1.5　对 1、2 题中都有得分的角色进行标记。

1.6　对 7、8 题中都有得分的角色进行标记。

1.7　对 1、2、7、8 题中都有得分的角色进行标记。

1.8　对 1～8 项都有得分的角色进行标记。

1.9　计算互斥角色(元帅和将军、督察和宣传、战士和突击队长)的得分之差。

1.10　观察八卦角色(侦察兵和宣传)的得分情况。

二、分析测试结果

2.1 根据1.1的结果分析被测试者的策划、管理和执行等三个层面的整体特征;组织的行为基本上都在策划、管理和执行三个层面上展开的,这3项得分的情况可以反映出被测试者整体的角色扮演情况。

2.2 根据1.2的结果分析被测试者的角色偏好程度。

除了关注大于等于11分和小于等于5分的角色得分之外,还需要对得分在10分和6分的角色情况,因为这两个得分表明被测试者对角色的偏好处于临界状态,随时可以变成偏好角色和不偏好角色。

2.3 根据1.3的结果分析被测试者的角色扮演次序。

角色得分顺序可以显示出被测试者在工作和生活中做事的顺序。

2.4 根据1.4的结果分析被测试者的个人特征。

此项分析主要时反映被测试者的经常用什么方式在进行工作的。

2.5 根据1.5的结果分析被测试者的突出特点。

在第1组题优点和第2组题缺点同时给分表明被测试者对自身特点的认识。

2.6 根据1.6的结果分析被测试者的角色投入情况。

在第7组题给团队的贡献和第8组题对团队带来的负面都有得分表明被测试者对角色非常投入,因为如果只有贡献没有负面影响只是表明被测试者能够完成基本角色要求,而同时给负面影响得分则表示被测试者在角色扮演上非常投入。

2.7 根据1.7的结果分析被测试者的突出特点和结果关注情况的结合程度。

如果被测试者只是特点突出而没有角色投入,说明被测试者虽然努力做事情但没有结果。

如果被测试者只是角色投入而没有特点突出,说明被测试者做工作只关注结果,不注意方式方法。

对于那些即特点突出又角色投入的被测试者在角色扮演上比较到位。

2.8 根据1.8的结果分析被测试者个别角色的总体特征;

如果被测试者在个别角色的1~8题都给了分数,说明被测试者在角色扮演上非常投入。

2.9 根据1.9的结果分析被测试者互斥角色的情况;

在九个角色中,元帅和将军,督察与宣传是两对互斥的角色,如果两个互斥角色之间的得分差小于等于2分的,说明被测试者在日常工作中在互斥角色之间处于角色混乱状态,可能会出现角色扮演不当的情况。

在实际生活和工作中,每个人往往同时在扮演许多角色,如果生活中的角色和工作中的角色不一致时,尤其是同时扮演互斥的角色时,可能会造成比较严重的心理障碍。

2.10 根据1.10的结果分析被测试者的八卦角色的情况;

在九个角色中,侦察兵和宣传属于一对八卦角色,这两个角色得分中如果有一个小于等于 7 分,则说明被测试者不属于八卦角色。

2.11　根据被测试者对第 9 组题的回答情况,看被测试者的角色扮演情况。

第 9 题是厌恶度得分,单独看厌恶度的得分不能说明什么,必须与角色得分相配合才能够看出问题来。如果一个人非常擅长扮演某个角色,一定会特别厌恶扮演一些别的角色。

如果被测试者在第 9 题中给不偏好的角色(1.2 中的角色得分小于等于 5 分)有得分,可以反映出被测试者的正常心态。

如果被测试者在第 9 题中给偏好的角色(1.2 中的角色得分大于等于 11 分)有得分,则反映出目前被测试者存在某种心理障碍,反映出其矛盾心态。

模块二　工作中的多面手—— 秘书的能力和生涯规划

◎ **学习目标**

知识目标：

1. 了解秘书的知识结构，掌握秘书知识结构的优化原则和方法；

2. 掌握秘书的能力结构（一般能力和特殊能力）的基本要求；

3. 理解秘书的职业发展和职业生涯规划的内涵；

4. 初步确立自己的秘书职业生涯规划的方向定位和发展。

能力目标：

1. 秘书人员能力培养；

2. 学会规划自己的职业生涯。

项目一　秘书的知识和能力结构

◎ **心理训练**

任务一　我的五把金钥匙

时　间：15 分钟。

材　料：一张印有 5 把钥匙形状的纸。

目　的：促进成员自我了解，并了解他人，学习接纳每个人的独特性。

操作程序：

1. 每组 6～8 人，小组围坐在一起。

2. 每人静静思考：一两年后我即将踏入社会，现在我已经拥有了哪些资源和能力，可以让我开启未来之门？

3. 小组分享，每人将自己写好的内容在小组中分享，各小组同时进行。分享完毕后，请小组派一位代表到大组进行全班交流。

4.课间休息时把每个人的"金钥匙"贴在黑板上,大家相互欣赏。

【提示】 "我的五把金钥匙"里每人都有哪些自己具备的知识和能力? 金钥匙也可能不止 5 把,当然越多越自信。

这个活动,使我明白了我的知识和能力优势主要是 _____

_____

我的综合素质是 _____

任务二　巧解绳结

时　　间:15分钟。

材　　料:两端有绳套、长为 1.3 米的绳子若干条。

目　　的:摆脱原有的思考模式,了解经验对人的限制,体验如何发挥创意与行动力。

操作程序:

1.将成员分成 2 人小组,每人发一条绳子,两位成员手中的绳子交叉。

2.每位成员分别将两端的绳圈套在自己两只手的手腕上。

3.要求成员在不解开绳结且手不脱离绳圈的情况下将两人交叉的绳子分开。

4.宣布答案:将一方的绳子从中间对折,把对折后的绳子从对方手上的绳圈由里向外穿出(注意:对折和穿出绳子时都不要让对折的绳子交叉)。分开对折的绳头后,双方分别拉直绳子即可。

注意事项:

1.在解绳结的过程中,每个学员手上的绳套都不能脱离手腕。

2.不能将自己两只手上的绳套交换。

【提示】 (1)当你接到这个问题时,你的第一个反应是什么? 而后你做出了什么行动? (2)在尝试了一段时间之后,你有什么感觉? 你是否相信能解? 你是否开始与别人进行沟通? (3)当你听说有的学员已经解开了的时候,你在想什么?

这个活动,给我的启发是 _____

_____

任务三　水、杯子和回形针

时　　间:10分钟。

材　　料:杯子两个,回形针两盒,水、面巾纸等。

目　　的:深入了解自己,觉察自己成长的无限空间。

操作程序:

1.请一位学生到讲台上把一杯水倒满,老师可反复追问是否已满,并请认为不满的学生上台再倒,直到大家认为已满为止。

2.请学生们猜一猜,这杯水里能否再加入回形针而不溢出水来,如果能的话,最多能加多少个回形针,老师可鼓励学生尽可能多猜。

3.老师向水杯中加回形针,让学生一起数,也可以请学生上来加。

在这个游戏中,你对自己是否有了新的认识?_____

◎ 案例导入

　　袁仲是 20 世纪 80 年代中期某高校秘书专业的第一届毕业生。当时,秘书专业毕业的大学生很少,市里对袁仲十分重视,分配他到市政府任秘书。时间一长,袁仲觉得自己干的净是些抄抄写写的事务性工作,壮志难酬,因此形成了消极应付的工作态度,而且自我感觉良好,自己是秘书专业科班毕业的大学生,别的秘书大多是没有受过良好专业教育的,因而看不起别人。他对组织发展漠不关心,关心的只是个人职位的晋升;他对单位业务学习和政治学习毫无兴趣,很难与同事取得共识;他分析问题爱钻牛角尖,总是静态地、表面地思考问题。由此,他个人生活得不愉快,工作上也无进展。

　　21 世纪初,市里举办青年秘书知识技能竞赛。袁仲被聘请为评委。他自以为秘书知识技能只有那些,用不着准备。可是竞赛一开始,他发现关于信息、协调、参谋、督促检查、中外秘书比较研究等知识,都是他知之甚少的;关于电脑、会议预案、公关等技能也是他不大熟悉的。他在评委席上坐不住了,借口头疼,起身走了。

　　回家的路上,他感到全身发冷。自己还不到 40 岁,难道就成了落伍者吗?

(资料来源:方国雄、方晓蓉著《秘书学》)

　　【提示】　袁秘书为什么会成为落伍者?他应该如何优化自身的知识结构?作为一名秘书专业的大学生,走上秘书岗位后,怎样才能与时俱进,成为一名优秀秘书?

◎ 理论知识

　　知识和能力是秘书开展工作、实现自我发展和完善的基本条件。秘书作为上司的左右手,他需要具备哪些方面的知识才能很好地发挥作用?应该具有怎样的知识结构才算合理,才能胜任本职工作?

一、秘书的知识结构

　　随着市场经济的飞速发展,社会分工的不断细化,人们对秘书工作的要求也越来越多、越来越高,因此作为秘书人员,必须不断学习,努力充实和完善自己的知识结构体系,提高自己多方面的工作能力,只有这样,才能适应竞争日趋激烈的现代社会,成为一名优秀的秘书从业人员。

　　(一)秘书知识结构的层次

　　知识结构,是指人们所学的知识在头脑中的有机联结与组合,也是一个人知识层次的构成情况。秘书要胜任工作,必须有胆识,有口才,秘书不是某一门知识的专家,但应是具备广博知识的杂家。对于一个秘书人员而言,一个完整合理的知识结构应包括三个层次的知识,即基础知识、专业知识和相关知识。

1.基础知识

基础知识是秘书人员知识的第一个层次,秘书人员必备的知识是成为秘书的前提条件。秘书工作者的知识面要广,基础知识要扎实。为此秘书人员应掌握以下三个方面的知识。

第一,科学文化知识。它是基础知识的基础,包括语文、数学、历史、地理、逻辑、英语等等。它是秘书知识结构的根基,是其他知识的源泉。

第二,马列主义理论知识。它主要包括哲学、政治经济学、党的建设、邓小平理论等知识。这部分基础知识是帮助秘书人员解决政治方向和思想方法问题。学习这部分知识,就是要使秘书人员树立正确的世界观和方法论,能运用马克思主义的立场、观点和方法去分析问题、解决问题。

第三,政策法规知识。这是作为秘书人员必备的知识,包括党的路线、方针、政策和国家的宪法、法律法规、法令等相关的知识。

秘书人员应当根据工作需要,在掌握一般的法学和政策理论基础上,有针对性地学习有关的法律政策知识。重点有两个方面:一是同秘书工作有关的法律、法规、规章、政策;二是同服务单位的业务活动有关的法律、法规、规章、政策。

2.专业知识

专业知识是秘书人员知识结构的核心或者说主体,也是区别于其他领域的知识结构的方面。

第一,理论知识。它是秘书学和秘书工作总体的理论知识,是秘书人员胜任本职工作的重要前提,也是秘书工作的基本理论知识,包括秘书学、文书学、公文写作学、信访学、会议学、调研学、档案学等理论知识。

第二,业务知识。它包括秘书工作中各个环节的操作常识、基本技能和操作规范。如办文、办会、办事的灵活运用,办公自动化技能操作等秘书实务。

第三,行业知识。它是指秘书人员所在行业的基本知识。秘书人员所服务的单位都有其特定的业务活动范围,了解这些知识能使秘书人员写材料不说外行话、提建议不当门外汉,使自己的工作更具有针对性和科学性,当好领导者的参谋与助手。行业知识是秘书适应特定工作环境、做好工作所必需的。

3.相关知识

任何学科的知识都不是绝对孤立的,它们相互交叉、相互渗透、相互影响、相互促进。秘书应尽可能多掌握一些既独立于专业知识之外,又与专业知识密切关联的知识。它包括以下几个方面的知识:

新的学科知识。如社会科学和自然科学等,是相关知识中的一个重要内容,包括行为科学、系统论、控制论、信息论等知识。

管理学知识。如行政管理、领导科学、决策等知识。秘书是辅助管理人员，秘书工作是管理工作不可缺少的一部分。学习和掌握管理学知识，有助于秘书人员自觉运用管理工作的规律，协助领导实施科学管理。

社会交往知识。如社会关系学、公共关系学、人际关系学等，以便秘书人员在工作中提高自身的交际能力、信息沟通能力。

心理学知识。如普通心理学、管理心理学、领导心理学、社会心理学和秘书心理学等知识。学习和掌握心理学知识，不仅有助于秘书人员科学地分析自己的心理过程及其特征，克服自己的心理障碍，提高自己的心理素质，同时也有助于观察和了解领导者以及公众的心理过程和特征，掌握他们的心理活动规律，并用这些规律来指导秘书与领导者和公众之间的交往，以提高交往的质量和效果。

经济、金融、税务方面的知识。如会计、货币、证券、市场、外贸等知识。市场经济的大潮正推动着我国各行各业发生日新月异的变化。没有经济头脑的领导者显然是不称职的，而不懂经济知识的秘书也不可能当好领导者的参谋与助手，秘书人员必须懂一点经济学知识。

秘书人员还应掌握一些诸如决策学、咨询学、文学、人才学、情报学、编辑学、新闻学、传播学、社会学等知识，扩大自己的知识面，以便使自己在工作中更加得心应手。

另外，秘书人员必须大致了解国际和国内知识。国际知识主要是指当前国际的基本问题，包括世界格局、政治、经济、军事、思想、科技、文化等的变化及发展情况。国内知识包括国情、民情、民俗、民风等。

留心皆学问

两年前，小于正式成为公司的一名涉外秘书。今天刚上班，电话铃响了。

"是东岩公司吗？我是宁夏的马致远。"

"马总，您好！我是东岩公司的秘书于雪。"

马总是宁夏西域科贸公司的副经理，是东岩公司在宁夏的代理商之一。

"是这样的，我昨天到的北京。我今天上午在清华大学办了点事，下午想到你们公司拜访姜总和孙总。几年没到北京来了，变化挺大的。我现在不知道坐什么车过来，你能告诉我一下吗？"

电话那边很嘈杂，马总好像用的是公用电话。

"马总，您现在是在清华南门，是吧？"

小于在思考着，因为她很少去清华园那边，对那边的公交车情况不是很清楚。

"您先坐718路公交车到人民大学站，下车后换乘332路到动物园，到了动物园再换……"

再坐什么车，小于也不太清楚了。因为她平时只注意自己上下班的几条公交线路,与自己关系不大的公交车和交通情况,很少注意。

这时科长示意小于把电话给他:"马总您好!"科长的嗓音洪亮,显得热情亲切。

"我是欧阳军,好久不见了,这几天出差挺累的,是吧？这样,您在清华南门坐375路到西直门;在西直门换乘地铁,挺方便的;地铁在建国门站下来,换一线地铁,坐到国贸站;在国贸站的东北出口上来,就能看到我们某某大厦了。我们在18层办公。我们等着您。"

欧阳科长放下电话,看着小于。

"科长,实在对不起。"小于明知道自己失职了,但还是不由自主地给自己找借口,"因为我们家一直住城南,我很少去清华园那边,所以对那边的公交车情况不是很了解。"

科长不满意地说:"小于,你是有两年工作经验的秘书了,应该熟悉北京市的交通情况。你对北京市的交通情况的了解,就应该像熟悉自己的掌纹一样。"

"有这个必要吗？"小于小声嘟囔着,"像马总这样的客人,一年能碰上几个？"

"小于,我要求你熟悉交通情况,并不单纯是为了给客人指路。"科长的神情本来缓和下来了,听小于这么一嘀咕,又变得严肃起来。

"给公司领导安排日程,是秘书一项很重要的工作;领导乘车外出办事,你不熟悉交通情况,不知道什么地方容易堵车,不知道哪个地方是单行线,你怎么计算领导在路上所花的时间？你安排路上的时间多了,是浪费领导的时间;你安排的时间不够,把领导搞得像去机场赶飞机似的,还有可能因堵车而误事。这样行吗？"

科长说着,看着小于。接着说:"我们做秘书的,不仅要了解本市的交通情况,对全国的交通情况也应有相当的了解,比方,从北京到上海,到广州,到昆明,到乌鲁木齐,到哈尔滨,乘飞机一般要多长时间,坐火车又要多长时间,这些都要心里有数……"

（资料来源:谭一平著《外企女秘书职场日记》）

【提示】 从这个案例中可以看出,小于没有真正掌握秘书应该掌握的一些基础知识。其实,秘书的工作具体而繁杂,从待人接物到给领导安排工作日程,如何才能做到恰到好处？这就需要秘书从自己平时的生活中积累经验,因为这些很难从教科书上得到,除了向有经验的老秘书请教外,只有靠自己在实际工作中去摸索和积累。小于虽然家住北京,但是她除了自己家附近的一些公交路线知道外,别的都不熟悉,这是不行的。作为秘书应尽可能多地掌握一些知识,以备不时之需。

像小于可以在平时坐在出租车里的时候,留心哪个路口容易堵车,什么时候容易堵车,这样,在工作中就心里有数了。

秘书的工作不仅面宽,而且接触的人多,从各科室到公司领导,从公司内部到外来客人,秘书只要处处做个有心人,学会观察周围的事物,就会有收获。

（二）秘书知识结构的优化原则

根据秘书工作特点、职能范畴和知识层次的需要,秘书知识结构应该遵循以下三个原则。

1.广博性原则

秘书工作事无巨细,包罗万象,涉及面广。要做好秘书工作,必须具备多方面、多学科的知识和技能。秘书人员要成为"杂家"和"通才",即专博相济,只有把广博与专深有机结合起来,才能建立立体的知识结构体系。

2.层次性原则

即合理知识结构的建立,必须从低到高,在纵向联系中,划分基础层次、中间层次和最高层次,没有基础层次,较高层次就会成为空中楼阁,没有高层次,则显示不出水平。因此任何层次都不能忽视。

3.动态性原则

知识结构不应是凝固、僵化不变的,而是一个动态、开放的,不断吸收新知识,不断进行自我调节的系统。在当今这个信息知识爆炸的时代,知识结构这个系统如不能及时吸收新知识、修正知识、更新知识,不能重新有机优化组合协调,知识结构将会老化、僵化,甚至解体,更谈不上创新活力了。

(三)建立最佳知识结构的途径

1.理论学习与社会实践相结合

秘书人员一方面要积极学习理论知识,丰富自己的知识结构,同时要把理论学习与社会实践结合起来。在实践中,训练技能、培养能力、转变思维方式,突破传统的思维定势、惯性,对原有知识、经验、观念、方法进行重新组合;在实践中,对自己的知识结构不断进行预测调节、反馈调节,使知识结构在动态中不断优化,更趋于合理,更有活力。

2.广博和精专相结合

秘书职业需要秘书的专业知识,同时,广博的知识又是秘书不可缺少的,两者是辩证统一、相辅相成的。秘书既要将专业知识的精专建立在广博的基础上,又要使知识的广博围绕精专的目标去拓展,相互促进,使自己成为广学博闻、专业精深的人才。

3.学习继承和发展创新相结合

秘书要具备一个较为巩固的专业知识与相关知识的结构,同时还要积累、总结经验,不断汲取新的知识。在碰到新情况、新问题时要保持一种科学的态度,认真研究分析,敢于提出新见解,采用新做法。

终生学习

李远是一个极为努力的秘书,虽然进公司多年仍没有得到提升的机会,但是她仍然待人和善、努力向他人学习,并且在通过英语六级考试以后,她还挤出自己的时间学习日语口语课程。上个月,日本东京渡边塑料株式会社的山本先生来她们公司,商讨合资建厂的事。一开始山本先生非常高傲,说这个不行,那个不够。几天下来,进展不是很大。老板认为山本先生固然有砍价的考虑,但也与山本先生为人相当刻板高傲有关。

这天中午吃饭的时候,李远用日语问山本先生,他的老家是不是在东京,他张大眼睛很惊讶地反问李远是怎么知道的。李远说她是听他说话的口音猜的。她说她在大学时日语老师是东京人,而工作以后又进修了日语口语,老师是横滨人,日语口音的差别听他们都介绍过,说完便惟妙惟肖地模仿起来。

听李远这么一说,五十来岁的山本先生马上显示出"老乡见老乡,两眼泪汪汪"似的激动,称赞李远的日语真是太地道了,说得李远连说了几次不好意思。下午,笼罩在谈判桌上的沉闷一扫而空,山本先生当场同意了公司的全部条件,说立即向总公司汇报,连李远的老板也感到非常意外。

(资料来源:孟庆荣主编《秘书工作案例及分析》)

【提示】 不管我们用什么来保护自己,能力、本事都是保护自己的"硬件"。如果你没有与自己的待遇相适应的能力,相信对自己的工作也会丧失信心。所以对于自我保护手段来说,我们要牢记的便是"活到老,学到老"。当然,要求你学的还不仅仅是知识,很多职场中的"潜能力"也是秘书人员需要注意的。

人活在世上就是一个不断学习的过程。当一个秘书就需要与不同层面的人打交道,了解各个方面的知识,只有抱着"活到老,学到老"的信念面对自己的工作,你的事业才会有更大的升值空间。

你对终生学习的理解是＿＿＿＿＿＿＿＿＿＿＿＿＿＿＿＿＿＿＿＿＿＿

二、秘书的能力结构

秘书人员具备良好的能力结构不仅是秘书工作取得成功的关键因素,也是提高秘书工作效率的重要基础。因此针对秘书工作的发展趋势,分析秘书人员的能力结构,对于提高秘书人员的工作能力和工作水平,造就高素质的秘书队伍具有十分重要的意义。

能力是直接影响活动效率,并使活动顺利完成的个性心理特征。能力总是和人完成一定的活动相联系的。离开了具体活动既不能表现人的能力,也不能发展人的能力。但是,我们不能认为凡是与活动有关的,并在活动中表现出来的所有心理特征都是能力。只有那些完成活动所必需的、直接影响活动效率的,并能使活动顺利进行的心理特征,才是能力。

(一)秘书的一般能力

一般能力是指观察力、记忆力、注意力、思维力、想象力等能力,通常也叫智力。它是人们完成任何活动所不可缺少的,是能力中最主要、最一般的部分。

1.观察力

观察力就是在有目的、有组织、有思维参与的感知过程中形成的一种稳固的认识能力,是智力构成的一个重要因素。观察力是人们认识客观事物或现象的基本能力,是智力的基础。人们从外界获得的信息中,有 90％是通过观察获得的。可以说,观察是人们认识世界的源泉。通过观察,可以扩大人们的眼界,帮助人们丰富知识,活跃思维,发展智力。

秘书在工作中要时时、事事、处处做有心人,善于观察,善于发现"死角",及时提请领导注意,要善于做拾遗补阙工作。秘书不仅要善于发现问题,而且要善于分析问题、提出解决问题的办法供领导择用、实施。

秘书要想具备良好的观察力,首先,必须作好观察的准备,明确观察的目的,培养观察的兴趣和意向。其次,应掌握正确的观察法,做到有顺序、有系统地进行观察,使观察的各部分、各阶段有内在的衔接与联系,以进行有效的综合与分析。第三,秘书在培养观察力时还必须以正确的思想为指导,以一定的知识为前提。

2.记忆力

记忆力是人脑对过去经验中发生过的事物的反映,是对客观事物和自身经历的识记、保持和再现的心理过程。记忆力就是对过去经验的识记、储存和再现的能力。秘书的记忆力是秘书能力结构的基础性要素,发挥着"仓库"的职能。秘书良好的记忆力对处理头绪繁多的工作,掌握多方面的情况,提高工作效率有重要的作用。

秘书要提高记忆力,首先应加强有意记忆的能力,在明确记忆目的后,运用记忆的规律,克服记忆障碍;然后寻找材料的内在联系,加深理解;最后调动各种感官帮助记忆,掌握遗忘规律,同遗忘作斗争。当然,还要善于学会遗忘那些没有记忆价值的东西,以接受新的知识。

3.注意力

注意力是指心理活动中对一定客观事物的指向和集中。注意力就是一个人按照特定目的、在特定时间内把心理活动指向特定对象的能力。注意力起着维持和组织的作用,规定着心理活动的方向,保证着秘书能够及时地反映客观事物的变化,使其能更好地适应工作、环境和新情况。

秘书良好的注意力有助于秘书集中精力去解决工作中的主要问题,将自己的全部热情投入工作中,以提高工作效率。同时,良好的注意力可以帮助秘书充分地利用时间,高效率地工作。

4.思维力

思维力是指对事物的分析、综合、抽象和概括的能力,它在智力结构中起着核心的作用。秘书的思维力,在秘书工作中无论是对于解决一般问题还是创造性地开展工作,都有着积极的作用。

秘书培养良好的思维能力,首先,要不断充实和丰富知识和经验,这是提高秘书思维能力的重要前提;其次,秘书要养成自觉思考的习惯,勤于动脑;第三,秘书要解放思想,开阔视野,更新观念。

500 尾小金鱼

商人到小镇上去推销鱼缸,但是那里的人们没有观赏金鱼的习惯。所以尽管销售了很久,尽管商人的鱼缸工艺精细、造型精巧,依旧问津者寥寥。

商人在花鸟市场找了一个老头,以很低的价格向他订了 500 尾小金鱼。老头很高兴——他在小镇经营金鱼生意多年,生意一直惨淡。

商人让老人担着金鱼和他一起来到穿镇而过的水渠上游。"把这 500 尾金鱼全投放进去。"老头十分不解,商人说:"你只管放,金鱼的钱我一分也不会少你的。"

刚过了半天,一条消息就传遍了小镇:水渠里不可思议地有了一尾尾漂亮、活泼的小金鱼。镇上的人们争先恐后涌到渠边,许多人都跳进渠里,小心翼翼地寻找和捕捉小金鱼。

捕到小金鱼的人,立刻兴高采烈地去买鱼缸;那些还没有捕到金鱼的人,也纷纷涌到街头抢购玻璃鱼缸。大家都兴奋地想,既然这渠里有了金鱼,虽然今天没有捕到,但总有一天会捕到一尾的,那么买个鱼缸早晚都能派上用场。

卖鱼缸的商人把售价抬了又抬,但他的几千个鱼缸很快就被人们抢购一空。欣喜若狂的商人想,如果不是自己灵机一动在水渠里投放了区区 500 尾小金鱼,自己那几千个鱼缸不知何年才能卖完。

有舍才有得,不舍弃那 500 尾小金鱼,你就得不到几千个玻璃鱼缸的大买卖。"将欲取之,必故与之。"抛舍我们生活中的砖,引得我们人生中的玉,这是镀亮人生苦旅的最好方式。

(资料来源:李雪峰《健康之友》2005 年 3 月)

【提示】 秘书作为领导的参谋和助手,要把眼光放远点,善于为领导出谋划策,不能循规蹈矩,有时甚至要想在领导的前面。秘书运用创造性思维,不仅利于完成日常工作,而且对于开创新局面也有重要的意义。

5.想象力

想象就是人脑对原有的感知形象进行加工改造并形成新形象的过程。想象力是秘书进行创造性思维和有效辅助活动不可缺少的心理因素。秘书人员若缺乏想象力就难以创造性地开展工作。

秘书要培养想象力,必须不断扩充知识,不断积累经验。只有善于观察各种客观事物,形成对这些事物正确的表象,才能不断提高想象力的水平。秘书要提高想象力还必须同提高思维力结合起来,离开了对各种现象材料的分析、比较、综合、抽象和概括,就很难形成新形象。

(二)秘书的特殊能力

特殊能力是指人们从事特殊职业或专业需要的能力。秘书工作的复杂性、多样性和秘书活动的丰富性、广泛性,需要秘书人员具有多种特殊能力。主要有以下几种。

1. 表达能力

(1)书面表达能力

书面表达能力也就是写作能力,具体是指公文和事务应用文的写作能力,这和对记者、作家的写作能力要求不同。秘书人员要写好公文和应用文,应具有语法、修辞、逻辑知识,应掌握大量的词汇和不同的句式,应具有公文和应用文文体知识,应掌握常用汉字和简化字,掌握标点符号用法,并通过长期实践,将这些知识综合起来转化为写作能力。应该认识到,写作能力并不仅仅是文字表达能力,还反映了一个人的思维能力、观察能力和语言组织能力。这同样是需要加以锻炼、培养才能提高的。秘书还要练习书法,虽不必成为书法家,但要求把字写得端正、匀称、流利。

(2)口头表达能力

秘书不仅要会写文章,还要能说会道。秘书应会说一口标准而且流利的普通话,要口齿清晰,不紧不慢。对领导讲话语言要简明扼要,对群众讲话也切忌啰唆冗长,更不要拖音带腔。同样,思维清楚才能说话清楚。要使说话有条有理,秘书要多思考,说话前要善于打腹稿,不要信口开河,滔滔不绝,也不能沉默寡言,问一句答一句。

2. 沟通协调能力

现代社会中的秘书已不再是整天坐在办公室里整理文件或是伏案写作,而是经常要参加各种社会活动,外出联系工作,调查情况,收集信息,进行协调,参加各种会议、会谈或宴会,甚至有参加外事活动的机会。秘书人员必须具有一定的组织管理能力,懂得各种场合的礼仪、礼节,善于待人接物,善于处理复杂的人际关系。

秘书要善于发现组织与组织之间、部门与部门之间、上级与下级之间工作上的矛盾或不平衡;要善于发现文件与文件之间政策、提法上的抵触或不一致;要善于发现领导与领导之间、上司与员工之间的误解或不和,并及时加以沟通、协调。

3. 时间管理能力

秘书每天要面对很多杂事,因此要对时间进行有效的计划和控制,合理有效地利用可以支配的时间,创造最大的效益。面对工作中千头万绪、林林总总的事情,秘书要懂得按照事情的轻重缓急,抓大放小,有条不紊地处理。合理的办事先后顺序应该是:①重要且紧迫的事;②重要但不紧迫的事;③紧迫但不重要的事;④不紧迫也不重要的事。避免将时间花在琐碎的多数问题上,应将时间花在重要的少数问题上,因为一旦掌握了这些重要的少数问题,只需花 20％的时间,即可取得 80％的成效。学会总把"重要且紧迫的事"放在最先去做,这样秘书会慢慢发现自己每天都完成了最重要的事。

一生中最有价值的一课

美国伯利恒钢铁公司总裁查理斯·舒瓦普向公关专家艾维·利请教"如何更

好地执行计划"的方法。艾维·利声称可以在 10 分钟内就给舒瓦普一样东西,这东西能把他公司的业绩提高 50％,然后他递给舒瓦普一张空白纸,说:"请在这张纸上写下你明天要做的 6 件最重要的事。"

舒瓦普用了 5 分钟写完。

艾维·利接着说:"现在用数字标明每件事情对于你和你的公司的重要性次序。"这又花了 5 分钟。艾维·利说:"好了,把这张纸放进口袋,明天早上第一件事是把纸条拿出来,做第一项最重要的。不要看其他的,只是第一项。着手办第一件事,直至完成为止。然后用同样的方法对待第 2 项、第 3 项……直到你下班为止。如果只做完第一件事,那不要紧,你总是在做最重要的事情。"

艾维·利最后说:"每一天都要这样做——你刚才看见了,只用 10 分钟时间——你对这种方法的价值深信不疑之后,叫你公司的人也这样干。这个试验你爱做多久就做多久,然后给我寄支票来,你认为值多少就给我多少。"

一个月之后,舒瓦普给艾维·利寄去一张 2.5 万美元的支票,还有一封信。信中说,那是他一生中最有价值的一课。

5 年之后,这个当年不为人知的小钢铁厂一跃而成为世界上最大的钢铁公司。人们普遍认为,艾维·利提出的方法功不可没。

【提示】 每个人每天都会有很多事情缠身,但理顺程序,分清事情的轻重缓急是很重要的,当你将它们按重要性优先排序,并坚持这个原则去做,你将会发现再没有其他办法比按重要性办事更能有效利用时间了。

4.信息处理能力

现代秘书的信息处理能力是指秘书人员在从事秘书工作实践活动中,所应具备的对于信息的搜集、理解、分析、处理的能力。在知识经济时代,谁先掌握信息谁就掌握了主动权,信息处理能力的强弱直接影响到工作效率,秘书必须不断加强信息处理能力,才能在工作中立于不败之地。

"网痴"秘书

金桥公司的林秘书特别爱上网,对网络情有独钟。只要忙完了工作,她就在网上看个不停,其他同事约她逛街看电影,她也推说没空。久而久之,大家给了她一个外号叫"网痴"。她知道后也不介意,依然故我。其实,林秘书是个有心人,她上网并不是聊天打游戏、看小说,而是收集与公司业务有关的一些国际、国内信息,以及与本公司有业务往来的一些客户的信息,收集加工后整理在一个专用文件夹里,以备不时之需。总经理需要什么信息,她从专用文件夹里调出来整理一下,马上就能给总经理送过来,总经理夸她工作效率高。

有一次,她从网上得知马来西亚和印度尼西亚发生大规模洪灾,预测我国木材进口价格将大幅上涨,进而纸张价格也将大幅涨价,她马上将信息向总经理汇报。

总经理据此决定大批购进纸张库存起来,不久纸张价格果然大幅涨价,公司因此节约成本100余万元。总经理非常高兴,大大地表扬了林秘书,还发给她1万元的大红包。

还有一次,她从网上一篇记者的文章中发现,与她们公司一直有大笔业务往来的广州鑫银公司的员工与公司管理层正在闹矛盾,员工扬言要告上法院,因为公司没有说明任何原因就要裁掉他们。林秘书从这篇不寻常的文章中发现了不祥的苗头,于是,马上将这篇文章下载打印出来,交给总经理。总经理看了以后很重视,马上派出周副总带人过去实地察看,发现鑫银公司实际已经资不抵债,大幅裁员也可能只是权宜之计,最终难逃破产的命运。据此,总经理决定停止向鑫银公司继续发货,以免收不回货款,造成巨大损失。果然,过了两个月,鑫银公司申请破产。

林秘书这个"网痴"发现的信息,让公司避免了巨大的损失,总经理专门召开表彰大会,号召公司的全体员工向林秘书学习。

(资料来源:孟庆荣主编《秘书工作案例及分析》)

【提示】　作为秘书,要能够利用各种途径,查找能够满足需求的信息。要有意识地收集与公司业务有关的各种信息,主动开展信息利用服务,将收集、处理、存储的信息提供给领导,供领导决策时参考,以发挥秘书作为参谋助手的作用。

5.使用先进办公设备的能力

秘书要掌握诸如电话机、录音机、扩音机、照相机、录像机、复印机、打字机、电子计算机、传真机、网络通讯设备等工具的操作。凡是办公室拥有的设备,秘书人员都应学会使用。尽管部门内可能有专门的操作人员,但秘书人员如果具备使用能力,可以备工作上的不时之需。

6.创新能力

创造能力是21世纪检验各类人才素质高低的一个重要尺度。秘书的创新能力,是指创造性地贯彻领导意图,为领导工作提供最佳服务的能力。秘书参谋作用发挥如何,在很大程度上取决于其创新能力的强弱。没有创新的意识,没有创新的思维,没有创新的胆略,是不可能为领导决策提供有价值的参谋建议的。

(1)预测能力

预测是在大量事实和信息的基础上,对可能发生或即将发生的情况作出科学的预计。有经验并富有创造精神的秘书人员应培养和锻炼自己的预测能力,这有助于进行主动服务和预防工作差错,也有助于秘书人员获得晋升为管理者、决策者的机会。

(2)应变能力

秘书的大部分工作都有章可循,应严格按照政策和规章制度办事。但有些工作,尤其是事务性工作,在特殊的时间、地点、条件下,也常会出现意想不到的情况。秘书人员要有遇急不慌、临危不惧、处事冷静的应变能力,处理问题既要符合原则,又要有一定的机动性和灵活性。

应变能力是秘书的一种综合能力,属于智慧和才干的范畴,具备这种能力,就能够创造性地做好秘书工作。秘书的应变能力表现在以下几方面:一是善于观察,能够周密、详尽而又准确地捕捉变化着的新情况、新问题;二是思维敏捷,能够对新情况、新问题迅速作出判断、分析、综合和概括;三是多谋善断,遇事能拿出办法,采取对策;四是随机应变,能够在不丧失原则的前提下,灵活变通地处理各种非常性工作。

四种备份

一位专家急匆匆走进演讲厅,他正要给全市企业骨干作一个重要的讲座。

专家把一个磁盘插入电脑,准备打开电子文稿。可是,等他双击之后,电脑屏幕上显示一个红色的大叉,系统无法读取指定的设备。台下有些轻微的骚动。

专家不慌不忙地拿出磁盘说:"幸好我带来了手提电脑。请工作人员帮我把线接好。"突然,报告厅的灯全灭了。因负荷太大,电源自动跳闸。这时下面的人议论纷纷。

专家看看网线,灵机一动说:"我很有准备的,打开我的邮箱就行。"可是打开网址一看,天哪! 邮箱竟然打不开。大家一阵唏嘘。

专家笑笑说:"世事真难预料,我精心准备了3份讲话文稿都无法使用。不过,我还有第四种办法。"他像变魔术一样地拿出移动硬盘。随后讲座开始,主题是《人的自信与成功》。

专家打开演示稿,屏幕上赫然出现一行字:

我的第一讲内容是:人的自信来源于多重准备,当你这个准备无效时,你可以快速地找到第二种、第三种甚至更多的应对办法,你就能够成功!

这时台下掌声不断!

(资料来源:余俊《市场报》2006-10-20 第 10 版)

【提示】 "凡事预则立,不预则废。"成功的机会总是青睐那些有所准备的人,在人才竞争日益激烈的今天,你是否已准备就绪?

我的感悟:＿＿＿＿＿＿＿＿＿＿＿＿＿＿＿＿＿＿＿＿＿＿＿＿＿＿＿

总之,秘书人员的能力结构是一个多层次、多因素的综合体。建立起合理的能力结构,绝不是一件轻而易举的事情,需要秘书工作人员终生为之奋斗。

◎ 相关链接

1993 年 1 月,美国管理协会(AMA)召开的首届高级秘书及行政助理大会,对公司秘书提出了如下的要求:

1.良好的文字处理能力,字体优美,书写工整;

2.良好的口头表达能力,如得体地应对电话;

3.善于与人沟通;

4.随机应变能力强;

5.能严守秘密,谨慎处理保密文件;

6.能准确领会上司意图;

7.能沉着处理紧急事件;

8.能代表上司出席员工大会并讲话,准确恰当地传达上司的意见;

9.能及时将公司内、外部的信息传递给上司;

10.上司外出时能主动主持办公室工作;

11.良好的职业道德和强烈的进取心;

12.精力充沛;

13.良好的安排时间的能力(如出差计划的安排);

14.良好的记忆力,尤其对人名、地名、电话号码要反应迅速;

15.有组织观念和团队精神;

16.与上司和同事能融洽相处,并能从中起协调作用;

17.能参与公司具体项目的开展;

18.积极主动而非被动地工作;

19.知晓办公室内财务管理;

20.知错就改;

21.知道如何征求上司意见和给上司建议;

22.能以最佳方式管理文件(归档、保存、查找);

23.有一定数学头脑;

24.会多种语言并且能适应多种文化环境;

25.求知欲强;

26.掌握先进的计算机软件应用技术;

27.能替上司处理公司日常事务;

28.独立工作能力强。

◎ 思考与练习

1.简述一位合格秘书应有的知识结构。

2.结合实际谈谈如何成为一名优秀的企业秘书。

3.秘书如何培养胜任其工作的能力?

项目二　秘书的生涯规划

◎ 心理训练

任务一：圆满人生

时　　间：10 分钟。

材　　料：圆满人生坐标纸一张，水彩笔若干。

目　　的：澄清影响个人职业发展的动力和阻力，确立职业发展的自我目标。

操作程序：

1.请找出自己目前在家庭、事业、健康、财富、人际关系、学习、快乐、自我实现八个方面的等级程度，并描上点。可以用两种颜色的笔，画出"现实的人生圈"和"理想的人生圈"，将两种圈作比较。

2.请把 8 个点连接起来，看看结果怎样？并作集体交流。

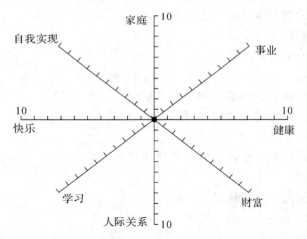

【提示】　你的"现实人生圈"与"理想人生圈"之间的区别和关系怎样？你如何找到现实与理想之间转变的途径？

活动二：图画愿景

时　　间：20 分钟。

材　　料：每人一张 A4 纸，水彩笔若干。

目　　的：设置目标，确立职业发展的自我目标，运用愿景进行自我激励。

操作程序：

1.教师讲述：愿景是指生动地浮现在人们头脑中的关于未来的图画，用进行时态表示——仿佛未来就在眼前。愿景告诉我们要到哪里去以及到达时的样子，为个人或组织的未来发展提供了轮廓和方向。

2.引导学生进行深呼吸,进入身心放松的状态,请学生想象自己几年后的样子,包括社会角色,想象的越具体越生动越好;有了具体的形象后,把它保持下来。然后请大家慢慢睁开眼,不要说话,保持安静,把自己头脑中刚才浮现的未来形象画在 A4 纸上,用彩色笔。时间为 10 分钟。

3.画好后,把画贴在墙上,请小组成员站起来,围在画的周围。作画者介绍自己的画,其他人倾听回应。

【提示】　图画愿景用非语言的形式将画者的内心投射出来,是一种独特的自我探索、自我分析和自我展示。这种活动可以使大家发现隐藏在潜意识层面的自我,不知不觉对自己作出评估和内省,进一步分析则可以帮助你揭示出一些更深层次的真实自我。

你认为一定能实现自己的愿景吗?　_____

任务三:自我 SWOT 分析

时　　间:15 分钟。

材　　料:SWOT 分析表。

目　　的:知己知彼,增强自我认识及学习能力。

　　　　　结合目标,有针对性地进行改善。

操作程序:

1.教师给每位同学发一张 SWOT 分析表。

2.请学生填写 SWOT 分析表,优势和劣势是对自身客观、理性的认识,机会和威胁是对环境的识别和分析。

3.小组分享讨论。

【提示】　SWOT 分析是 20 世纪 80 年代初由美国旧金山大学的管理学教授韦里克提出,经常被用于企业战略制定、竞争对手分析等场合。S 代表 strength(优势),W 代表 weakness(弱势),O 代表 opportunity(机会),T 代表 threat(威胁),其中,S、W 是内部因素,O、T 是外部因素。SWOT 分析同样可运用于个人职业规划中。

当你为自己作了 SWOT 分析之后,是否对自己的认识更加清楚?　_____
_____

自我 SWOT 分析表

S 优势	W 弱势
T 威胁	O 机会

◎ 案例导入

"打工女王"洪小莲

　　中学毕业后就开始工作的洪小莲由李嘉诚的秘书,攀升至长江实业(以下简称"长实")的执行董事,工作成绩超卓,深受器重,可说是打工一族的传奇典范。

　　过去 20 年,洪小莲一直统领着"长实"业务的命脉——售楼部门。在这期间,"长实"的售楼收益逾千亿港元,由一家房地产公司发展成世界级的企业王国。

　　洪小莲衣着简单端庄,薄施脂粉,没有一般名女人的珠光宝气。洪小莲追随李嘉诚近 30 年,被形容为李嘉诚的心腹大将。其实,洪小莲由普通秘书攀升至"长实"的执行董事,除了靠自己的努力外,还因得到了李嘉诚这位伯乐的赏识。洪小莲说:"我很庆幸,能够在一位那么瞩目及受人尊敬的人物身边工作。"对李嘉诚,她有说不尽的感激之情:"我很感谢李先生给我机会及栽培我,所以我用成绩报答他。"她一向视李嘉诚为榜样:"他无论从事哪一个行业,都能掌握,我对他由衷佩服。"李嘉诚在她心中有举足轻重的地位:"我永远尊敬他,他永远是我的老师。"

　　多年来,洪小莲最记忆犹新的,是有一次李嘉诚劝勉她努力学习。1972 年,洪小莲加入"长实"后不久,一天中午的用膳时间,她翻开报纸阅读。凑巧李嘉诚经过时,她刚翻到娱乐版。他对洪小莲说:"有时间就应该进修充实自己,不要浪费时间。"而李嘉诚经常挂在嘴边的话,"不认识的,就应该学习"、"事在人为"一直被洪小莲当做自己的座右铭。

　　她在加入"长实"时,初期任职房地产部秘书,并负责部门的总务及行政工作。虽然,洪小莲中学毕业后就开始工作,但其后的五年多,她一直在当时的工专(即理工大学前身)进修行政秘书及工商管理等课程。接下来,由于洪小莲经常跟随李嘉诚开会,接触房地产发展的业务,逐渐对售楼工作产生兴趣。1978 年,她转做售楼工作。转职初期,她曾面对不少猜测。例如,"她一定是某人的亲戚,或是某人的女儿,或是潮州人,李嘉诚才会那么信任她。"面对这些质疑,她明白自己需要加倍努力,以实力证明自己并非靠关系。凭着努力,1980 年她终于登上物业租售管理总经理一职,1985 年成为执行董事。

(资料来源:赵中利主编《现代秘书心理学》)

【提示】　洪小莲虽然只有中学学历,但她经过 7 年的秘书工作磨砺,成为长江实业的执行董事,为女性秘书树立了榜样。

如果你是一位初入职场的秘书,你对未来有何打算,你如何规划你的职业生涯?_____

◎ 理论知识

亚里士多德曾经说过:"人是一种寻找目标的动物,他生活的意义仅仅在于是否正在寻找和追求自己的目标。"现代社会崇尚爱拼才会赢,一个人如果没有职业生涯规划,他的事业就会偏离方向,就会多走弯路。现代秘书要及早做好职业规划,树立明确的目标;要运用科学的方法,切实可行的措施,发挥个人的专长,开发自己的潜能,创造事业的成功。

一、职业生涯规划概论

(一)职业生涯和职业生涯规划的内涵

1.职业生涯的内涵

职业生涯是一个人一生中所有与职业相联系的行为与活动,以及相关的态度、价值观、愿望等的连续性经历的过程,也是一个人一生中职业、职位的变迁及工作理想的实现过程。职业生涯分为外职业生涯和内职业生涯两个层次。

外职业生涯,一般是具体的,包括职位、工作内容、工作环境、收入、工作地点等,侧重于职业过程的外在标记。它主要是指从受教育开始,经教育期、工作期一直到退休期,包括职业发展的各个阶段,即招聘、培训、提拔、解雇、退休。

内职业生涯,侧重于职业生涯发展过程中的内心体验和感受,包括观念、掌握新知识、提高心理素质、处理人际关系、职业成果和荣誉感、自我实现等目标,它更多地注重于所取得的成功或满足主观感情以及工作事务与家庭义务、个人消闲等其他需求的平衡,也就是内心的自我实现感。

通俗地说,外职业生涯是指从事一种职业的职务职称、工资福利、工作时间、单位、荣誉等外在因素的组合;而内职业生涯是从事一种职业时的知识、观念、经验、能力、心理素质、内心感受等因素的组合及其变化过程,是自己个人能力和兴趣在工作中的体验。

2.职业生涯规划的内涵

职业生涯规划简称生涯规划,又叫职业生涯设计,是指个人与组织相结合,在对一个人职业生涯的主客观条件进行测定、分析、总结的基础上,对自己的兴趣、爱好、能力、特点进行综合分析与权衡,结合时代特点,根据自己的职业倾向,确定其最佳的职业奋斗目标,并为实现这一目标做出行之有效的安排。生涯设计的目的绝不仅是帮助个人按照自己的资历条件找到一份合适的工作,实现个人目标,更重要的是帮助个人真正了解自己,为自己定下事业大计,筹划未来,拟定一生的发展方向,根据主客观条件设计出合理且可行的职业生涯发展方向。

每个人在不同阶段的工作中都要根据自己的实际情况制定工作目标,有远期目标,也有阶段性目标,作为自己奋斗的方向。秘书也是这样,在人生的每个阶段,都要考虑自己的能力、目前的机遇、所能达到的目标以及实现自我价值的可能,为自己制订"秘书职业生涯规划",这有利于自己秘书生涯的发展。

(二)职业生涯规划的意义

做好职业生涯规划,可以分析自我,以既有的成就为基础,确立人生的方向,提供奋斗的策略。

通过职业生涯规划,可以重新安排自己的职业生涯,突破生活的困境,塑造充实的自我。

通过职业生涯规划,个人可以准确评价个人特点和强项,在职业竞争中发挥个人优势。

通过职业生涯规划,可以评估个人目标和现状的差距,提供前进的动力。

通过职业生涯规划,可以准确定位职业方向。

通过职业生涯规划,重新认识自身的价值并使其增值。通过自我评估,知道自己的优缺点,然后通过反思和学习,不断完善自己,使个人价值增值。

通过职业生涯规划,全面了解自己,增强职业竞争力,发现新的职业机遇。

职业生涯规划通常建立在个体的人生规划上,因此,做好职业生涯规划可以将个人生活、事业与家庭联系起来,让生活充实而有条理。

新生活从选定方向开始

比塞尔是西撒哈拉沙漠中的一个小村庄,它靠近一块 1.5 平方千米的绿洲,可是在肯·莱文 1926 年发现它之前,这儿的人没有一个走出过大沙漠。肯·莱文作为英国皇家学院的院士,当然不相信这种说法。他用手语向这儿的人问其原因,结果每个人的回答都是一样:从这儿无论向哪个方向走,最后都还是要转到这个地方来。为了证实这种说法的真伪,他做了一次实验,从比塞尔向北走,结果用了三天半时间就走了出来。

比塞尔人为什么走不出来呢? 肯·莱文非常纳闷,最后他只得雇一个比塞尔人,让他带路,看看到底如何? 他们带了半个月的水,牵上两匹骆驼,肯·莱文收起指南针等现代化设备,只挂一根木棍在后面。10 天过去了,他们走了数百英里的路程,第 11 天的早晨,一块绿洲出现在眼前。他们果然又回到了比塞尔。这一次肯·莱文终于明白了,比塞尔人之所以走不出沙漠,是因为他们根本不认识北斗星。比塞尔村处在浩瀚的沙漠中间,方圆上千米没有一点参照物,若不认识北斗星又没有指南针,想走出沙漠,确实是不可能的。

肯·莱文在离开比塞尔时,带了一位叫阿古特尔的青年,这个青年就是上次和他合作的人,他告诉这位小伙子,只要白天休息,夜晚朝北面那颗最亮的星走,就能走出沙漠。阿古特尔跟着肯·莱文,3天之后果然来到了大漠的边缘。

现在比塞尔已是西撒哈拉沙漠中的一颗明珠,每年有数以万计的旅游者来到这儿,阿古特尔作为比塞尔的开拓者,他的铜像被竖在小城中央。铜像的底座上刻着一行字:新生活是从选定方向开始的。

【提示】　用简单的数学知识来说,两点之间,直线最短。假设以相同的速度行进,如果一个人看到明确的目标,努力以直线前进,会很快到达目的地;而如果一个人没有看到目标,就会像在浩瀚沙漠中完全凭着感觉在摸索的比塞尔人一样,漫无目的,曲折前行,最终可能发现,自己又回到了起点,或经过多年的辛勤努力后,仍两手空空,一无所获。一个人无论多大年龄,真正的人生之旅,是从设定目标那一天开始的。

你有明确的目标和方向吗?　　　　　　　　　　　　　　　　　　　　　

(三)职业生涯规划的基本原则

1.择己所爱

从事一项你所喜欢的工作,工作本身就能给你一种满足感,你的职业生涯也会从此变得妙趣横生。兴趣是最好的老师,是成功之母。调查表明:兴趣与成功机率有着明显的正相关性。在设计自己的职业生涯时,务必注意:考虑自己的特点,珍惜自己的兴趣,择己所爱,选择自己所喜欢的职业。

2.择己所长

任何职业都要求从业者掌握一定的技能,具备一定的能力条件。而一个人一生中不可能将所有技能都全部掌握。所以你在进行职业选择时必须择己所长,从而有利于发挥自己的优势。运用比较优势原理充分分析别人与自己,尽量选择冲突较少的优势行业。

3.择世所需

社会的需求不断演化着,旧的需求不断消失,新的需求不断产生,新的职业也不断产生。所以在设计你自己的职业生涯时,一定要分析社会需求,择世所需。最重要的是,目光要长远,能够准确预测未来行业或者职业发展方向,再做出选择。不仅仅是有社会需求,而且这个需求要长久。

4.择己所利

职业是个人谋生的手段,其目的在于追求个人幸福。所以你在择业时,首先考虑的是自己的预期收益——个人幸福最大化。明智的选择是在由收入、社会地位、成就感和工作付出等变量组成的函数中找出一个最大值。这就是选择职业生涯时的收益最大化原则。

二、秘书职业生涯规划的方向定位

一个人事业的成败，很大程度取决于有无正确适当的目标，好的职业生涯设计可以使自己处于不败之地，可以使自己能够按照自己的理想安排工作和生活。但是，职业生涯设计必须有切实可行的目标，必须有可操作性的行动方案，必须在正确认识自己、充分考虑相关环境的基础上进行。对于现代秘书而言，应该在正确定位自己的职场方向基础上去谋求更大程度的发展。

1. 自我评价

自我评价，也就是要全面了解自己。一个有效的职业生涯设计必须是在充分且正确认识自身条件与相关环境的基础上进行的。要审视自己、认识自己、了解自己，做好自我评估，包括自己的兴趣、特长、性格、学识、技能、智商、情商、思维方式等，即要弄清我想干什么、我能干什么、我应该干什么、在众多的职业面前我会选择什么等问题。

(1)我拥有什么

一个秘书专业的人员如果选择从事秘书这个职业，那么他理所应当地具备一个秘书所应具备的最基本的能力，比如日常工作中基本的文字工作、办公软件的应用，人际关系的沟通协调能力、团队协作精神等。这些都是从事秘书工作的基础，什么样的能力决定了一个人处于什么样的层次。秘书在认识自我的时候应该深刻地思考这一问题。

如果非秘书专业的人员从事秘书工作，他所考虑的东西就要更多一些，他首先要分析自己是否合适做秘书这项工作。虽然在传统的认识中，大众普遍认为秘书工作门槛低，不需要很多技巧，但社会的进步和企业的发展已经让我们看到在现代社会，秘书自身的能力必须跟随企业的发展而发展，秘书工作的门槛也越来越高。

(2)我能做什么

秘书这一行业，由于所属单位不同，工作内容也不尽相同，有可能基础知识方面差异并不是很大，但是个人所擅长的区域却很有可能大不相同，这就要求秘书在具体的工作中清楚地认识到，自己到底在哪一块比较有能力，比如是文职还是人际，然后再在这一基础上扬长避短。

当然，在工作中，学习与本职工作相关的知识和技能，这需要花费大量的时间和精力，这势必影响到个人的私人生活，形成职业升迁或职业成业的机会成本。在每一职业阶段，人们必须认真考虑这种成本，权衡为了私人或家庭生活，他们能够放弃哪些晋升的机会；或者为了职业上的发展，他们能够放弃哪些个人生活。

2. 理解和适应组织环境

每一个人都处在一定的环境之中，离开了这个环境，便无法生存与成长。所以，在制定个人的职业生涯规划时，要分析环境条件的特点、环境的发展变化情况、自己与环境的关系、自己在这个环境中的地位、环境对自己提出的要求以及环境对自己的有利条件与不利条件等。你只有充分了解了这些环境因素,才能做到在复杂的环境中避害趋利,使你的生涯规划具有实际意义。

每个组织都有自己明确的文化体系或不成文的无形规则,了解这些"规则"有助于加快你的适应和发展,也只有认同组织文化,才有彼此协同发展的可能。为了能够尽快融入组织,你必须学会观察,特别是了解某些针对个人修养和职业道德的不成文规范。如果不深入了解这些"游戏规则",就会使你在日后的工作中"碰钉子",而且你可能永远也意识不到你是在犯别人接受不了的错误。秘书需要着重弄清的几点是:企业文化的精髓是什么?对员工的要求有哪些?哪些规章制度被严格地遵守着,哪些没有?不成文的规章制度是什么,作用如何,如果违反会是什么后果?你上司的领导风格怎样?所有这些必须通过工作实践来理解。

3. 确定目标

对于秘书自身而言,最理想的状态便是能够以自己的最佳才能、最优性格、最大兴趣、最有利环境等信息为依据,也就是在自己特点的最大化的基础上去制定目标。制订前进目标时,一般来说,分为短期(1～2 年)、中期(3～4 年)、长期(5～10年)。

(1)短期(1～2 年):这个时期的职业目标以积累为主,刚进入秘书行业,应该掌握基础知识,虽然说在学校一般都掌握了作为一名秘书所需要的基础知识,但是现实和课本终归是有距离的,比如一些办公软件的应用,在学校学习的过程中,只是单纯地学会,可能并不是很熟练,而在社会单位中,在落实到具体的行动中,很多东西,都要从头学起,向前辈学起,而这种学习的态度也有利于养成良好的工作态度和习惯。另外在工作中,如女性秘书因为岗位特点,和领导人物会比较接近,但不要因为急于求成而把钱和权看得过重,不要期望一步到位。

(2)中期(3～5 年):这个时期,秘书在经历了几年的工作后,初级秘书的工作内容应该已经掌握得较好,面对企业给自己的舞台,他们知道自己缺什么,要什么,所以迫切需要充电,根据需要来调整自己。这个阶段就像海绵一样吸取东西。因此这时候的目标应该是增长专业技能、知识,并在某个领域形成优势,找到自己的方向,顺利地度过职业瓶颈期。

(3)长期(5～10 年):这是收获期,要有业绩,要及时了解新信息,技术要不断更新,要有广阔的视野。到了这一个时期,秘书在工作中可以说已经是游刃有余,此时在做好本职工作的同时,相信还会有精力和时间去开发新的工作兴趣,跨行业学习,拥有更多的技能,从而切合时代的需要,紧跟时代的步伐。这样才能使自己在职场中永远年轻。

当然,所谓目标,仅仅这些是不够的,除此之外,如人脉关系、性格方面、素质方面、知识方面、经验方面、能力方面、创造力方面、财力方面或是行为习惯方面也都是需要重视的。

成功的三级跳

杨澜是众所周知的节目主持人,也是现代成功女性的典范,以下是她人生的重要履历:

1986 至 1990 年就读于北京外国语大学。

1990 年,杨澜成为中国中央电视台《正大综艺》节目女主持人。

1994 年,杨澜获得中国首届主持人"金话筒奖"。

1996 年 5 月,以全优的成绩获得硕士学位。

1996 年夏,杨澜与哥伦比亚广播公司曾数次获得普利策奖的制片人莫利斯·莫米德共同制作导演了《2000 年那一班》两小时纪录片,在哥伦比亚电视网晚 7 点黄金档向全美播出,创下了亚洲主持人进入美国主流媒体的先河,获评论界好评。

1997 年 4 月,她应联合国副秘书长之邀,作为东亚唯一代表,出席了联合国世界媒体圆桌会议,当年 11 月又应邀出席联合国"1997 世界电视论坛"。

1997 年 1 月,杨澜散文集《凭海临风》出版,销量超过 50 万册。

1997 年 7 月,杨澜被选为哥伦比亚大学国际关系学院校董,成为这所美国常春藤名校有史以来最年轻的董事。

1997 年 7 月,杨澜加盟凤凰卫视中文台,并于 1998 年 1 月推出访谈节目《杨澜工作室》。

1999 年 10 月离开凤凰卫视中文台,担任阳光文化影视公司董事局主席。

2003 年,阳光卫视 70％股权转让,现和东方卫视、凤凰卫视、湖南卫视合作,主持《杨澜视线》、《杨澜访谈录》、《天下女人》等节目。

【提示】　由央视的名主持到远涉重洋的学子,再到凤凰卫视的名牌主持,最后到阳光卫视的当家人,她的职业角色几次变化,但正所谓"万变不离其宗"。无论如何转、如何变,杨澜始终把自己定为"传媒人",聪慧的她很清楚自己就是这块料,从没有偏离做媒体这个大方向。她坚持目标不懈追求,最终成就了辉煌的事业。

4.实现职业生涯目标

在确定了职业生涯目标后,行动变成了关键的环节。没有达成目标的行动,就不能达成目标,也就谈不上事业的成功。这里所指的行动,是指落实目标的具体措施,主要包括工作、训练、教育、轮岗等方面的措施。

(1)注意培训学习。知识经济时代的主要资源和第一生产要素就是知识。当前知识更新非常快,知识经济时代的秘书工作更是如此,无论从内容还是手段,秘书工作都已经并将继续发生重要变化。不注重学习,不学会学习,知识和技能就会陈旧,自己就会被时代甩到后面,就无法胜任秘书工作,更谈不上职业生涯的健康发展。注重培训学习就是根据自己的经济状况、精力因素等,选择适合自己的专业知识和技能的培训渠道、训练方法,以提高自己的竞争力,并在工作中取得业绩,获得认可。

（2）创造条件，促进职业生涯发展。无论哪种类型的职业发展都是有条件的，为了实现上移，秘书在工作中也一样需要创造条件。首先要树立良好形象，充满信心，以敬业、负责任、勤劳肯干、注意仪表为成功铺路；找出高一级职位的能力需要，塑造自己，吻合需要；积极帮助领导者解决困难问题，争取信任和友谊；注意提出不同意见时，要讲策略、不拘谨、不卑不亢。其次要积极做好变动的准备。作为秘书，尤其是高级管理者的秘书，是有机会得到晋升的，关键是要做好准备，尽量使你的领导了解你的能力、行为和个性，使他们认为你能胜任高一级的管理工作，力争进入其候选人的基本名单中。与此同时，还要培养接替自己工作的人选，以使调走成为可能。做这项准备的时间把握很重要，做得太早，会使自己完全变成多余的人，自己在工作岗位上曾有过的重要地位和作用会被遗忘；做得太晚，有可能因为无合适人选接替工作，贻误晋升的机会，所以必须把握好恰当的时机。

◎ 相关链接

施恩的职业生涯发展理论

美国的施恩教授立足于人生不同年龄段面临的问题和职业工作主要任务，将职业生涯分为 9 个阶段。

1. 成长、幻想、探索阶段。一般 0～21 岁处于这一职业发展阶段。主要任务是：①发展和发现自己的需要和兴趣，发展和发现自己的能力和才干，为进行实际的职业选择打好基础；②学习职业方面的知识，寻找现实的角色模式，获取丰富信息，发展和发现自己的价值观、动机和抱负，作出合理的受教育决策，将幼年的职业幻想变为可操作的现实；③接受教育和培训，开发工作世界中所需要的基本习惯和技能。在这一阶段所充当的角色是学生、职业工作的候选人、申请者。

2. 进入工作世界。16～25 岁的人步入该阶段。首先，进入劳动力市场，谋取可能成为一种职业基础的第一项工作；其次，个人和雇主之间达成正式可行的契约，个人成为一个组织或一种职业的成员，充当的角色是：应聘者、新学员。

3. 基础培训。处于该阶段的年龄为 16～25 岁。与上一正在进入职业工作或组织阶段不同，要担当实习生、新手的角色。也就是说，已经迈进职业或组织的大门。此时的主要任务：一是了解、熟悉组织，接受组织文化，融入工作群体，尽快取得组织成员资格，成为一名有效的成员；二是适应日常的操作程序，应付工作。

4. 早期职业的正式成员资格。此阶段的年龄为 17～30 岁，取得组织新的正式成员资格。面临的主要任务：①承担责任，成功地履行与第一次工作分配有关的任务；②发展和展示自己的技能和专长，为提升或进入其他领域的横向职业成长打基础；③根据自身才干和价值观，根据组织中的机会和约束，重估当初追求的职业，决定是否留在这个组织或职业中,或者在自己的需要、组织约束和机会之间寻找一种更好的配合。

5.职业中期。处于职业中期的正式成员,年龄一般在 25 岁以上。主要任务:①选定一项专业或进入管理部门;②保持技术竞争力,在自己选择的专业或管理领域内继续学习,力争成为一名专家或职业能手;③承担较大责任,确立自己的地位;④开发个人的长期职业计划。

6.职业中期危险阶段。处于这一阶段的是 35～45 岁者。主要任务为:①现实地估价自己的进步、职业抱负及个人前途;②就接受现状或者争取看得见的前途做出具体选择;③建立与他人的良师关系。

7.职业后期。从 40 岁以后直到退休,可以说是处于职业后期阶段,此时的职业状况或任务:①成为一名良师,学会发挥影响,指导、指挥别人,对他人承担责任;②扩大、发展、深化技能,或者提高才干,以担负更大范围、更重大的责任;③如果求安稳,就此停滞,则要接受和正视自己影响力和挑战能力的下降。

8.衰退和离职阶段。一般在 40 岁之后到退休期间,不同的人在不同的年龄会衰退或离职。此间主要的职业任务:①学会接受权力、责任、地位的下降;②基于竞争力和进取心下降,要学会接受和发展新的角色;③评估自己的职业生涯,着手退休。

9.离开组织或职业退休。在失去工作或组织角色之后,面临两大问题或任务:①保持一种认同感,适应角色、生活方式和生活标准的急剧变化;②保持一种自我价值观,运用自己积累的经验和智慧,以各种资源角色,对他人进行传帮带。

需要指出的是,施恩虽然基本依照年龄增大顺序划分职业发展阶段,但并未囿于此,其阶段划分更多的根据职业状态、任务、职业行为的重要性。正如施恩教授划分职业周期阶段是依据职业状态和职业行为以及发展过程的重要性,又因为每人经历某一职业阶段的年龄差别,所以,他只给出了大致的年龄跨度,并且职业阶段上所示的年龄有所交叉。

◎ 思考与练习

1.我的职业生涯规划:
(1)我将来想从事的工作是什么?
(2)五年以后我会成为什么样的人?
(3)十年以后我会成为什么样的人?
(4)二十年以后我会成为什么样的人?
2.我最大的期望是什么?
3.我认为成功是什么?
4.对我来说,职业是什么?

5.对我来说,生活是什么?

6.对我来说,幸福是什么?

◎ 综合实训

职业生涯人物访谈

一、实训目的

1.使学生了解和认识社会需求、职业需求、职业环境和基本状况。

2.帮助在校学生了解与未来工作有关的特殊问题或需要,如潜在的入职标准、核心素质要求、晋升路径和工作者的内心感受等。

3.使学生正确认识自己的优势和不足,从而制订更加合理的大学学习、生活计划。

二、实训内容

寻找职业生涯人物并访谈:

结合自己的专业、技能、兴趣、工作价值观和已掌握的职业知识列出跟秘书相关的职业,并找出 3 位初级秘书、总经理秘书、办公室主任等作为职业生涯人物。职业生涯人物可以是自己的亲人、老师和朋友,可以是他们推荐的其他人。

(注意:每个职业生涯人物应结构合理,既有初入职场的人士,也有工作了一定年限的中高层人士;正式访谈前,对职业生涯人物的信息掌握得越全面越好,要尽可能地收集和熟悉获得的信息。)

三、实训要求

1.分成若干组,每组 4～5 人,采访、拍照、记录、后勤等做好分工,利用课外时间完成访谈。

2.拟定访谈提纲

结合目标职业信息设计访谈问题,对职业生涯人物的访谈可以围绕以下要点进行:行业、单位名称、职业(职位)、工作的性质类型、主要内容、地点、时间、任职资格、所需技能、市场前景、行业相关信息、工作环境、工作强度、福利薪酬、工作感受、员工满意度等。

3.预约并实地采访

预约方式有电话、QQ、电子邮件和普通信件等,其中电话最好。预约时首先介绍自己,然后说明找到他的途径、自己的采访目的、感兴趣的工作类型以及进行采访所需要的时间(通常 30 分钟左右),确认采访的日期、时间和地点。

(注意:联系前的准备要充分,电话联系时还应备好纸和笔,以备临时电话采访;联系时一定要有礼貌,时间要短。)

4.访谈结果分析

在一个职业领域采访 3 个以上的职业生涯人物后,用职业信息加工的观点来分析,与之前自己对该职业的认识进行比较,找出主观认识与现实之间的偏差,确定自己是否适合这一行业、职业和工作环境,是否具备所需能力、知识与品质,形成书面总结报告,进而详细制订大学期间的自我培养计划。

5.实训成果汇报

写好人物采访稿及采访心得;汇报时制作 PPT,介绍自己采访的生涯人物;注意礼仪、语言表达和时间控制。

四、注意事项

1.一次访谈问的问题不要太多,问题一定要简洁,不要浪费他人时间,并且按约定的时间结束。

2.给访谈对象留出提供其他信息的机会。

3.为自己准备一个"30 秒的广告",因为在访谈过程中,别人可能会问到你的职业兴趣和目标。

4.表示感谢之情。

附录

霍兰德职业倾向测试

霍兰德职业倾向测验由兴趣倾向问卷、个体经历问卷和人格倾向测验三个分测验组成,每部分有 48 个题目。请仔细阅读每一个题目,根据自己的实际情况进行回答,在符合您的情况的答案上画"√",并填在答题纸上。

第一部分　兴趣倾向

一、指导语

下面列出了一些具体的活动或者职业,请你根据自己的喜好作答,若你喜欢从事题目中所列的活动,请选"是",否则请选"否",答案无对错之分。

注意:本问卷主要用来确定你的职业兴趣,而非让你选择工作,你喜欢某种活动并不意味着你一定要从事这种活动,答题时也不必考虑自己是否干过或擅长这种活动,只根据你的兴趣直接判断即可。

二、问卷内容

你喜欢做下列事情吗?

1.装配、修理电器

2.阅读专业性论文

3.素描或者绘画

4.结交新朋友

5. 对别人做劝说工作

6. 保持桌子和房间的整洁

7. 修理自行车

8. 做物理实验

9. 登台表演

10. 给亲朋好友写信

11. 组织文体活动

12. 将文件、报告、记录分类归档

13. 上机械制图课

14. 观察植物的生长情况

15. 听音乐或戏剧

16. 帮助别人解决困难

17. 带头组织兴趣小组

18. 撰写公文

19. 驾驶摩托车

20. 在动物身上做实验

21. 上书法美术课

22. 为别人出主意

23. 检查和评价别人的工作

24. 检查个人收支情况

25. 拆开玩具以便了解它是怎样工作的

26. 上化学课

27. 读诗

28. 参加集体活动

29. 做演讲

30. 校对稿件

31. 做木工活

32. 解数学或棋艺难题

33. 跳舞

34. 去别人家里做客

35. 参加探险

36. 看速算表演

37. 组装飞机、舰船、汽车模型

38. 阅读科学书籍或报刊

39. 写小说、诗歌、散文或别的文艺作品

40.调节同学之间的矛盾

41.领导别人完成某个任务

42.统计调查数据

43.组装、修理计算机

44.参观自然或科技展览

45.演奏乐器

46.参加讨论会或辩论会

47.买东西时与人讨价还价

48.研究速记法

第二部分　个体经历

一、指导语

下面列出一些具体活动,对于你能够做得很好或能够胜任的活动,请选"是";对于你从未做过或做得不好的活动,请选"否"。

注意:选择时只考虑你是否擅长此项活动,不要考虑自己是否喜欢该活动或是否适合做该项活动。

二、问卷内容

1.使用锯子、车床、砂轮等工具

2.搞小发明

3.演奏一种乐器

4.判断别人的性格

5.当学生干部

6.计算机录入

7.使用万用电表

8.懂得显像管的工作原理

9.独唱或合唱

10.与别人合作,配合默契

11.说服别人听从你的意见

12.将信件或报纸整理分类,以便好找

13.看机械、建筑设计图纸

14.知道一种放射性元素的"半衰期"

15.演戏

16.帮助别人摆脱困境

17.在混乱场合主动维持秩序

18.速写

19.整理结构简单的电器

20. 了解生命的起源

21. 能够画出富有人物个性的素描

22. 组织老同学的聚会

23. 组织社团或兴趣小组

24. 为自己或集体做财务预算

25. 绘制机械图纸

26. 玩智力游戏

27. 设计服装、海报或家具

28. 参加慈善或救济活动

29. 做事具有超常的精力和热情

30. 详细记录自己的花销

31. 修理家具

32. 说明肝脏的功能

33. 创作散文、诗歌或小说

34. 通过讲故事、说笑话、模仿滑稽动作等逗人开心

35. 被大家推选为代表向上级提出建议

36. 核对数据或文章时既快又准确

37. 整理录音机的简单部件

38. 使用显微镜

39. 表演现代舞或芭蕾舞

40. 接待来宾

41. 帮助别人作出重要决策

42. 在短时间内分类处理大量文件

43. 修理自行车

44. 知道光合作用的原理

45. 制作陶器、捏泥塑或剪纸

46. 调节同学、同事或邻里关系

47. 督促他人工作

48. 为别人当导游

第三部分　人格倾向

一、指导语

下面是一些具体的描述,请仔细阅读题目,并根据自己的实际情况填答"是"或"否"。答题时以自己的第一反应为依据,不要过分推敲,答案无所谓对错。

二、问卷内容

1. 我喜欢把一件事做完后再做另一件事。

2.我经常不停地思考某一问题,直到想出正确答案。

3.我喜欢做戏剧、音乐、舞蹈、新闻采访等方面的工作。

4.在工作中,我喜欢独自筹划,不受别人干涉。

5.和陌生人交谈对我来说毫无困难。

6.对别人借我的和我借给别人的东西,我都记得很清楚。

7.我喜欢在做事情前,对此事作出细致的安排。

8.我喜欢抽象思维,不喜欢动手操作。

9.我喜欢不时地夸耀一下自己取得的成就。

10.当我一人独处时,总是感到很寂寞。

11.我总是主动地向别人提出自己的建议。

12.我喜欢经常请示上级。

13.我喜欢修理自行车、电器一类的工作。

14.我喜欢需要运用智力的游戏。

15.音乐能使我陶醉。

16.我喜欢参加各种聚会。

17.如果待遇相同,我宁愿当一名商品推销员,而不愿当一名图书管理员。

18.我是一个沉静而不易激动的人。

19.我喜欢亲自动手做一些东西,从中得到乐趣。

20.在工作,我喜欢尽量避免干扰。

21.我喜爱幻想。

22.我很容易结识新朋友。

23.在大多数情况下,我是一个充满自信的人。

24.我喜欢按部就班地完成要做的工作。

25.我的动手能力很强。

26.我的理想是当一名科学家。

27.接受一项新任务后,我喜欢以自己独特的方式去完成它。

28.我乐于解除别人的痛苦。

29.我常常忘记东西放在哪儿。

30.我总留有充裕的时间去赴约会。

31.如果能掌握一门手艺并能以此为生,我会感到非常满意。

32.我在做决定时总是很谨慎。

33.我有文艺方面的天赋。

34.听到别人遭受不幸,我总是感到很难过。

35.我喜欢充满挑战性的工作。

36.我喜欢把一切都安排得整整齐齐,井井有条。

37. 我认为传统方法通常是最好的。

38. 我做事情很少受直觉或情绪的影响。

39. 我有很强的创造力。

40. 我在作出决定前常常考虑别人的意见。

41. 爬山时,我喜欢独辟蹊径,而不喜欢走大道。

42. 对于急躁、爱发脾气的人,我仍能以礼相待。

43. 我讨厌跟各类机械打交道。

44. 在实验室里独自做实验会令我寂寞难耐。

45. 我不愿意成为人们注意的焦点。

46. 我作出选择后就一定要按照自己的想法去做。

47. 我愿意从事工资少,但是比较稳定的工作。

48. 我希望能经常换不同的工作来做。

计分与说明

一、霍兰德职业倾向问卷答题纸

1. 兴趣倾向问卷计分表

1	7	13	19	25	31	37	43	R总分
2	8	14	20	26	32	38	44	I总分
3	9	15	21	27	33	39	45	A总分
4	10	16	22	28	34	40	46	S总分
5	11	17	23	29	35	41	47	E总分
6	12	18	24	30	36	42	48	C总分

2. 个人经历问卷计分表

1	7	13	19	25	31	37	43	R总分
2	8	14	20	26	32	38	44	I总分
3	9	15	21	27	33	39	45	A总分
4	10	16	22	28	34	40	46	S总分
5	11	17	23	29	35	41	47	E总分
6	12	18	24	30	36	42	48	C总分

3. 人格倾向问卷计分表

1	7	13	19	25	31	37	43	R总分
2	8	14	20	26	32	38	44	I总分
3	9	15	21	27	33	39	45	A总分
4	10	16	22	28	34	40	46	S总分
5	11	17	23	29	35	41	47	E总分
6	12	18	24	30	36	42	48	C总分

二、总分统计表

表中打"√"的计1分,打"×"的不计分。把每一行的分数相加(其中人格倾向问卷的第43～48题反向计分),填在总分一栏,然后把每一列的总分相应填入下表,就可以大致了解自己的职业倾向。

类　型	兴　趣	经　历	人　格	总　分
R型				
I型				
A型				
S型				
E型				
C型				

三、关于得分的说明

1. 你在某职业类型中的得分越接近最高得分,表明你越适合从事该职业环境的相关工作。反之,你在相关维度的得分越低,表明你越不适合从事该职业环境中的工作。如果你有两种(或以上)的职业类型的得分相同,表明那两种(或以上)职业类型你都比较符合。

2. 你在六种职业类型中的得分最高的一项,即为你自身所属的职业类型。

3. 需要注意的是,如果你在某职业类型中的总分低于7分,那么你在择业的时候,应该尽量避免选择该职业环境中的相关工作。

四、霍兰德的六种职业类型

在职业领域,霍兰德将所有的工作分为以下六种类型:

1. 现实型(R):愿意使用工具从事操作性工作,动手能力强,做事手脚灵活,动作协调。偏好于具体任务,不善言辞,做事保守,较为谦虚。缺乏社交能力,通常喜欢独立做事。

2.研究型(I)：思想家而非实干家，抽象思维能力强，求知欲强，肯动脑，善思考，不愿动手。喜欢独立的和富有创造性的工作。知识渊博，有学识才能，不善于领导他人。考虑问题理性，做事喜欢精确，喜欢逻辑分析和推理，不断探讨未知的领域。

3.艺术型(A)：有创造力，乐于创造新颖、与众不同的成果，渴望表现自己的个性，实现自身的价值。做事理想化，追求完美，不重实际。具有一定的艺术才能和个性。善于表达、怀旧，心态较为复杂。

4.社会型(S)：喜欢与人交往、不断结交新的朋友，善言谈，愿意教导别人。关心社会问题，渴望发挥自己的社会作用。寻求广泛的人际关系，比较看重社会义务和社会道德。

5.管理型(E)：追求权力、权威和物质财富，具有领导才能。喜欢竞争、敢冒风险、有野心、有抱负。为人务实，习惯以利益得失、权力、地位、金钱等来衡量做事的价值，做事有较强的目的性。

6.常规型(C)：尊重权威和规章制度，喜欢按计划办事，细心、有条理，习惯接受他人的指挥和领导，自己不谋求领导职务。喜欢关注实际和细节情况，通常较为谨慎和保守，缺乏创造性，不喜欢冒险和竞争，富有自我牺牲精神。

模块三 企业形象的代言人—— 秘书的个性心理

◎ **学习目标**

知识目标：

1. 了解个性的含义和特性；

2. 了解气质类型和性格差异；

3. 认识不同气质、性格对秘书工作的影响；

4. 认清自身及他人气质中的优劣，促进个性完善，塑造健康人格。

能力目标：

1. 能认识自我，接受自我，建立自信；

2. 通过自身努力，改变自己性格中的弱点。

项目一 秘书的自我认识

◎ **心理训练**

任务一：我的苹果

时　　间：20分钟。

材　　料：每人一个苹果（或核桃、橘子等）。

目　　的：提高观察能力，认识和接纳人和事物的独特性。

操作程序：

1. 每人手里有一个苹果，仔细观察自己手中苹果的特点，闭上眼睛触摸苹果的特征。（约3分钟）

2. 将苹果放在一起打乱，大家找回自己的苹果。

3. 再将苹果放在一起打乱，大家闭着眼睛摸回自己的苹果。

4. 谈拿到苹果的感受，把你的苹果跟同学换，愿意吗？为什么？

5.由"苹果"联想到我们自己,你有什么启发和感受?

【提示】 你的苹果有哪些特点?你是怎样找到的?找到后的感觉如何?找苹果的活动给你哪些启发?

通过这个活动,我认识到＿＿＿＿＿＿＿＿＿＿＿＿＿＿＿＿＿＿＿＿＿＿

任务二:20 个"我是谁"

时　间:20～30 分钟。

材　料:A4 纸、笔。

目　的:认识并接纳独特的自我和独特的他人。

操作程序:

1.先向一位同学连续问 5 次"你是谁?"每次回答不能重复。

当发现诸如"我是一个学生"这样的句子时,由于这种回答不反映个人特征,要求尽量选择能反映个人特征的,真正代表独一无二的你的语句,如"我是一个学习认真的学生"则能反映个人特征。

2.每人准备好纸和笔,边思考边写出"我是一个＿＿＿＿＿＿的人",看看能否写出 20 个不同的答案。要求尽量选择一些能反映个人特征的语句。

3.将你所陈述的 20 项内容作下列归类:

A.身体状况(属于你的体貌特征的,如年龄、形体等)的有几项;

B.情绪状况(反映你常持有的情绪态度)的有几项;

C.才智状况(表现你的智力、能力)的有几项;

D.社会关系状况(属于品德、与人关系等方面)的有几项。

4.接着评估一下你对自己的陈述是积极肯定的还是消极否定的。在每句话的后面标上＋(表示肯定满意)或－(表示否定不满意)。看看你的＋或－的数量各是多少。

【提示】 如果加号大于减号,说明你的自我接纳状况良好。相反,你的减号将近一半甚至超过一半,这显示你不能很好地接纳自己,你的自尊程度较低,这时你需要内省一番,寻找问题的根源。

哪一方面过低评价了自己?是什么原因造成的?有没有改善的可能?＿＿＿＿＿

任务三:个性发现

时　间:约 50 分钟。

材　料:每人 1 张《个性特征表》,1 张白纸,笔。

目　的:认识他人,坦诚反馈,了解自我。

操作程序:

1.分组,每组 6～8 人,教师发给小组每人 1 张《个性特征表》,请大家详细阅读。

2.研究一下小组内其他成员每个人的个性,把你的认识记下来,对每个人可选择一种类型或选择多种(3～5种)特征。

3.大家写完后,教师按顺序找出其中一人,请其他人说出对他的分析。最后由他本人发表对别人评价的感受及自我的分析。

类　型	长　　处	短　　处	适合职业
乐天型	热切、诚恳、乐观、抱希望、富感情、优越感、感性强	冲动、浮躁、不坚定、意志弱、易怒、易懊悔	讲员、生意人、演员
易躁型	意志坚决、坚强、敢冒险、独立、思想清楚、敏锐	急躁、激烈、不太会同情人、易谋私利、骄傲自大、报复心重、不太会深思	将军、老板、政治家
忧郁型	思想深远、透彻、有自制力、信实、可靠、有天分、才华、理想主义、完美主义、忠心	抑郁、沉闷、忧愁、痛苦、多猜疑、情绪化、好自省、过分求完美、易怒、悲观	艺术家、哲学家、教授
冷静型	平静、稳定、随遇而安、温和、知足、实事求是、善分析、有效率	冷淡、缺感情、迟钝、懒惰、无动于衷、不易悔悟、自满	教师、科学家、作家

【提示】　别人的评价也许非常一致,也许差别很大。为什么会有差别,深入探讨一下会有许多收获。

在这个活动中,别人对你的评价一致吗? 并分析原因＿＿＿＿＿＿＿＿

◎ **案例导入**

性格决定工作

王小姐,29岁,上海理工大学文秘专业毕业。王小姐性格内向,所以在毕业后经过学校推荐进入一家事业单位当秘书,领导马上认识到了王小姐的个性,所以尽量安排一些文字的工作给她做。

王小姐在5年的秘书生涯中一直平平淡淡,工作相当安逸,没有来自生活的压力,每月拿3000元左右的薪水。然而许多事情并非人们所能预测,这家企业的领导退休了,来了新的领导,他对王小姐的工作并不认可,他希望自己的秘书能够八面玲珑,善于和别人沟通。然而,这些要求和王小姐的个性相差很大,为了保住这份工作,王小姐只能硬着头皮干,她不得不接待不同的来访者,这对性格内向的她来说很难适应。王小姐感觉到了前所未有的职业压力,她想重新找一份工作。

在亲戚的介绍下,她来到一家杂志社工作,这对性格文静内敛的王小姐是不是一个新的开始呢? 非也,非也。杂志社主要刊登关于房地产的文章,王小姐被安排在编辑的岗位上,这样就不用她来回奔波,也不用处理太多的采访任务,应该很轻松。可是王小姐拿着3000多元的月薪却开心不起来,原因何在? 由于王小姐不是中文专业出身,只是在大学阶段学习过文秘,离专业的编辑资质还有不少距离;与此同时,杂志社主办的是房地产杂志,王小姐工作起来难度很大。

【提示】　每个岗位都有各自不同的要求,职业气质和岗位的契合是很关键的,如果你的性格根本不适合干这一行的话,即使勉强维持,也不会取得职业的长久发展。

你觉得王小姐的主要问题是 _____

◎ 理论知识

个性是人的素质的重要组成部分,它是在长期的社会生活实践中形成、发展起来的。个性对秘书来说很重要,它渗透到秘书的所有行为活动中,影响秘书的活动方式、工作作风和工作效率。大量的研究和实践表明,特定的个性类型和秘书的活动有着一定的关系,因此了解秘书人员的个性状况可以为企业选择合适的人员,同时个体也可以调适自己的个性特点适应秘书的工作。

一、个性的含义和特性

"个性"一词最初来源于拉丁语personal,开始是指演员所戴的面具,后来指演员——一个具有特殊性格的人。一般来说,个性就是个性心理的简称,在西方又称人格。

由于个性的复杂性,我国心理学界对个性的概念和定义尚未有一致的看法。我国第一部大型心理学词典——《心理学大词典》中对个性的定义反映了多数学者的看法,即:"个性,也可称人格,指一个人的整个精神面貌,即具有一定倾向性的心理特征的总和。个性结构是多层次、多侧面的,由复杂的心理特征的独特结合构成的整体。它分为个性心理特征和心理活动倾向两个方面。个性心理特征包括三方面:完成某种活动的潜在可能性的特征,即能力;心理活动的动力特征,即气质;完成活动任务的态度和行为方式的特征,即性格。心理活动倾向则包括需要、动机、兴趣、理想、信念等。这些特征不是孤立存在的,是错综复杂、相互联系、有机结合的一个整体,对人的行为进行调节和控制。"

尽管心理学家对个性的概念和定义所表达的看法不尽相同,但其基本精神还是比较一致的:"个性"内涵非常广阔丰富,是人们的心理倾向、心理过程、心理特征以及心理状态等综合形成系统心理结构。

现代心理学一般认为,个性就是个体在物质活动和交往活动中形成的具有社会意义的稳定的心理特征系统。

一般而言,个性具有下列特性。

(一)倾向性

个体在形成个性的过程中,时时处处都表现出每个个体对外界事物的特有的动机、愿望、定势和亲和力,从而发展为各自的态度体系和内心环境,形成了个人对人、对事、对自己的独特的行为方式和个性倾向。

（二）复杂性

个性是由多种心理现象构成的,这些心理现象有些是显而易见的,别人看得清楚,自己也觉察得很明显,如热情、健谈、直爽、脾气急躁等;有些非但别人看不清楚,就连自己也感到模模糊糊。

（三）独特性

每个人的个性都具有自己的独特性,即使是双胞胎甚至连体婴儿长大成人后,也同样具有自己独特的个性。

（四）稳定性

俗话说:"江山易改,禀性难移。"一个人的某种人格特点一旦形成,就相对稳定下来了,要想改变它,是较为困难的事情。这种稳定性还表现在,人格特征在不同时空下表现出一致性的特点。

（五）完整性

如上所述,个性是一个完整的统一体。一个人的各种个性倾向、心理过程和个性心理特征都是在其标准比较一致的基础上有机地结合在一起的,绝不是偶然性的随机凑合。人是作为整体来认识世界并改造世界的。

人人都有个性,人人的个性都各不相同。正是这些具有千差万别个性的人,组成了我们这个生动活泼、丰富多彩的大千世界和各种各样既相互联系又相互制约的人类群体,推动着历史的前进和时代的变迁。

二、气质和性格

（一）气质和性格的含义

气质是表现在人的心理活动和行为动力方面的稳定的个人特点。这些特点一般不受个人活动的目的、动机、内容影响。它是人们在各种场合中一贯的、比较稳定的行为动力特点。气质本身并不直接对个体的行为起推动作用,也不决定行为的发生和方向,它只是表现在心理活动与行为中,是外显的动力特点。

性格是人对现实的稳定态度和习惯化了的行为方式中所表现出的个性心理特征。它是一个人心理面貌本质属性的独特结合,是人与人相互区别的重要方面。从形成上说,性格受社会环境的影响较大,具有道德评价的意义。

（二）气质的类型

气质是人的生理和心理特征。古希腊医生认为人体内有四种液体:黏液、血液、黄胆汁和黑胆汁。这四种体液调和与否决定了人体的健康状况,后来罗马医生用气质表示这一概念,对这四种体液混合以后,以黄胆汁占优势的,称为胆汁质;以血液占优势的,称为多血质;以黏液占优势的,称为黏液质;以黑胆汁占优势的,称为抑郁质。这种类型的区分,从现代生理学来看并不是很科学,但是长期以来,已为许多学者所采用。

四种气质类型的典型心理特征如下。

1.胆汁质

典型人物:黑旋风李逵。这种人的情绪爆发快,但难持久,来去匆匆。他们精力旺盛,争强好斗,做事勇敢果断,为人热情直率,朴实真诚;思维活动常常是粗枝大叶、不求甚解,遇事常欠思量、鲁莽冒失,做事也常常感情用事,但表里如一。

2.多血质

典型人物:浪子燕青。这种人乖巧伶俐,惹人喜爱。他们的情绪丰富而且外露,喜怒哀乐皆形于色,活泼、好动、乐观、灵活是他们的优点。他们喜欢与人交往,有"自来熟"的本事,但交情粗浅。他们的语言表达力强而且富有感染力,思维灵活,行动敏捷,对各种环境的适应力强,教育的可塑性也很强。弱点是缺乏耐心和毅力,稳定性差,见异思迁。

3.黏液质

典型人物:豹子头林冲。这种人安静稳重,沉默寡言,喜欢沉思,表情平淡,情绪不易外露,但内心的情绪体验深刻。他们自制力很强,不怕困难,忍耐力高,表现出内刚外柔。他们与人交往适度,交情深厚,朋友少但却知心。他们的思维灵活性略差,但考虑问题细致而周到,踏踏实实,平时总是四平八稳。这种人的行为主动性比较差,经常是别人让他们去做某事才会去做,但并不是他们不想做。

4.抑郁质

典型人物:《红楼梦》中的林黛玉。这种人情绪体验深刻、细腻而又持久,主导心境消极抑郁,多愁善感,给人以温柔怯懦的感觉。他们聪明而富于想象力,自制力强,注重内心世界,不善交际,孤僻离群,软弱胆小,萎靡不振,他们的行为举止缓慢而单调,虽然踏实稳重,但却优柔寡断。

在现实生活中,我们所遇到的每一个具体人,其气质特征可能接近于以上四种典型气质类型的某一种,然而很难找到一个只具有某种气质特征的人。大多数人的气质特征,介于某几种典型特征之间,虽然从总体上看似近或者像某种气质,但其中又有一些其他类型的成分。所以,在判断一个人的气质类型时,不能简单地将其归入其中一种气质类型。

孪生兄弟的差别

有一对孪生兄弟,一个出奇的乐观,一个却非常悲观。

有一天,他们的父亲欲对他们进行"改造"。于是,把那个乐观的孩子锁进了一间堆满马粪的屋子里,把悲观的孩子锁进了一间放满漂亮玩具的屋子里。

一个小时后,父亲走进悲观孩子的屋子里,发现他坐在一个角落里,一把鼻涕一把眼泪地在哭泣。父亲看他泣不成声,便问:"你怎么不玩那些玩具呢?""玩了就会坏的。"孩子仍在哭泣。

当父亲走进乐观孩子的屋子时,发现孩子正在兴奋地用一把小铲子挖着马粪,把散乱的马粪铲得干干净净。看到父亲来了,乐观孩子高兴地叫道:"爸爸,这里有这么多马粪,附近肯定会有一匹漂亮的小马,我要给它清理出一块干净的地方来!"

【提示】 一对孪生兄弟何以会有如此大的差别呢?这是因为他们的气质不同。人的气质是先天形成的,孩子一出生,最先表现出来的差异就是气质差异。

气质虽然会给我的言行涂上某种色彩,但不能决定我的成就,我的气质中积极面和消极面分别是 _____

（三）性格的差异

与气质一样,每个人的性格也具有很大的差异。性格是在人的生理因素、客观因素和主观内在因素的相互影响、相互作用下,逐步形成的个人所特有的心理风格和行为习惯。心理学通常把性格看做是一个人对现实的稳定的态度以及与之相适应的行为方式的独特结合。

在现实生活中,人们之间有着不同的心理风格和不同的行为习惯,待人处世也有不同的但比较稳固的态度特征。比如,有的人沉静,有的人热烈;有的人喜欢饶舌,有的人沉默寡言;有的人执拗而自负,有的人羞怯而缺乏自信;有的人刚强勇敢,历经打击而坚强不屈;有的人则软弱怯懦,遇困难便叫苦不迭;有的人脾气急躁,点火就着,随时可能和人吵架;有的人却慢条斯理,火烧眉毛也不着急。诸如此类的差异,都是人们不同的性格表现。

心理学家认为,性格是人的个性的组成部分,是个性中最重要的心理特征,在个性中起着核心作用。

小Ａ和小Ｂ的争执

小Ａ和小Ｂ性情爱好各不相同,但他们同处一室,因而常常为一些事情争论不休。

一天,小Ａ从外面回来,由于在外面赶路觉得燥热,一进门边嚷着屋里太闷太热,随手将门窗全都打开。小Ｂ在家里待了一天,哪里也没去,正觉浑身发冷,便责怪小Ａ不该打开门窗。两个人互不相让,一个要开,一个要关,一个说闷,一个说冷,为一点小事闹了好半天,都认为只有自己才是对的。

又有一次,小Ａ从地摊上买了几件廉价的衣服,被小Ｂ看见了,小Ｂ责怪小Ａ没眼光,他认为地摊上的衣服样式不好,而且质量很差,根本比不上专卖店、大商场里的衣服。小Ａ则认为地摊上的衣服便宜,穿几次不喜欢了可以丢掉,而且专卖店、商场的衣服都太贵了。小Ｂ说专卖店的衣服虽然贵但质量好、耐穿……双方争得面红耳赤。

【提示】 世界上的人没有任何两个人的性格特征完全相同。应该放开心胸,不必强求别人和自己一样。在一些非原则性的小事上强求别人,其实是在自寻烦恼。只从自己角度出发看问题,固执己见,强人所难,我们的生活将不得安宁。

在生活中,我是否经常会因为性格问题与他人产生冲突、误解呢? 那我该如何与不同性格的人相处呢?

三、秘书气质、性格与工作匹配

1.秘书的气质

秘书人员在与人交往中、工作中要学会正确看待自身的气质,还要善于分析他人的气质,这既是秘书工作的需要,也是秘书完善自身的需要。

首先,坚持气质问题上的辩证法。

气质无好坏之分,各人的气质有其所长,也有其所短。气质不能决定人的品德、智力和成就。气质具有相对稳定性,又具有可塑性。所以我们提倡对气质要顺其自然,安之若素,扬长避短,促优弃劣,容人所短,克己所短,掘人所长,学人所长。

其次,认识气质对秘书活动的影响,扬长避短,合理分工。

气质对秘书活动有一定影响。一般来说,胆汁质的秘书热情、果断,但易感情冲动、急躁任性;多血质的秘书主动活泼、灵活敏捷,但缺乏持续性、兴趣易转移;黏液质的秘书沉着冷静、稳定踏实,但反应较慢、动作迟缓;抑郁质的秘书敏感细致、深刻周密,但性情孤僻、优柔寡断。秘书由于工作需要形成许多分工,有管文字的、管事务的、管外联的、管信访的等,我们必须承认,秘书的不同气质类型是进行合理分工的重要前提。如胆汁质类型的秘书适合于从事需要鼓动、组织之类的工作。当领导制定出一项新的决策需要推行实施,如果由他们去发动组织,能够制造热烈的工作气氛,感染力较强。这类秘书办事果断,不拖泥带水,适合进行具有开创性的组织工作。多血质类型的秘书善于和各种人打交道,适合于从事对外联系、交际方面的工作,同时还适合处理人际协调,能比较灵活地处理人际矛盾与争端。黏液质类型的秘书注意力稳定,工作踏实细心,适合从事材料综合及文书处理方面的工作,工作条理性强。抑郁质类型的秘书由于感受性强,直觉性强,分析问题较深刻,有一定的预见性,因而适合于从事文件起草和提供咨询工作,能够深化领导的思想,使工作经验系统化。

气质与秘书职业有一定的关系,有些人认为胆汁质和多血质的人不适合当秘书,而黏液质和抑郁质相比,黏液质的人比抑郁质的人更适合当秘书,这种观点是十分陈旧和片面的。在现实生活中,纯粹的气质类型的人是极少见的,一个人往往具有一两种气质,无论什么类型气质的人,遇到高兴的事都会精神振奋、情绪高涨,而遇到不幸的事,都会情绪低落、精神沮丧。有些人之所以以气质来决定谁更适合做秘书,是因为他们只看到了秘书的被动性、顺从性一面,而忽视了坚定性、灵活性和开拓性的一面。其实无论哪一类型的人都可以当秘书,胆汁质、多血质气质类型的人活跃好动、反应迅捷、喜欢交往、兴趣广泛,在人际交往中能够主动热情,因而能高效率地完成工作;黏液质、抑郁质类型的人性情沉静,体验深刻,态度持重,考虑周详,比较适合从事计划性强、忍耐力强、细致具体的工作。而他们各自的长处又恰是对方的短处。因此,任何一种气质,只要善于扬长避短,都可以胜任秘书工作并出色地履行岗位职责。只是秘书要了解自己的气质,自觉重视和加强气质修养,要有意识克服自己气质特征的缺点,发挥其优点,要善于控制和调节自己的心理活动,培养自己完美的气质品格。

2.秘书的性格

秘书的性格,是秘书在个性生活过程中所形成的、对现实稳定的态度以及与之相适应的习惯化的行为方式,是表现在态度和行为上比较稳定的心理特征。

秘书作为领导的参谋和助手,是在"人—人"系统中进行工作活动的。在这个活动系统中,人必须有良好的性格品质,才能适应工作环境的要求。对于秘书人员来说,良好的性格品质是其任职资格的一条重要指标,因此必须给予充分的重视。

成熟的性格表现为各个特征之间的相互关系、相互制约、相对稳定。不成熟的性格表现为各个特征之间的相互矛盾和反复无常。性格又是随着人的活动的多样性而表现出变化性,不同场合、不同情境中的人,各种性格特征表现的程度就不同,侧面也不同。性格是在客观环境中受客观人、事、物的影响而形成的,一旦形成之后便有相对的稳定性,但仍可以随着客观影响的变化而变化。一个走出校门踏上秘书工作岗位的学生,完全可以在工作环境中或根据工作性质要求改变自己的性格。随着经验的积累,知识的丰富,理想、信念的确立和强化,对客观世界的认识的加深,秘书人员需要在有意识的自我调节中充分发展、改造自己的性格,使之更适合工作和社会的需要。有些国家把性格的完美作为对高级秘书的要求之一,在我国现在虽然没做明确考核要求,但是有一点可以明确的,作为新时期的秘书人员,除了理论修养、知识能力之外,最好能具备一些比较优秀的性格侧面。

(1)自信开朗

自信就是自己相信自己,深信自己有能力去完成自己所承受的各种任务。秘书工作的自信主要表现在对工作的积极性和主动性上。一个自信心比较强的秘书,不仅会具有较高的工作热情,而且也会产生战胜困难的巨大勇气。缺乏自信是一个人性格软弱的表现,不仅会因缩手缩脚、犹豫不决而影响到工作的开展,而且还会因带有严重的自卑而丧失进取的勇气。

开朗就是具有乐观饱满的情绪,善于接受复杂而艰巨的工作任务,而且无抱怨之心和牢骚之言。开朗还表现为热情、关心、乐于助人。遇到困难不垂头丧气,而是有勇气去战胜它。开朗,还能给人以欢乐,给人以勇气,能够团结人使之与自己共同奋斗。

（2）诚实谦虚

秘书人员诚实的性格体现在两方面：一是讲真话，忠诚老实，不弄虚作假，不阳奉阴违；二是要诚实地对待自己，如实反映自己的优缺点，不夸张，不隐瞒。诚实是秘书人员十分重要的品质，因为不管经验多么丰富，秘书在繁杂忙乱的工作中或多或少会出差错，出了错，马上道歉，这就是诚实。比如，一个港商希望与你的上司见面，他在电话里说"10点来拜访"，你却听成"4点来拜访"，结果没能安排见面，造成误会，这时你就应当实事求是地向上司认错，而不是掩盖事实，或者把责任往他人身上推。有些秘书不诚实，为了自己或朋友的私利，故意隐瞒事实的真相，不及时向上司汇报，以致给上司的决策带来麻烦。所以，对于秘书来说，只有用诚实才能换取上司和同事的信任。

谦虚是人们所公认的一种美德，是一种良好的性格品质。秘书工作者是否具有谦虚的品质，对工作的开展有着重要的影响。首先，秘书人员只有谦虚，才能做到尊重他人。作为领导的助手，秘书人员必须严格按照领导的意图办事。一个秘书人员如果妄自尊大，感到自己比领导还强，就不可能尊重领导的意见，更不会把其他人放在眼里。秘书人员不论才能大小，都应定准位置，把握自己的角色规范，尊重他人，不居高临下、以势压人，这样才能显示出秘书人员的修养水平。其次，秘书人员只有谦虚，才能不居功自傲。谦虚的性格品质可以使人看到自己的不足，不满足于现状，能够接受他人的意见，保持积极进取的精神。如果因为一点成绩而沾沾自喜，居功自傲，就可能失掉上进的热情。

（3）敏捷稳健

敏捷包括几个方面：一是思维敏捷，对事物敏感，易于接受，善于分析。二是动作敏捷，做事干净利落，不拖泥带水，不拖拉，不推诿。三是笔头敏捷，深思熟虑之后，腹稿打就，下笔千言，立马可待，再字斟句酌，反复修改，使文章字字珠玑、无懈可击。

稳健是指遇事细心，观察细致，考虑周详；办事稳当，不贸然从事，也不敷衍了事。待人接物应沉稳庄重，温和文雅，既不浮滑轻佻，也不冷漠矜持。遇急不慌，临危不惧，泰然自若，从容处理。稳健可给人一种值得信任感。

（4）宽容合作

所谓宽容，是指能容忍，有气量，不过分计较和追究，能够体谅别人。秘书工作者的宽容应该做到：一能以大局为重，不计较小事，在非原则性问题上能忍让。在工作中，人们相互之间的摩擦是不可避免的，但秘书人员应该表现出一种宽大的胸怀，不斤斤计较个人得失，不因小怨小隙而存嫌，这样才能有利于工作的开展。二是团结与自己意见不同甚至相反的人一道共事。"人非圣贤，孰能无过"，不能要求别人不犯错误、不存在缺点，对待人应该不计前嫌，更不能耿耿于怀，以保持良好的人际关系。三是不嫉贤妒能。人们在工作中的能力是不同的，秘书人员对待那些比自己有才能的人应该取人之长,补己之短,绝不可心胸狭窄、故意刁难。团结合作精神在秘书这一需要依赖良好人际关系开展工作的职业中尤为重要,对领导要多加体谅,热情服务;对同事要开诚布公,维护团结;对客户要举止得体,周到细致。

做人先养量

宋朝宰相富弼是一个气量很大的人,当有人指名辱骂他、攻击他时,他就装作没听见。

有人不相信富弼会如此大度,于是就在富弼马上要上朝的时候,让一个丫鬟捧着一碗热腾腾的莲子羹送给他,并故意装作不慎打翻在他的朝服上。富弼并没有生气,反倒是对丫鬟说:"有没有烫着你的手?"然后从容地换了朝服。

就凭这气量,他能不做宰相吗?

【提示】 心无芥蒂,天地自宽。不能容忍不利于自己的议论和批评,更不能受到丝毫的委屈和伤害,这是狭隘的表现。

我遇到哪些事情时会耿耿于怀?＿＿＿＿＿＿＿＿＿＿＿＿＿＿＿＿

(5)幽默风趣

幽默是智慧、学识的综合表现,它反映了一个人在待人接物活动中所达到的一种内在精神自由状态。它不是油腔滑调或开低级庸俗的玩笑,更不是对别人的捉弄或嘲笑,拿别人的缺点开涮。秘书人员应该积极培养这种优秀的性格品质,这不仅是因为幽默体现着一个人的处世哲学——机智聪敏,而且还因为幽默具有强大的感染力,能够创造轻松自由的环境气氛,能够成为人际交往的润滑剂。一个具有幽默感的秘书人员往往会变被动为主动,在工作中赢得很难得到的机遇。幽默的性格可以帮助秘书人员在困顿艰苦的工作环境中也能保持一种乐观向上的心态,从而保证工作完成得更加圆满。

以上所述就是作为一个优秀的秘书工作人员应该培养的性格。我们在学习生活中一定要着力培养自己这些方面的品格,因为我们必须意识到性格是可以改变的,是可以有意识培养的,尤其一些优秀的性格是作为秘书工作人员所必须要具备的。

◎ 相关链接

总裁秘书招聘条件汇总分析

总裁秘书高校选拔赛组委会根据300多家企业招聘总裁秘书的需求的岗位职责和要求,分析了它们对总裁秘书从业者的要求,总结一下主要可以分为以下12点:

1.学历:大专以上,大公司对文凭的要求更高,如硕士,尚未见要求博士的。

2.专业:文秘、中文或行政管理类专业优先,有些公司要求专业背景。

3.性别:多数要求女性,但有些公司对性别无要求。

4.年龄:23～35岁。多数要求30岁以下未婚。

5.性格:开朗,随和,易相处,稳重。

6.证书要求:持驾照及高级秘书上岗资格证书者、IS9000内审员证书优先,多数公司要求一年以上相关工作经验,但也不完全排除应届大学毕业生、有学校社团工作经验者优先。

7.形象:绝大多数公司对形象有要求,五官端正、"外貌秀丽端庄"、"形象气质佳"为通用标准;一些公司对身高有明确要求,最低标准为1.60米。

8.语言要求:多数公司要求普通话标准,语言表达能力强,"声音甜美",外向型公司要求英语水平及口语能力。

9.文字要求:多数要求有优秀的文字组织、公文写作能力。

10.道德品质:多数公司要求道德品质优秀,正直,具有忠诚、保密和良好的个人修养,具备工作责任感、主动性、团队合作精神。

11.秘书核心能力:协调和组织能力、沟通能力、学习能力、亲和力、思路清晰、应变能力、悟性、工作细心、吃苦耐劳,能承受一定的工作压力,有自我管理能力,能独立分析、解决问题,有较强的逻辑思维能力,做事干练、执行力强、善于交际。

12.秘书实用技能:能熟练操作办公软件,每分钟录入文字60字以上。

◎ **思考与练习**

1.什么是个性? 它有哪些特性?

2.讨论:你认为哪种气质适宜从事秘书工作? 为什么?

3.对于秘书来说应该具备哪些个性特征?

4.我具备怎样的气质和性格特征? 从秘书的职业要求来看,我的优势和劣势分别是什么? 应该从哪些方面提高自己的素质?

项目二　秘书的个性优化

◎ **心理训练**

任务一:挺起你的胸膛

目　的:通过4个阶段的训练,引导学生独立发现和改正自身软弱个性,磨砺自己成为一个勇敢自信的人。

要　求：

1.个人独立完成。

2.分四周进行。

3.要先抽出时间,认真思考和分析自己的个性中是否有下列情况,并确认是否要改变。

(1)别人让你做某事,你心里不愿意去做,却又不敢推托。

(2)面对其他人的无端指责,你却讲不出一句话来,只会默默哭泣。

(3)买东西稍微挑了挑,就怕售货员给你脸色看,就买下自己并不需要的东西。

(4)自己的利益明显被侵犯了,却忍气吞声,不敢声张。

4.一旦作出了决定,就必须按部就班、不折不扣地完成。下面的训练,不漏做,否则会毫无效果。

操作步骤：

整个训练分 4 周进行,每周为一个阶段。

1.第一阶段:向陌生人问路。

你假扮一个初来乍到的问路者。为了减轻恐惧心理,你可以先去问老人和儿童,然后再去问异性。在具体做时,你要不慌不忙,面部毫无表情。等对方回答后,你装作不懂的样子,再问一遍。这个表演一周完成 3 次就算成功了。特别要完成一次向年轻、英俊、漂亮的异性或者看起来并不和善的人问路的任务。对于那些羞于和异性、陌生人打交道的人来说,完成这项作业,会产生从来没有过的兴奋和愉快。

2.第二阶段:买一种商品,然后去退货。

这一周的表演要比第一周难度稍微大些,因为它给对方带来一定的麻烦,当然会给你带来一定的心理压力。

货是否能退掉,这并不重要,重要的是,你敢于向对方陈述你退货的理由以及由此而培养起来的勇气和自信心。这个表演一周完成 3 次就算成功了。如果半途而废,要补齐。

3.第三阶段:学会反驳。

软弱的人,大多没有当众发脾气的勇气和体验,而是习惯于沉默、忍受。要想改变自己的软弱,就必须学会表达自己的感受,尤其是学会把不满、愤怒的情绪表达出来。为此,你必须学会反击。你可以选择一个盛气凌人、好争辩的同学作为对象,先把要与他争论的题目订好并做好辩论提纲,即使是输了,只要把你准备的话讲出来,就算成功了。这种使你第一次勇敢地面对"强者"的训练,对改变你软弱的个性是很有意义的。

4.第四阶段:重复第三阶段的内容。

【提示】　每个人的性格中或多或少都有懦弱的成分存在,我们往往在苦难和灾难面前退缩,但是能够鼓起勇气坦然面对失败和挫折的就是勇敢与坚强的人。

讨论分享:谈谈自己的体验、感受,将每一次的挑战经历记录下来并分析,想想其中的原因,并从中得到收获。＿＿＿＿＿＿＿＿＿＿＿＿＿＿＿＿＿＿＿

任务二:天生我才

目　的:自我分享和聆听他人,发掘自我与他人的优点,增强自信和对人的信任。

操作程序:

1.请学生填写:

我最欣赏自己的外表是:＿＿＿＿＿＿＿＿＿＿＿＿＿＿＿＿＿＿＿

我最欣赏自己对家人的态度是:＿＿＿＿＿＿＿＿＿＿＿＿＿＿＿

我最欣赏自己对朋友的态度是:＿＿＿＿＿＿＿＿＿＿＿＿＿＿＿

我最欣赏自己对求学的态度是:＿＿＿＿＿＿＿＿＿＿＿＿＿＿＿

我最欣赏自己对做事的态度是:＿＿＿＿＿＿＿＿＿＿＿＿＿＿＿

我最欣赏自己的性格是:＿＿＿＿＿＿＿＿＿＿＿＿＿＿＿＿＿＿

我最欣赏自己的一次往事是:＿＿＿＿＿＿＿＿＿＿＿＿＿＿＿＿

如果别人正在谈论我,他们十分了解我,最有可能选用的一些词是:＿＿＿＿＿

2.在小组中交流自己所写的内容,每位同学都讲完一项后,再开始下一项。

【提示】　天生万物,各有长短,不能强求,人的价值在于回归自我,也就是把自己最好的方面充分发挥出来。

在交流中,我发现对自己和他人,有了些新的认识＿＿＿＿＿＿＿＿＿＿＿＿

任务三:个性的塑造

目　的:协助学生自我反省,促进协调整合自我。

操作程序:

可分三个阶段进行:

第一阶段:我是谁? 即寻找“现实中的我”的阶段。在这一阶段,每个人要清楚地知道自己的概貌,有哪些长处? 又有哪些短处? 在各方面的水平如何? 这是自我形象塑造的开始,也是基础。

第二阶段:谁是我? 即寻找“理想中的我”的阶段。通过学习,了解一个优秀的秘书的综合形象要求,明确自己想成为一种什么样的人。因此,在这一阶段,每个人需要寻找各个摹本,在现实和虚拟的世界中寻找全新的自我“偶像”,在内心绘制出理想中的我的大致轮廓。

第三阶段:我是我。即把“现实中的我”和“理想中的我”相统一的阶段。在这一阶段,每个人需要找出并确定从“现实中的我”向“理想中的我”迈进的途径和措施。这一阶段成功的关键在于能否有良好的自我控制能力,因为要塑造一个全新的自我,要在日常生活中持之以恒地锻炼。

【提示】 重要的不是一个人是否完美,而是正确认识自我,接受不完美的自己和不完美的生活,积极悦纳自我,有效调节自我、提升自我,最大限度地将自身的潜能转化为现实。

"现实中的我"和"理想中的我"两者之间的差距是 _____

我向目标迈进的途径和措施是: _____

_____

◎ 案例导入

从世界范围来看,女性秘书在人数上占绝对优势,近 20 年,女性秘书有明显的增加趋势,这是由女性的心理素质决定的。许多心理学家研究表明:女性具有温和、顺从、细致、敏感、条理性强,偏重于感性认识,善于形象思维等特征;而男性,多数刚强、果断、粗犷、独立性和冒险性强,偏重于理性认识,善于逻辑思维。从能力方面来看,女性的忍耐力、复述力、自制力普遍高于男性,而男性的计算力、概括力、分析力、爆发力普遍高于女性。

大多数女性适合从事简单、重复性的,活动范围小、体力较轻的,程式性强的职业;多数男性适合从事复杂的、变化的,活动范围较大的,体力较重的,富于创造性的工作。男性秘书从事对外联络、调查研究、文件拟稿、日程安排、参与决策等外向性、技术性、政策性较强的工作更为适合。所以西方国家中,初级秘书女性达到90%,而高级秘书侧重于调查研究、出谋划策,侧重于逻辑思维和高科技,工作富于变动和挑战性,因此男性占多数。

这现象,我国也同西方存在某些共性。

【提示】 秘书工作是综合性、服务性、程序性、保密性较强的职业,所以男女从事秘书职业各有优劣。

从男女秘书的性别职业特征来分析,你认为自己将来从事秘书这一职业时具备的优势与劣势分别是 _____

_____

◎ 理论知识

古希腊德尔斐阿波罗神庙上有一句话:"人,认识你自己。"人们只有认识了自己,才能认识别人,认识世界,才能更好地把握自己的人生。人们只有认识自我,才能发现自我,实现自我。然而,并不是每个人都能够客观地了解自我。认识自己,需要有正确的自我意识,对任何人来讲,自我意识永远是人生的重要课题之一。自我意识是人类特有的高级心理活动形式。

自我意识即人对自己及对自己与周围关系的认识与体验,是人的意识发展的高级阶段,是一个包含认知、情感、意志等多种心理机能的完整的、多维度的、多层次的心理系统。

从表现形式来看,它包括自我认知、自我体验和自我调控三方面。要建立健全的自我意识,就应该从这三方面入手。

一、自我认识

(一)自我认知的方法

自我认知包括自我感知、自我观察、自我分析、自我评价等,主要回答:"我是一个什么样的人?""我为什么是这样一个人?"自我认知的方法很多,以下是几种常用的方法。

1.借助他人

特别是经常与自己打交道的人对自己的行为和活动结果的评价以及个性素质的评价,是自我认知发展的重要源泉。从"他我"中概括出那些经常的稳固的评价,是形成较客观的自我概念的基础。最好能从多个不同的人、不同的时间、不同的场合去搜集评价信息,其中重复次数越多的信息可信度越大。

2.内省法

这是一种个体直接认识自己的方法。我们通过内省可以了解到自己的智力、情绪、意志、性格和身体条件等特征,它是自我意识形成的重要途径之一。通过自我观察和自我分析,可以客观、全面、辩证地看待自身,真正地了解自己。

3.比较法

包括三个方面、四种方式。三个方面是:与和自己相当的人比较;与自己的过去比较;与"现实的我"与未来"理想的我"比较。四种方式是:全面比较,即把自己与某人进行综合全面的比较;局部比较,即在某些方面与他人进行比较;现实比较,即拿当前情况互相比较;回溯比较,即同自己的过去或别人的过去相比较。

4.活动表现法

能力,只在活动中得到体现,也只在活动中得到提高。也许你有较强的组织能力,但你若不去参与组织策划一场活动,就永远认识不到这一点,更谈不上获得别人的赏识。因此,要想全面认识自己,必须广泛参与各种社会活动,积极投身社会实践。这样既锻炼了自己,又可以发现自己的潜能,找到自己的兴趣,更好地认识自己,更好地适应社会。

(二)周哈里窗模式

心理学家鲁夫特与英格汉提出"周哈里窗(Johari Window)"模式,"窗"是指一个人的心就像一扇窗,普通的窗户分成四个部分,即人的心理也是如此。因此把人的内在分成四个部分:开放我、盲目我、隐藏我、未知我。

1.开放我

左上角那一扇窗称为"开放我",也称"公众我",属于自由活动领域。这是自己清楚、别人也知道的部分,所谓"当事者清,旁观者也清"。比如我们的性别、外貌,比如某些可以公开的信息，包括婚否、职业、工作生活所在地、能力、爱好、特长、成就等。"开放我"的大小取决于自我心灵开放的程度、个性张扬的力度、人际交往的广度、他人的关注度、开放信息的利害关系等。

"开放我"是自我最基本的信息，也是了解自我、评价自我的基本依据。

2. 盲目我

右上角那一扇窗称为"盲目我"，也称"背脊我"，属于盲目领域。这是自己不知道而别人却知道的部分，所谓"当事者迷，旁观者清"。可以是一些很突出的心理特征，比如有人轻易承诺却转眼间忘得干干净净；也可以是不经意的一些小动作或行为习惯，比如一个得意的或者不耐烦的神态和情绪流露，本人不觉察，除非别人告诉你。盲目点可以是一个人的优点也可以是缺点。因为事先不知、不觉，所以当别人告诉自己时，或惊讶、或怀疑、或辩解，特别是听到与自己初衷或想法不相符合的情况时。"盲目我"的大小与自我观察、自我反省的能力有关，通常内省特质比较强的人，盲点比较少，"盲目我"比较小。而熟悉并指出"盲目我"的他者，往往也是关爱你的人，欣赏你的人，信任你的人（虽然也可能是最挑剔你的人）。

所以，我们要学会用心聆听，重视他人的回馈，不固执，不过早下结论；学会感恩，是他们帮助自己拨开迷雾见青天。

3. 隐藏我

左下角那一扇窗称为"隐藏我"，也称为"隐私我"，属于逃避或隐藏领域。这是自己知道而别人不知道的部分，与"盲目我"正好相反。就是我们常说的隐私、个人秘密，留在心底，不愿意或不能让别人知道的事实或心理。身份、缺点、往事、疾患、痛苦、窃喜、愧疚、尴尬、欲望、意念等，都可能成为"隐藏我"的内容。相比较而言，心理承受能力强的人、隐忍的人、自闭的人、自卑的人、胆怯的人、虚荣或虚伪的人，隐藏我会更多一些。适度的内敛和自我隐藏，给自我保留一个私密的心灵空间，避去外界的干扰，是正常的心理需要。没有任何隐私的人，就像住在透明房间里，缺乏自在感与安全感。但是隐藏我太多，开放我就太少，如同筑起一座封闭的心灵城堡，无法与外界进行真实有效的交流与融合，既压抑了自我，也令周围的人感到压抑，容易导致误解和曲解，造成他评和自评的巨大反差，成为人际交往的迷雾与障碍，甚至错失机会。

勇于探索自我者，不能只停留在"开放我"的层面，还应敢于直面"隐藏我"的秘密和实质。

4. 未知我

右下角那一扇窗称为"未知我"，也称为"潜在我"，属于处女领域。这是自己和别人都不知道的部分，有待挖掘和发现。通常是指一些潜在能力或特性，比如一个人经过训练或学习后，可能获得的知识与技能，或者在特定的机会里展示出来的才干，也包含弗洛伊德提出的潜意识层面，仿佛隐藏在海水下的冰山，力量巨大却又容易被忽视。对未知我的探索和开发，才能更全面而深入地认识自我、激励自我、发展自我、超越自我。学着尝试一些全新的领域，挖掘潜力，会收获惊喜。

勇于自我探索者，要善于开发"未知我"的宝藏。

下面我们不妨来完成自己的周哈里之窗：

_____的周哈里之窗

	自己知道	自己不知道
别人知道	（开放我）	（盲目我）
别人不知道	（隐藏我）	（未知我）

1.完成我的"周哈里之窗"后，我觉得 _____

_____

2.经过团体讨论后，我得知同学眼中的自己，我觉得 _____

_____

二、自我体验

全面地认识自我之后，我们应该培养健康的自我体验，即积极悦纳自我。悦纳自我，就是要对自己的本来面目抱认可、肯定的态度，正视自己、接受自己、喜欢自己、对自己充满胜任感。是否悦纳自己是能否发展健康的自我体验的关键和核心。其包括自尊、自爱、自信等。

悦纳自我有四层含义：

1.无条件地接受自己，接受自己的全部，无论是优点还是缺点，无论是成功还是失败。

2.改变过分追求完美的习惯，不苛求自己。过分追求完美、过分苛求自己，无异于心理上的作茧自缚，会使人心情压抑、行为退缩，失去许多展示自己的机会，最终损害自尊，导致自我拒绝。正确的态度是承认自己的不完美，接纳真实的自我，在积极的心态中，最大限度发挥自己的潜能。

3.建立和巩固良好的自我感觉。心理学家罗伯特·安东尼有一段话："将自己的每一条优点都列出来，以赞赏的眼光去看它，经常看，最好背下来。通过集中注意力于自己的优点，你将在心里树立信心：我是一个有价值、有能力的人，绝不比别人差。无论什么时候，只要你做对了一件事，就要提醒自己记住这一点，甚至为此酬谢自己。"把视野拓宽或换一个角度看自己,会发现一个全新的自我,这样就能将注意力集中于自己的优点和成功上,而不是缺点和失败上,有助于建立和巩固良好的自我感觉,产生高度的价值感、自豪感、愉快感和满足感。

4.永远给自己机会。一个人可怕的不是犯错误和遭受失败,可怕的是被它们打垮,人不应轻率地全盘否定自己,而应从中吸取教训,重新站起来。

三、自我调控,培养良好的自信心

"败于自信"与"胜于自信"

尼克松是我们极为熟悉的美国总统,但就是这样一个大人物,却因为一个缺乏自信的错误而毁掉了自己的政治前程。1972年,尼克松竞选连任。由于他在第一任期内政绩斐然,所以大多数政治评论家都预测尼克松将以绝对优势获得胜利。然而,尼克松本人却很不自信,他走不出过去几次失败的心理阴影,极度担心再次失败。在这种潜意识的驱使下,他鬼使神差地干出了后悔终生的蠢事。他指派手下的人潜入竞选对手总部的水门饭店,在对手的办公室里安装了窃听器。事发之后,他又连连阻止调查,推卸责任,在选举胜利后不久便被迫辞职。本来稳操胜券的尼克松,因缺乏自信而导致惨败。

小泽征尔是世界著名的交响乐指挥家。在一次世界优秀指挥家大赛的决赛中,他按照评委会给的乐谱指挥演奏,敏锐地发现了不和谐的声音。起初,他以为是乐队演奏出了错误,就停下来重新演奏,但还是不对。他觉得是乐谱有问题。这时,在场的作曲家和评委会的权威人士坚持说乐谱绝对没有问题,是他错了。面对一大批音乐大师和权威人士,他思考再三,最后斩钉截铁地大声说:"不!一定是乐谱错了!"话音刚落,评委席上的评委们立即站起来,报以热烈的掌声,祝贺他大赛夺魁。原来,这是评委们精心设计的"圈套",以此来检验指挥家在发现乐谱错误并遭到权威人士"否定"的情况下,能否坚持自己的正确主张。前两位参加决赛的指挥家虽然也发现了错误,但终因随声附和权威们的意见而被淘汰。小泽征尔却因充满自信而摘取了世界指挥家大赛的桂冠。

【提示】　自信是使人走向成功的第一要素。只有相信自己,才能激发进取的勇气,才能感受生活的快乐,才能最大限度地挖掘自身的潜力。

两只青蛙的命运

从前有两只小青蛙,溜到农民的房子里玩,它们站到一个坛子沿上跳舞时,不小心掉到里面。里面装的是黏糊糊的油,它们想跳出来,油太黏,想爬出来,壁太滑。几经尝试,没有结果。青蛙A边游边想,看来今天是没希望了,怎么也出不去了,反正也没希望了,还游什么呢? 这样想着,四肢越发划不动。而青蛙B呢,想到今天真糟糕,怎么都出不去,可还是继续游游看吧,也许会找到办法。四肢虽然很累了,可它还是坚持游着。边游边想,只要还有力气,不管怎样,我都要游下去。就在它几乎划不动的时候,后脚碰到了坚实的固体。原来,在青蛙 B 的不停搅动下,油凝固了。后来,青蛙 B 踩在黄油上跳出了坛子,独自回家了。

【提示】　人格的核心是自信,自信使人渡过一个又一个难关。信念是战胜困难的勇气,人生有许多考验和挑战,一次次被拒绝,一次次重新站起来需要勇气,需要信心,需要信念。

但有自信的人并不是天生就自信,缺乏自信的人也不是天生就不自信,他们的不自信是由于长期缺乏自我肯定、自我激励以及被动接受外界消极评价的结果。真正自信的人首先要自爱,他知道自己有哪些长处,坚信不疑而且十分珍爱,引以为荣。不自信的人缺乏自爱,不很了解自己的长处,相反总是盯住自己的缺点或者有意挑剔自己的不足,耿耿于怀,即使有好的地方,他也看不到自己的价值,甚至怀疑它的真实性。

珍惜自己的价值

有一个生长在孤儿院中的小男孩,常常悲观地问院长:"像我这样没人要的孩子,活着究竟有什么意思?"院长总是笑而不答。

有一天,院长交给男孩一块石头,说:"明天早上你拿这块石头到集市上去卖,但要记住,无论别人出多少钱,绝对不能卖。"

第二天,男孩拿着石头蹲在市场的角落,意外地发现有不少的人对他的石头感兴趣,而且价钱越出越高。回到院内,男孩兴奋地向院长报告,院长笑了笑,要他明天拿到黄金市场去卖。在黄金市场上,有人出比昨天高十倍的价钱来买这块石头。

最后,院长叫男孩拿到宝石市场去展示,结果,石头的身价又长了十倍,更由于男孩怎么都不卖,竟被传扬为"稀世珍宝"。

男孩兴冲冲地捧着石头回到孤儿院,把这一切告诉了院长,并且问为什么会这样?院长没有笑,望着男孩慢慢说道:"生命的价值就像这块石头,在不同的环境下就会有不同的意义。一块不起眼的石头,由于你的珍惜、惜售而提升了它的价值。你不就像这块石头一样吗?只要自己看重自己,自我珍惜,生命就有意义,就有价值。如果你自己不把自己当回事,那别人更瞧不起你,所以,生命的价值首先取决于你自己的态度。"

【提示】　珍惜独一无二的自己,珍惜这短短的几十年光阴,再去不断地充实自己,最后世界才会认同你的价值。平凡不可怕,关键是要做最好的自己。

建立自信,才能建立起自爱,进而建立起自尊。自信不是关起门的自我欣赏,也不是停留在愿望中的一个概念,而是最终要赢得他人认可,落实在富有成效的活动之中。每个人都有实际的或潜在的能力,属于自己的魅力,要让别人理解你的能力,感受你的魅力,就需要在实践中表现自己,证明自己。

握住自信

有一位女歌手,第一次登台演出,内心十分紧张。想到自己马上就要上场,面对上千名观众,她的手心都在冒汗:要是在舞台上一紧张,忘了歌词怎么办? 越想,她心跳得越快,甚至想打退堂鼓。

就在这时,一位前辈笑着走过来,随手将一个纸卷塞到她的手里,轻声说道:"这里面写着你要唱的歌词,如果你在台上忘了词,就打开来看。"她握着这张纸条,像握着一根救命的稻草,匆匆上了台。也许有那个纸卷握在手心,她的心里踏实了许多。她在台上发挥得相当好,完全没有失常。

她高兴地走下舞台,向那位前辈致谢。前辈却笑着说:"是你自己战胜了自己,找回了自信。其实,我给你的,是一张白纸,上面根本没有写什么歌词!"她展开手心里的纸卷,果然上面什么也没写。她感到惊讶,自己凭着握住一张白纸,竟顺利地渡过了难关,获得了演出的成功。

"你握住的这张白纸,并不是一张白纸,而是你的自信啊!"前辈说。

歌手拜谢了前辈。在以后的人生路上,她就是凭着握住自信,战胜了一个又一个困难,取得了一次又一次成功。

【提示】 战胜自己内心的怯弱是建立自信的重要一步。在各种社会情境中表现自己,不仅是体现自信的一种方式,更是增强自信的手段。

当然,自信是有分寸的,它与自负是有区别的。自信是反映人们在自己所从事的各种活动中有着充分的才智,有着旺盛的精力,是一种进取的人生态度,是对困难的藐视。自负是一种骄傲自大,是对自己不恰当的过度估计,自负的人常常表现为盛气凌人、不屑一顾。自信与自负是两种截然相反的性格。秘书人员在工作中应做到自信之心不可缺,自负之心不应有。即使自己的能力在他人之上,也不可妄自尊大。

概括起来,自信者的特质主要有:

1.有自我价值感。因为对自己有信心,所以满足,但不自傲。

2.不会畏惧压力或嘲笑。因为有自信,所以勇敢,但不顽固。

3.所要表达的意思能让别人清楚地接受。因为举止、声调、姿势、态度都能配合自己的决心,所以温和,但不羞怯。

4.能在环境中坚持自己的利益,且重视别人的利益。因为能与人平等交往,所以能从别人的尊重中更关注自身的价值。

真实、自然地表现自己,才能充分展示个性魅力。每个人也都希望证明自己,让别人认可自己,扮演好人生属于自己的角色,但如果缺少磨炼自己的机会,自信往往会动摇以致湮没。

行为训练对于缺乏自信和行为勇气的人非常有效。只要反复练习,就会有很大的进步。它可以帮助你去掉深植于心中的悲观念头,重建新的观点。自信心通过教育和训练也能得到提高和改善。

◎ 相关链接

期待效应

期待效应又称皮格马利翁效应,源自古希腊一个神话故事。皮格马利翁是希腊神话中年轻的塞浦路斯国王,同时他也是一位手艺精湛的雕刻家。一次,他为雕刻一尊美女石像倾注了全部心血,把她刻得活灵活现,栩栩如生,最后自己竟情不自禁地爱上了她。为此,他日思夜想,茶饭不思,最后感动了宙斯(天神的领袖),把这个石像变成了真正的美女,满足了皮格马利翁的愿望。这就是人们所说的皮格马利翁效应。社会心理学家用这个效应说明:在人际交往中,一方充沛的感情和较高的期望可以引起另一方微妙而深刻的变化。

美国心理学家罗森塔尔教授和雅各布森教授曾进行过"期待效应"的实验。他们在一所普通小学的6个年级的18个班里随机地抽取了部分学生,然后把名单提供给任课老师,并郑重地告诉他们,名单中的这些学生是学校中最有发展潜能的学生,并再三嘱托教师在不告诉学生本人的情况下注意长期观察。8个月后,当他们回到该小学时,惊喜地发现,名单上的学生不但在学习成绩和智力表现上均有明显进步,而且在兴趣、品行、师生关系等方面也都有了很大的变化。这是由于教师加强了对这些学生的期待,在潜移默化中给予良好激励的结果。

皮格马利翁效应是说人心中怎么想、怎么相信就会如此成就。你期望什么,你就会得到什么,你得到的不是你想要的,而是你期待的。只要充满自信地期待,只要真的相信事情会顺利进行,事情一定会顺利进行;相反,如果你相信事情不断地受到阻力,这些阻力就会产生,成功的人都会培养出充满自信的态度,相信好的事情是一定会发生的。这种称为积极期望的态度是赢家的态度。事前就期待你一定会赢,而且坚守这种看法,即使你期待时所持有的资料是不正确的,你仍然会得到你所期望的结果。在我们生活中,父母亲对我们的期望,上司对我们的期望,我们对别人的期望,特别是对儿女、对配偶、对同事、部属的期望,以及我们对自己的期望,都是对我们生活是否愉快是有重大影响的期望,假如你对自己有极高且积极的期望,每天早上对自己说:"我相信今天一定会有一些很棒的事情发生。"这个练习就会改变你的整个态度,使你在每一天的生活中都充满自信与期望。

◎ 思考与练习

1. 以"现实生活中的我"为题,写一篇小短文,内容包括两大方面:一是列出我的长处和优点,并写明每一条长处是怎么来的,主要是受了谁的影响,并说明这些长处对自己今后发展的好处;二是列出我的欠缺和不足,并写明每一条不足是怎么来的,主要是受了谁的影响,并说明这些不足对自己今后的发展将造成什么样的障碍和限制。

2.你曾经感到成功是在什么时候? 你那时的感受是怎样的? 如果你能选择的话,你希望让什么重现?

3.你对自己满意吗? 你打算怎样完善自己?

◎ **综合实训**

课堂辩论赛

一、实训目的

通过辩论,使学生认识到秘书的工作态度和工作能力的重要性,激活思想,增强收集信息的能力,锻炼临场应变能力、语言表达能力,加强同学们之间的交流,凸现文秘专业学生的综合素质。

二、实训内容

课堂辩论,比如:

正方:秘书的工作态度比工作能力更重要;

反方:秘书的工作能力比工作态度更重要。

还可以根据其他内容确定辩题。

三、实训要求

1.准备阶段

将辩论题目当成作业题布置下去,全班同学按学号随机分成正方与反方,大家分头去查阅资料,正方和反方分别选择作业完成得好的 8～12 位同学组成小组开展讨论,酝酿形成本方的设论,并推举 4 位辩论员作为参加课堂辩论赛的选手。

2.举行辩论赛

在课堂上正方 4 位辩论员和反方 4 位辩论员开展辩论赛,辩论赛的形式参照"国际大专辩论赛"的形式进行。辩论赛结束以后,课堂上的其他同学以自由发言的形式继续讨论。

3.总结评价阶段

讨论结束以后,教师:

第一,针对正反两方的表现评定谁胜谁负。

第二,指出两方在辩论过程中的优点与缺点。

第三,谈自己对辩论题目的看法,引导学生正确认识辩论所提出的问题。

附录 1

气质测试

测试说明：在回答下列问题时,你认为很符合自己情况的,记 2 分;比较符合的,记 1 分;介于符合与不符合之间的,记 0 分;比较不符合的,记负 1 分(-1);完全不符合的,记负 2 分(-2)。

测试题目：

1. 做事力求稳妥,不做无把握的事。

2. 遇到可气的事就怒不可遏,想把心里话全说出来才痛快。

3. 宁可一人干事,不愿很多人在一起。

4. 到一个新环境很快就能适应。

5. 厌恶那些强烈的刺激,如尖叫、噪音、危险镜头等。

6. 和人争吵时,总是先发制人,喜欢挑衅。

7. 喜欢安静的环境。

8. 善于和人交往。

9. 羡慕那种善于克制自己情感的人。

10. 生活有规律,很少违反作息制度。

11. 在多数情况下情绪是很乐观的。

12. 碰到陌生人觉得很拘束。

13. 遇到令人气愤的事,能很好地自我克制。

14. 做事总是有旺盛的精力。

15. 遇到问题常常举棋不定,优柔寡断。

16. 在人群中从不觉得过分拘束。

17. 情绪高昂时,觉得干什么都有趣;情绪低落时,又觉得什么都没有意思。

18. 当注意集中于某一事物时,别的事物很难使自己分心。

19. 理解问题总比别人快。

20. 碰到危险情境,常有一种极度恐惧感。

21. 对学习、工作、事业抱有很高热情。

22. 能够长时间做枯燥、单调的工作。

23. 符合兴趣的事情,干起来干劲十足,否则,就不想干。

24. 一点小事就能引起情绪波动。

25. 讨厌做那种需要耐心、细致的工作。

26. 与人交往不卑不亢。

27. 喜欢参加热烈的活动。

28. 爱看感情细腻、描写人物内心活动的文学作品。

29. 工作学习时间长，就感到厌倦。

30. 不喜欢长时间谈论一个问题，愿意实际动手干。

31. 宁愿侃侃而谈，不愿窃窃私语。

32. 别人说我总是闷闷不乐。

33. 理解问题常比别人慢些。

34. 疲倦时只要短暂的休息就能精神抖擞，重新投入工作。

35. 心里有话，宁愿自己想，不愿说出来。

36. 认准一个目标就希望尽快实现，不达目的，誓不罢休。

37. 同样和别人学习、工作一段时间后，常比别人更疲倦。

38. 做事有些莽撞，常常不考虑后果。

39. 老师或师傅讲授新知识、新技术时总希望他讲慢些，重复几遍。

40. 能够很快忘记那些不愉快的事情。

41. 做作业或完成一件工作总比别人花的时间多。

42. 喜欢运动量大的剧烈体育运动，或参加各种文艺活动。

43. 不能很快地把注意力从一件事转移到另一件事上去。

44. 接受一个任务后，就希望迅速完成。

45. 认为墨守成规比冒风险强些。

46. 能够同时注意几件事。

47. 当烦闷的时候，别人很难使自己高兴。

48. 爱看情节起伏跌宕、激动人心的小说。

49. 对工作认真严谨，具有一贯的态度。

50. 和周围人们的关系总是相处得不好。

51. 喜欢复习学过的知识，重复做已经掌握的工作。

52. 希望做变化大、花样多的工作。

53. 小时候会背的诗歌，似乎比别人记得清楚。

54. 别人说自己"语出伤人"，可自己并不觉得这样。

55. 在体育活动中，常因反应慢而落后。

56. 反应敏捷，头脑机智灵活，

57. 喜欢有条理而不麻烦的工作。

58. 兴奋的事常常使自己失眠。

59. 老师讲新的概念，常常听不懂，但是弄懂以后就很难忘记。

60. 假定工作枯燥无味，马上情绪低落。

气质测试结果分析：

气质测验答卷

胆汁质	题　号	2	6	9	14	17	21	27	31	36	38	42	48	50	54	58	总分
	得　分																
多血质	题　号	4	8	11	16	19	23	25	29	34	40	44	46	52	56	60	总分
	得　分																
黏液质	题　号	1	7	10	13	18	22	26	30	33	39	43	45	49	55	57	总分
	得　分																
抑郁质	题　号	3	5	12	15	20	24	28	32	35	37	41	47	51	53	59	总分
	得　分																

1.把每行相加即为该项的总分。

2.如果其中一种气质得分明显高出其他 3 种，均高出 4 分以上，则可定为该类型。此外，如果该气质类得分超过 20 分，则为典型性；如果该类得分在 10~20 分，则为一般型。

3.两种气质类型得分接近，其差异低于 3 分，而且又明显高于其他两种，均高于 4 分以上，则可定为这两种气质的混合型。

4.三种气质得分均高于第四种，而且接近，则为三种气质的混合型，如多血—胆汁—黏液混合型或黏液—多血—抑郁质混合型。

附录 2

性格测试

下面有 50 道题，请根据自己的实际情况做出回答。A 为符合；B 为难以回答；C 为不符合。

1.与观点不同的人也能友好往来。

2.读书较慢，力求完全看懂。

3.做事较快，但较粗糙。

4.经常分析自己、研究自己。

5.生气时，总不加抑制地把怒气发泄出来。

6.在人多的场合总是力求不引人注目。

7.不喜欢写日记。

8.待人总是很小心。

9.是个不拘小节的人。

10. 不敢在众人面前发表演说。

11. 能够做好领导团体的工作。

12. 常会猜疑别人。

13. 受到表扬后会工作得更努力。

14. 希望过平静、轻松的生活。

15. 从不考虑自己几年后的生活。

16. 常会一个人想入非非。

17. 喜欢经常变换工作。

18. 常常回忆自己过去的生活。

19. 很喜欢参加集体娱乐活动。

20. 总是三思而后行。

21. 使用金钱时从不精打细算。

22. 讨厌在工作时有人在旁边观看。

23. 始终以乐观的态度对待人生。

24. 总是独立思考回答问题。

25. 不怕应付麻烦的事情。

26. 对陌生人从不轻易相信。

27. 几乎从不主动制订学习或工作计划。

28. 不善于结交朋友。

29. 意见和观点常会发生变化。

30. 很注意交通安全。

31. 肚里有话藏不住，总想对人说出来。

32. 常有自卑感。

33. 不太会注意自己的服装是否整洁。

34. 很关心别人会对你有什么看法。

35. 和别人在一起时，你的话总比别人多。

36. 喜欢独自一个人在房内休息。

37. 情绪很容易波动。

38. 看到房间里杂乱无章就静不下心来。

39. 遇到不懂的问题就去问别人。

40. 旁边若有说话声或广播声，总无法静下心来学习。

41. 口头表达能力还不错。

42. 是一个沉默寡言的人。

43. 很快就能熟悉新的环境。

44. 要同陌生人打交道，常感到为难。

45. 常会过高地估计自己的能力。

46. 遭到失败后总是忘却不了。

47. 感到脚踏实地地干比探索理论原理更重要。

48. 很注意同伴们的工作或学习成绩。

49. 比起看小说和看电影来,更喜欢郊游和跳舞。

50. 买东西时,常常犹豫不决。

评分规则:

题号为奇数的题目(即 1,3,5,7…)每选择一个"A"记 2 分,每选择一个"B"记 1 分,每选择一个"C"记 0 分;题号为偶数的题目(即 2,4,6,8…),每选择一个"C"记 2 分,每选择一个"B"记 1 分,每选择一个"A"记 0 分。最后将各道题的分数相加,其和即为你的性向指数。

性向指数在 0～100。由性向指数的数值就可以了解一个人内倾或外倾的程度。

性向指数	0～19	20～39	40～59	60～79	80～100
性格倾向	内向	偏内向	中间型(混合型)	偏外向	外向

测验结果仅供参考。

模块四　战胜自己——
秘书的意志和情绪

◎ **学习目标**

知识目标：

1. 了解意志的含义和基本特征；

2. 了解情绪及其构成要素；

3. 认识良好意志品质对秘书工作的意义；

4. 认识情绪对人的影响,掌握秘书管理情绪的方法。

能力目标：

1. 能用具体方法从意志品质的四个方面锻炼自己的意志力；

2. 会使用各种方法调控情绪,主宰自己的情绪。

项目一　秘书意志力的培养

◎ **心理训练**

任务一　举手仪式

时　　间:20 分钟。

材　　料:秒表 1 只。

活动目的:体验坚持所需要的耐心和毅力,培养学生的意志力。

　　　　　认识到意志力的培养要从小事做起。

操作程序:

1. 全体同学按体操队形站立,每个人的两只手臂伸直向胸前平举,身体不准晃动,坚持 10 分钟(可根据学生实际情况选择时间长短),看谁能坚持到最后。

2. 团体分享:

(1)当时间过了一半的时候,你有什么感受?

（2）当你坚持到最后的时候,你有什么感受?

（3）在坚持的过程中遇到了哪些困难,你是如何克服的?

（4）你觉得这个游戏对你的学习与生活有什么启发?

【提示】　生活中会遇到许多的挫折和磨难,只有跌倒了爬起来,才能不断地接近成功。这期间需要不怕失败的平常心和顽强的意志力。

游戏进行过程中,你面临多少次失败最终才到达终点?　_____

给你的感受是　_____

任务二　命运罐法

材　　料:两个小陶瓷罐(一个红色,一个黑色),小纸条。

目　　的:使学员提高意识能动性,强化有益信念,摆脱网络依赖。

操作程序:

1.红、黑陶瓷罐分别标明"幸运罐"和"厄运罐"。

2.当产生上网念头的时候,必须在两张小纸条上分别写出祝福自己拥有好运的话和诅咒自己遭遇厄运的话。

举例:

好运:如果我现在能够克制自己不上网,并且去做一件很有意义的事儿,我的脑子就会变得非常聪明;各项成绩越来越好;威信越来越高;我的人际关系会越来越好;我将来一定会成为抢手的人才;会有好运降临;关键时刻总有贵人相助。

厄运:如果我现在选择上网,那么 3 天之内将有一件很倒霉的事情发生在我身上。

3.借助想象,把纸条上的语言信息视觉化,然后选择其中一张投进相对应的小罐里,把另一张撕掉。

4.选择往"幸运罐"里投祝福的话,就表明克制住了自己,决定不上网了;选择往"厄运罐"里投诅咒的话,就表明克制不住自己,决定上网了。

5.定期查看自己的"幸运罐"和"厄运罐"的近期纸条收集情况,借由"积累好运法"帮助自己戒掉网瘾。

6.以班级为单位进行讨论总结。

注意:运用这个训练的前提是:要特别相信自己的祝福或诅咒都是很灵验的。

【提示】　信念产生神奇的力量,要想让某一种信念产生更大的魔力,最好的方法是在脑子里把那种信念形象化。行为受控于信念。对我们有益的信念,我们要不断强化它,让它在不知不觉中影响和左右我们的思想和行为。

通过积累好运的方法,可以使自己的自律性增强。那些放进"幸运罐"里的话能够散发很强的场力,当"幸运罐"里的祝福积累得越来越多的时候,你的心情就会

行为将会 _____

任务三　30天改善计划

目　的:体会计划的重要性,帮助设定切实可行的计划。

　　　　建立新的良好习惯,并使自己提高效率,进一步实施。

操作程序:

在下列五个方面填入你一个月内必须做到的事情,一个月后再检查一下自己的进度。

1.现在起要改掉这些习惯:(建议举例)

(1)不按时完成各种事情的习惯。

(2)消极性的词语常挂在嘴边的习惯。

(3)作息时间无规律的习惯。

2.从现在起要养成这些习惯:(建议举例)

(1)每天早上醒来都对自己说些激励的话。

(2)睡前就把第二天的事计划好。

(3)任何场合尽量赞美别人。

3.用这些方法来增加自己的学习工作效率:(建议举例)

(1)在最高效的时间干最重要的事情。

(2)每天都安排一定的运动、休闲或机动时间。

(3)经常静静思考,包括改善学习和工作的方式方法。

4.用这些方法来增进同学之间的和谐:(建议举例)

(1)尊敬自己周围的每一个人。

(2)认真聆听他人的意见,努力了解他人的观点及其支撑的理由。

(3)对他人为自己做的哪怕是小事也表示更大的谢意。

5.用一些途径来增强自己的个性修养:(建议举例)

(1)阅读一本励志书籍。

(2)每周花两小时阅读本专业的杂志。

(3)结交几个新朋友。

【提示】　所谓切实可行的计划,就是自行确定的每个月的配额清单。成功者并不是天生的,是通过许许多多的自我控制和修养形成的。建立新的积极性习惯,同时根除旧的消极性习惯,而在这一过程中,计划目标就起着调控的作用。

许多未知的因素影响着目标的执行步骤,所以我们无法一下子成功,我们只能一步步走向成功,这个计划是根据自己情况确定的,看看自己的坚持性以及一段时间后的效果 _____

◎ 案例导入

一个大发雷霆的电话

一个顾客正通过电话向一家大型制造公司的儿童体育用品部秘书大发雷霆："你们是怎么搞的,你们保证过按时把这批尼龙儿童棒球衫以每件 12 美元的价格卖给我们。在这个星期的销售广告中我们已经做了大力宣传,可是你们公司的那个蠢货却通知我们这批货不符合要求,这下可好,你让我怎么办?"

那个秘书面红耳赤地坐在那里听着,后来他说:"这个客户没完没了地抱怨,说得我直冒冷汗,于是我也变得十分气愤,但我并不能显露出来。我只好平心静气地对他说:'您能稍等片刻吗? 让我想想这事怎么办好?'于是我把话筒从耳边拿开,深深地吸了一口气,然后对自己说:'好了,现在该怎么办?'"

运动衫不符合要求是生产问题,所以站在客户的立场上,我们制造公司是完全没有道理的。所以,这位秘书应付顾客的唯一办法就是以最佳方式向他道歉并平息他的怒气。

随后,这位秘书与领导紧急联系后,又重新拿起电话,先为让他久等而道歉,然后告诉那位客户,公司愿意以一批价格高一些的儿童春秋夹克代替那批棒球衫,而且按他们宣传的价格每件只收 12 美元。并且他还向那位顾客保证立即退货。他平静地在电话中说:"我能理解您的心情,您有理由发火,我会立即调查这件事,然后优先考虑按时给您提供一批类似的产品,仍按原价给您。但现在我无法确定那批替代品的样式,我会落实一下,然后明天给您回电话。我们会努力解决这件事,直到您满意为止,而且尽量避免以后出现类似事件。"在秘书说这番话的时候,那个怒气冲冲的客户已经冷静下来,而且同意等到第二天看那些替代样品。

【提示】　秘书在不同场合、不同情景、不同对象面前要善于选择和控制自己的情绪和行为方式,这是秘书修养的体现,也是秘书意志力的表现。

面对这个大发雷霆的电话,如果秘书人员同样还以颜色,其结果会＿＿＿＿＿＿面对脾气暴躁、态度粗鲁的来电,秘书应＿＿＿＿＿＿＿＿＿＿＿＿＿＿＿＿＿＿

＿＿＿＿＿＿＿＿＿＿＿＿＿＿＿＿＿＿＿＿＿＿＿＿＿＿＿＿＿＿＿＿＿＿＿＿＿

◎ 理论知识

良好的意志品质有助于人们的心理健康和成功;反之,不良的意志品质会影响人的活动效率,阻碍人获取成功,影响人的生活态度和对自我的评价,严重的还会引起心理障碍。秘书的工作是繁重而细致的,在活动过程中会遇到重重阻力和意想不到的干扰,因此秘书的意志品质在秘书活动中占据很重要的位置。

一、意志概述

(一)意志的含义

意志是自觉地确定目的,并根据确定的目的来支配、调节自己的行为,克服各种困难,实现预定目的的心理过程。意志总是表现在人的行动中,是通过行动而实现的。意志行为是人所特有的。无论动物的行为如何精巧,它也不能意识到自己行为的目的与后果,它的动作是盲目的。人的活动是有意识、有目的、有计划地实现的。人在活动以前,活动的结果已经作为行动的目的而存在于他的头脑中了,并以这个目的指引自己的行动。

(二)意志的基本特征

意志的最重要的特征是具有明确的目的性,这是意志活动的前提。人不是消极被动地适应环境,而是积极能动地改造世界,成为现实的主人。人为了满足某种需要而预先确定目的,并有计划地组织行动来实现这一目的。人在从事活动之前,已经把行动的目的以观念的形式存在头脑中,并用这个观念来指导自己的行动。人的这种自觉的目的性还表现在能发动符合于目的的行动,同时还能制止不符合目的的行动。

意志的第二个特征是意志与克服困难相联系,这是意识活动的核心。在目的确立与实现的过程中总会遇到各种各样的困难,在实际生活中,并不是人的所有有目的的行动都是意志的表现,有的行动虽然也有明确的目的,如果不与克服困难相联系,就不属于意志行动。所以,个体的行动需要克服的困难越大,意志的特征就显得越充分、越鲜明。

意志的第三个特征是具有调节支配作用。具体表现在激励和克制两个方面。激励是指推动人去从事达到预定目的所必需的行动,维持动机的恒久,长时间地驱动行为指向目标,包括克服各种困难和挫折,胜不骄败不馁,努力实现目标。克制是指抑制和阻止与预定目的相矛盾的愿望和行为。它不仅调节人的外部行动,而且调节人的心理状态。当个体排除外界干扰,把注意力集中于完成作业活动时,就存在着意志对注意、思维等的调节;当人处于危机情境中,克服内心的恐惧和慌乱而保持镇定时,就表现出意志对情绪的调节。

二、良好意志品质对秘书人员的作用

秘书的意志是秘书自觉地确定目标、支配行动、克服困难、实现预定目标的心理过程。秘书为实现某种预想目的,积极地改造现实,不断地克服困难,这就离不开意志的参与。秘书工作的任务之重,难度之大,压力之强,没有良好的意志品质是很难顺利完成任务的。

(一)良好的意志品质可以鼓舞秘书克服困难、战胜挫折

在秘书工作活动中,困难、挫折总是不可避免的。比如,自己加班加点整理的稿子让领导一句话给否定了;自己辛辛苦苦地工作了几年甚至十几年,生活待遇还

是不高;自己身体欠佳但仍要为会议准备材料等。在这些困难、挫折面前,一个秘书如果没有良好的意志品质,就可能产生消极的情绪,就不能够正确对待这些问题,从而克服它们。由于秘书工作具有被动性的特点,要想迅速、及时地完成领导交办的工作任务,没有一种拼搏精神、没有顽强的毅力都是不可能做到的。

驴的哲学

人生必须渡过逆流才能走向更高的层次,最重要的是永远看得起自己。

有一天某个农夫的一头驴子,不小心掉进了一口枯井里,农夫绞尽脑汁想办法要救出驴子,但几个小时过去了,驴子还在井里痛苦地哀嚎着。

最后,这位农夫决定放弃,他想这头驴子年纪大了,不值得大费周章去把它救出来,不过无论如何,这口井还是得填起来。于是农夫便请来左邻右舍帮忙一起将井中的驴子埋了,以免除它的痛苦。

农夫的邻居们人手一把铲子,开始将泥土铲进枯井中。当这头驴子了解到自己的处境时,刚开始哭得很凄惨。但出人意料的是,一会儿之后这头驴子就安静下来了。农夫好奇地探头往井底一看,出现在眼前的景象令他大吃一惊:

当铲进井里的泥土落在驴子的背部时,驴子的反应令人称奇——它将泥土抖落在一旁,然后站到铲进的泥土堆上面!

就这样,驴子将大家铲在它身上的泥土全数抖落在井底,然后再站上去。很快,这只驴子便得意地上升到井口,然后在众人惊讶的表情中快步地跑开了!

【提示】　就如驴子的情况,在生命的旅程中,有时候我们难免会陷入"枯井"里,会有各式各样的"泥沙"倾倒在我们身上,而从这些"枯井"脱困的秘诀就是:将"泥沙"抖落掉,然后站到上面去。

面对现实,直面挫折,我如何给自己解困? _____

事实上,我们在生活中所遭遇的种种困难和挫折就是加在我们身上的"泥沙";然而,换个角度看,它们也是一块块的垫脚石,只要我们不放弃地将它们抖落掉,然后再站上去,那么即使我们掉在最深的井里,我们也能安然脱困。本来看似要活埋驴子的举动,由于驴子处理逆境的态度不同,实际上却帮助了它,这也是改变命运的要素之一。如果我们以肯定、沉着、稳重的态度面对困境,往往就能在困境中找到出路。一切都决定于我们自己,学习放下一切得失,勇往直前迈向理想。我们应该不断地建立信心、希望和无条件的爱,这些都是帮助我们从生命中的枯井脱困并找到自己的工具。

(二)良好的意志品质可以帮助秘书克服缺点,提高自我修养

意志不仅可以鼓舞起人们战胜困难的勇气和力量,而且能够帮助秘书克服一些不良的习惯和缺点,提高自己的修养水平。在社会生活中,每个人都可能有这样那样的缺点,人们在生活中可能养成了一些不良的习惯,如言谈举止比较随便,大

大咧咧,这对于秘书参与各种交往活动是不利的,容易给人一种缺少教养的印象,使人产生反感,影响交往活动的顺序进行。如果没有良好的意志品质,即使了解自己的一些不良习惯也可能听之任之、放任自流,而不采用束缚的办法,或虽采用一定的措施但不能坚持下去。如果秘书人员不断加强自身修养,注意克服各种不良习惯,举止文雅,谈吐风趣,就会使人感到可亲可敬。

倒下后再站起来

一个父亲正为他的儿子担心,因为他的儿子已经15岁了,但是还不是一个男子汉。于是他去拜访一位禅宗大师并要求大师点化自己的儿子。大师说:"你必须把你的儿子留在这里3个月而且不能来探访他。我保证你的儿子会在3个月内成为一个男子汉。"

3个月以后父亲来接他的儿子。于是大师安排了一场空手道比赛,让父亲看到儿子在3个月里取得的训练结果。这个父亲的儿子要和空手道的教练对打。当教练第一次进攻的时候,那个小男孩就倒下了。但是他立刻站起来接着搏斗。就这样他倒下去又站起来一共反复了16次。

这次,大师问父亲:"你觉得你的儿子怎么样? 他是不是像一个男子汉?"

"噢! 我为他感到害羞! 我无法想象经过3个月的训练他还是被人一打就倒!"父亲回答说。

大师长叹一声后说:"你只看到成功的表面,实在让我太失望了。你忽视了你的孩子倒下后却能站起来,其实这后面隐藏的就是勇气和坚定不移的信念。这才是一个真正的男子汉啊!"

【提示】 成功就是站直了别趴下。只有意志坚强的人,才能严于律己,勇于改过,敢于正视自己。

虽然遇到大大小小的事情不一定多,我自认为自己意志力 ＿＿＿＿＿＿＿＿＿＿＿＿

坚强的意志品质不仅在日常生活中能够体现出来,如刻苦拼搏的精神、克服不良情绪的影响等,而且在关键的时刻更能充分体现出来。历史上多少人物在正常的环境中都被认为是优秀之才,但一到关键的时刻却因为意志薄弱而变节失足。秘书工作者具备良好的意志品质不仅对完成日常工作具有意义,而且对在关键时刻能否显露出英雄本色更是至关重要。

坚强的意志是成就一切伟大事业必备的心理品质。秘书要想顺利地完成工作任务,不仅需要掌握各种知识技能,而且必须具有坚强的意志品质,才能不断克服工作中出现的困难,始终保持乐观进取的态度去迎接挑战。

三、秘书人员良好意志的培养

一个人的意志品质是在生活实践中发展起来的,秘书工作者要在实践活动中锻炼自己的意志品质。如果一个秘书怕担风险、怕出现失误、怕遇到挫折,只求安稳,就不能培养良好的意志品质。意志有自觉性、果断性、坚忍性和自制力等积极的品质,也有盲目性、冲动性、脆弱性、顽固性等消极的品质。秘书为顺利完成自己的工作任务,必须具备几种良好的意志品质,即自觉性、果断性、坚忍性和自制力等。

具体而言,秘书可以从以下几个方面着手培养自己的意志品质。

（一）秘书人员的自觉性

所谓自觉性,是指一个人在行动中具有明确的目的性,并能充分认识行动的社会意义,使自己的行动服从于社会所要求的品质。这种品质反映着一个人的坚定立场和信仰,它贯穿于意志行动的始终,也是产生坚强意志的源泉。具有自觉性意志品质的人能够始终把自己的行为置于目标系统之中,减少随意行为,克服工作中的鲁莽行为,能够独立地支配自己的行为,克服各种因素的干扰,坚持自己所确定的目标的正确性,不为环境所左右。

首先,高度的自觉性体现在确定行为目标上。伟大的目标可以激发出巨大的热情,可以提高我们战胜困难的自觉性。伟大而切实可行的目标是人们前进的伟大动力,缺少抱负的人注定不可能成就伟大的事业。秘书人员必须提高自己的抱负水准,只有追求远大目标,不满足于现状,才能获取较大的自我发展。对于秘书人员来说,也必须有较高的目标定位,只有心中有崇高的使命感,才能不断地激发出战胜困难挫折的勇气和信心。自觉性基于崇高的生活理想和正确的工作动机,表现为不受外界干扰和诱惑,独立思考、独立支配自己的行动,独立地完成任务;也表现为有自知之明,能正确地估价自己、看待别人,还表现在能坚持真理、改正错误。其次,秘书人员的高度自觉性还表现在一旦当自己的目标确立之后就能毫不犹豫地开始行动,为之努力,不见异思迁。如果只有远大的目标,而无切实的行动,只能成为“理想的巨人,行动的矮子”,那将一事无成。

我们可以发现,积极主动的人都是不断做事的人,直到完成;被动的人都是不做事的人,他会找借口拖延,直到最后证明这件事“不应该做”、“没有能力去做”或“已经来不及了”为止。成功的人并不是在问题发生以前,先把它统统排除,而是一旦发生问题时,有勇气克服种种困难,逢山开路、遇水架桥。

伞兵教练的经验

有一次,一个伞兵教练说:“跳伞本身真的很好玩,让人难受的只是‘等待跳伞’的一刹那。在跳伞的人各就各位时,我让他们尽快度过这段时间。曾经不止一次,有人因幻想太多‘可能发生的事’而晕倒。如果不能鼓励他跳第一次,他就永远当不成伞兵了。时间拖得越久越害怕,就越没有信心。”

【提示】　行动本身会增强信心,不行动只会带来恐惧。

只有在行动中才可以评价自己的意志力,我的自觉性品质体现为 _____

_____

(二)秘书人员的果断性

所谓果断性,是指一个人善于当机立断,能及时地下定决心做出决断的能力。秘书的果断性意志品质主要表现在以下三个方面:一是善于把握时机,不放过任何有利的机会;二是具有较强的应激水平,能在突发事件面前镇静自若;三是能审时度势,及时根据情况的变化调节自己的行为。

果断性是与寡断性和武断性相对立的意志。寡断性是指遇事缺少主见,犹豫不断,观望徘徊,怕担风险,不能及时拿定主意。武断性是指遇事急躁,不能深思熟虑,听不进忠告意见,一意孤行,盲目决策,行为草率。寡断和武断都对工作有极大危害,秘书人员应力求避免。历史上因寡断、武断而出现的失误和悔恨举不胜举。例如,在美国南北战争中,有一次南军总司令罗伯特·李将军被逼到波托马克河战区,此时正值河水上涨,前有大河阻挡,后有大兵逼近,陷入困境,但北军将领米德犹豫不决,拒绝林肯总统向南军进攻的指示,错失良机,结果河水退后南军安全渡河。

秘书人员虽无决策大权,但在处理日常事务性工作时必须能掌握时机,果断地处理各种复杂的问题,以提高工作效率。果断性既表现为在复杂、紧急的情况下善于辨别,立即采取坚决的措施,也表现为善于等待时机、抓住时机,不盲目急躁,而是在时机成熟时才立即决定。

两下为难

于秘书已代表上司钱总与税务局王局长约好,今天下午 2 点登门拜访,商谈明年本公司环保节能产品免税的事。下午 1 点半,正准备动身,接到前台电话,说东北地区的总代理郑总来访,现在正在会客室。如果按原计划去拜访王局长,那就不能接待郑总;如果接待郑总,那就得推迟或取消对王局长的拜访。选择任何一方,对另一方都难以解释。而办公室主任一时也联系不上,没法向他请示协调。于秘书该如何是好?

【提示】 果断性还与审慎、深思熟虑密切相连。在作出每一个决定前,都要深思熟虑,而不是妄下结论。

时机错过了,再好的设想也是枉然,在这点,我曾有的经历 _____

_____

对于案例中的问题,尽管事情很急,但还是要求秘书能根据公司利益迅速作出判断和取舍,不慌不忙,从容面对。关键时刻当机立断,及时行动,不失时机,毫不动摇,这是秘书果断性的体现。

想好了办法就立即付诸实施。无论你把问题看得多么透彻,也无论你想出了多么高明的解决办法,如果你不迅速采取行动把问题解决,那问题仍然还是问题。

对于上司来说,他看重的是结果,所以秘书的实际行动是最重要的。当然,前提是秘书必须具备较强的分析问题的能力,具备丰富的常识和经验,而非莽撞行事。秘书工作的一个特点就是突发事件多,遇到各种应急事件,秘书应该保持情绪镇定,以迅捷的行动收拾局面。

（三）秘书人员的坚忍性

所谓坚忍性,表现为战胜困难和忍受痛苦的坚强,也表现为锲而不舍、百折不挠的韧性。秘书工作者的坚忍主要表现在遇到挫折失败时不被吓倒,不沮丧,始终保持旺盛的精力去积极主动地战胜困难。世界上有很多著名的人物为我们树立了榜样。第一个发现美洲大陆的哥伦布,为了实现他的航海梦想,百折不挠,到处游说,终于获取西班牙国王的赞助,实现了自己的愿望。他们在为事业而奋斗中,都具备了不达目的绝不罢休的顽强意志品质。

秘书工作做得如何,效率的高低,在很大程度上取决于秘书意志的强弱。具有坚忍的意志,不但是一切成就大事业的人们的心理特征,而且也是平凡岗位上默默无闻,不是"红花"而甘为"绿叶"的秘书工作人员的一种典型心理特征。做一件事,完成某项工作,是否有不达目的不肯放手的劲头和毅力,是评判秘书是否具备坚忍的意志力的一个标准。一般情况下,许多人都能随众而向前,顺利时也肯努力奋斗。可是,在别人都已退出,或者都已向后转的情况下,对于一个既要参与政务,又要管理事务的秘书,如果不具有这种始终如一的信心和意志,他的工作就会虎头蛇尾,有始无终,难以令人满意。有了这种贯穿始终的信心和意志,他就能兢兢业业,满怀信心,胜利到达理想的彼岸。

成功属于执着的人

20 世纪 50 年代,一位女游泳运动员发誓要成为世界上第一个游泳横渡英吉利海峡的妇女。为了实现这个理想,她开始了艰苦卓绝的训练。

最后当横渡开始的时候,她在媒体和所有人的关注和祝福声中开始了她的历程。开始天气非常好,她离目标越来越近。但是当她快到达英格兰海岸的时候,浓雾开始降临海面。雾越来越浓,她已经几乎无法看到面前的任何东西。她在黑暗中继续划水但完全迷失了方向。她不知道还要游多远而且越来越困乏。

最后她放弃了。

当救生艇把她从海里拉上船时,她发现如果她再游 100 米就将到岸边了。所有的人都为她感到惋惜。媒体采访时她为自己辩解说:"如果我知道我离目标如此近,我一定可以游到并创下纪录。"

【提示】 胜利者,往往是能比别人多坚持一分钟的人。即使精力已耗尽,人们仍然有一点点力量残留着,运用那一点点力量的人就是最后的成功者。人生中充满风雨,懂得竭尽全力抵抗风雨的人才是人生的主宰者,才不会被命运打倒。

"坚持就是胜利",我在日常生活中经常这么自勉,比如 _____

_____

　　秘书工作人员做事要有百折不挠、坚持到底的勇气和毅力。坚毅要求对工作能任劳任怨,工作时不为人理解时仍能认真去做,甚至受到委屈时能忍辱负重、坚持到底。坚毅还包括要努力克服自身的缺点,做到自信、自重、自爱。坚毅不是冥顽不化,坚毅是一种优良的性格要求。

　　(四)秘书人员的自制力

　　所谓自制力,是指一个人善于自我支配和自我调节的能力。秘书人员的自制力品质要求做到:在物质利诱面前不动心,在阿谀奉承面前不自喜;在讽刺打击面前能镇静,在蒙冤受屈之时能忍耐。自制力还表现在善于控制自己的情感,善于约束自己的言论,善于节制自己的行动。

　　良好的自制力可以使秘书人员控制自己的情绪,缓解已经出现的矛盾。比如,在工作中与别人发生矛盾的情况下,一个自制力较强的秘书可以平心静气地与对方交换意见,取得相互谅解;如果不善于控制自己的情绪,一遇到和自己相对立的事就火冒三丈,甚至采取过激措施,只能使矛盾更加激化,使工作无法正常进行,这不仅会使相互间的人际关系变得紧张,而且也会耽误工作。因此,秘书要学会善于自我控制,当察觉到自己处于不良情绪状态时,努力用意志来调控,如"我应……""我能……",当你遇到愤怒或刺激时,心里默念:"息怒! 息怒!"当你遇到难办的事情时,心里默念:"山重水复疑无路,柳暗花明又一村。"当你遇到紧急情况时,心里默念:"镇静! 镇静! 镇静!"当你遇到特别喜悦的事情时,心里默念:"不要激动。"

　　此外,秘书还必须不断强化自我激励。自我激励是自己推动自己的助推器,是自己超越环境的灵丹妙药。要超越环境的束缚,必须有坚强的意志品质,必须运用自我激励进行意志锻炼。据有关资料介绍,日本在锻炼经理人员时十分注意意志的培养,它不仅依靠外界的条件,而且还专门有自我激励的训练。如让每一个人反复背诵一条做生意的守则:"不论遇到多大的困难,我绝不放弃目标,即使通宵达旦,也要毫不气馁,尽我的最大努力去实现我的目标。"自我激励是我们在生活和工作中随时可以运用的一种培养意志力的方法,秘书人员一定要不断强化这种训练,遇到任何困难时,说一句:"我绝不退让!"

我是拿破仑

　　有一个法国人,42 岁了仍一事无成,他自己也认为自己简直倒霉透了:离婚、破产、失业……他不知道自己的生存价值和人生意义。他对自己非常不满,变得古怪、易怒,同时又十分脆弱。

　　有一天,一个吉普赛人在巴黎街头算命,他随意一试。吉普赛人看过他的手相之后,说:"你是一个伟人,您很了不起!"

"什么?"他大吃一惊,"我是个伟人,你不是在开玩笑吧?!"

吉普赛人平静地说:"您知道您是谁吗?"

"我是谁?"他暗想,"是个倒霉鬼,是个穷光蛋,我是个被生活抛弃的人!"但他仍然故作镇静地问:"我是谁呢?"

"您是伟人。"吉普赛人说,"您知道吗,您是拿破仑转世!您的身体流的血、您的勇气和智慧,都是拿破仑的啊!先生,难道您真的没有发觉,您的面貌也很像拿破仑吗?"

"不会吧……"他迟疑地说,"我离婚了……我破产了……我失业了……我几乎无家可归……"

"哎,那是您的过去。"吉普赛人只好说,"您的未来可不得了!如果先生您不相信,就不用给钱好了。不过,五年后,您将是法国最成功的人啊!因为您就是拿破仑的化身!"

他表面装作极不相信地离开了,但心里却有了一种从未有过的伟大感觉。他对拿破仑产生了浓厚的兴趣。回家后,就想方设法找与拿破仑有关的书籍著述来学习。渐渐地,他发现周围的环境开始改变了,朋友、家人、同事、老板,都换了另一种眼光、另一种表情对他。事情开始顺利起来。

后来他才领悟到,其实一切都没有变,是他自己变了:他的胆魄、思维模式都在模仿拿破仑,就连走路说话都像。

13年以后,也就是在他55岁的时候,他成了亿万富翁,法国赫赫有名的成功人士。

【提示】　人只有不断改变自己,才能不断获得成功,取得光辉的业绩。

用意志力进行自我调控给我的感受_____

秘书是一个富于挑战的职业,必须在情感的基础上,上升为意志,才能激励自己在到达目标的山路上攀爬。作为秘书,要想在人群中脱颖而出,出类拔萃,就必须放弃以往保守被动的心理,以积极的进取心来迎接一切。秘书人员要努力培养自己确定目标时的自觉性,克服盲目性;培养自己在选择、判断是非正误时的果断性,克服冲动性;培养自己在完成工作、执行任务中碰到挫折、困难时的坚忍性,克服脆弱性;培养自己在发现错误或走上危险道路时能悬崖勒马的自制力,以及在工作顺利、取得成绩时不得意忘形、忘乎所以的自制力,克服顽固性。

◎ 相关链接

约翰·库缇斯的非凡人生

1969年出生的约翰·库缇斯只有可乐罐那么大,天生残疾。17岁时,他做了截肢手术,失去了下半身。中学毕业,约翰开始进入社会寻找工作。无数次被拒绝之后,他被一位杂货铺老板收留,后来又做过销售员、技术工人。一次偶然的演讲改变了约翰的一生。在一次午餐会上,约翰应邀对自己的经历作一个简单介绍。他的痛苦经历和艰难现状感动了在场的所有人。很多人热泪盈眶,一个女士甚至跑到台上,告诉约翰,她非常不幸,正准备自杀,听了他的演讲以后,她觉得那些不幸已经不算什么了。这使约翰突然意识到,讲出自己挣扎生存的经历,可以给别人以启迪,让别人拥有更积极的心态,感觉更快乐。从此,约翰踏上了职业激励大师的路途。

充满信心的约翰

1999 年,上天再次捉弄了约翰。他被查出患有睾丸癌,切除两个睾丸后,医生又一次无情地告诉他,癌细胞已经扩散,他只有 12～24 个月的生命了。约翰不愿坐以待毙,一年里,他查阅各种资料,四处寻求好的建议,俨然成为一名癌症专家。2005 年 5 月,医生惊奇地发现,约翰还是那么健康。

2000 年 6 月,约翰结婚了。他的太太里恩是一位金发碧眼的美人,并带来了一个儿子——6 岁的克莱顿。克莱顿从小疾病缠身,患有自闭症、肌肉萎缩症、大脑内膜破损、心肌功能萎缩等。类似的经历,使得约翰和儿子有了更多心灵共鸣和共同语言。对于儿子,约翰一直坚信:"我儿子一定能成为最棒的人物!"

每天都是一场战斗

约翰·库缇斯天生下肢瘫痪并做了截肢手术,然而却取得一系列让正常人惊叹的成就:夺得澳大利亚残疾网球冠军、成为澳大利亚板球队荣誉队员、一直坚持不用轮椅而用"手"走路、考取了驾照……

约翰形容自己"每一天都是一场战斗":他刚生下来时,医生对他的父母断言他活不过一周;过了一周,医生又说他活不过一个月;过了一个月,医生又说他活不过一年;然而父母并没有放弃,只是更加悉心地照料他。周围有不少小孩骂他是"怪物",10 岁那年被一群同班的小学生绑起来扔进点燃了的垃圾桶,差点送命,后来幸被一位女老师发现并冒死救了出来;还有一些同学恶作剧,在他的课桌周围撒满图钉。生活中的遭遇曾让他一度想自杀,后被父母劝阻。

母亲对他说:"你是世上最可爱的孩子,是爸爸妈妈的荣幸。"父亲告诉他:"人是为责任而活着,即使身体上有残缺,也可以创造一番事业。"

在父母爱的力量鼓舞下,他以超人的毅力生活、学习,虽然他被确诊患了癌症,但他始终以积极的心态面对人生。面对那些在成长过程中歧视、敌视他的人……他每天都像战士一样,时刻鼓励自己坚持下去。

他认为,生活中的冠军远比体育中的冠军重要。真正的富有不是银行里存折上数字的多少,而是身体的健康、家庭的幸福。一个人必须给自己设立目标,并朝着目标不断向前,不要自暴自弃,不要被眼前的困难所吓倒,在还没有采取行动之前,不要对自己说"不可能"。

生活并非理所当然

"正常人总把现有的一切想得理所当然,不珍惜手中所有,却追逐自己所无。"约翰·库缇斯提醒我们:在抱怨自己掉头发或发型不好看的时候,到医院看看因癌症而接受化疗的人,这些患者在接受化疗时头发都掉光了,相比之下自己不应该觉得很幸运吗? 谁总说自己的鞋子不好看或合适的鞋码难找? 那么是否愿意和我交换一下生活并非理所当然,应该知足常乐。

意志坚定万事皆成

约翰·库缇斯的口头禅是:"因为我们能行。"就是因为这种信念,他不坐轮椅,坚持用手走动;为能够走远路,还学会使用溜冰板,他坚持参加体育运动并取得许多人认为不可能的成绩。

谁是生命中最强的敌手? 人的惰性其实才是我们每天所要殚精竭虑对付的对手。对于约翰·库缇斯来说,如果懒惰,无异于接受死亡。

今天的约翰·库缇斯,已经成为国际著名的激励演讲家。他无视艰苦阻难,很多正常人没有去做的事情,他已经先一步做了。作为一名职业教育家和演讲师,到现在为止,约翰·库缇斯在一百九十多个国家,做了八百多场演讲,他用自己的亲身经历,激励和影响了二百多万人。

约翰·库缇斯的经典语录

1. 每个人都有残疾,我的残疾你们能看到,那你们的残疾呢?

2. 无论你觉得自己多么的不幸,永远有人比你更加不幸;无论你觉得多么的了不起,也永远有人比你更强。

3. 财富不是通过你口袋里的钱多钱少来衡量的,财富也不是看你银行存折上的数字。如果你们能看到我的心,你们就会知道我是一个超级的亿万富翁。

4. 每一天都会成为你生命中最美好的一天,我想跟你说的是,如果我都可以做到,或者说如果我们都可以做到,为什么你不可以呢? 如果我可以做到,那么你也可以做到! 你也可以做到! 你也可以! 请记住别对自己说不可能! Nothing is impossible!

5. 100 次摔倒,可以 101 次站起来;1000 次摔倒,可以 1001 次站起来。摔倒多少次没有关系,关键是最后你有没有站起来。

◎ 思考与练习

1. 为什么说"秘书工作的任务之重,难度之大,压力之强,没有良好的意志品质是很难顺利完成任务的"?

2. 你认为秘书的意志品质应有什么要求?

3. 结合实际谈谈自己培养意志品质的方法和经验。

项目二　秘书情绪的调控

◎ 心理训练

任务一：辨识情绪

时　间：15 分钟。

目　的：通过扮演，使学生体验到他人的感受，强化对别人情绪的关注，以此突破僵化的私见，从而更好地管理自己的情绪。

操作程序：

1. 分别请几位同学用肢体动作、面部表情表演某种情绪，表演过程中不能说话。

情绪卡：紧张、开心、高兴、生气、愤怒、窃喜、尴尬、哀伤、难过、烦躁、焦虑、恐惧、失望等。

2. 其他人观察、识别表演者到底处在什么情绪状态。

情绪辨识单

情　绪	情　境	非语言行为	正　误
高兴	有朋自远方来	伸出手臂拥抱	√
生气	考砸了	跺脚甩手	
悲伤	失恋	哭泣	
厌恶			
惊奇			
……			

3. 若表演者被观察者猜对，双方就都有课堂得分。

【提示】　表情动作与人的情感活动密不可分。种种体态语可以不声不响地把人内心世界的秘密泄露出来。了解和辨识情绪，才能使我们掌握各种情绪所传递的信息，有效解决真正的问题。

你能辨识出刚才同学表演的情绪吗？_____

任务二：身心互动

时　间：约 15 分钟。

目　的：使学生了解身心互动原理，学会并掌握运用肢体动作改变情绪状态。

操作程序：

1.请大家全体起立,然后坐下;再次请大家全体起立,不过这次的速度要比刚才快10倍,然后坐下;第三次起立要求比第二次快10倍。

2.问大家是否感觉到一种振奋的情绪。

(1)请大家抬头看天花板,张开嘴巴大笑3声。保持现在张嘴巴的样子,看着天花板,然后要求每个人想一件人生中最悲伤的事情。

(2)在这种状态下,人是不可能真正体会到那份痛苦的,因为人的身体此时处于亢奋状态。持续15秒钟,然后请大家回到自然状态。

(3)这时,教师将声音放低,要求大家慢慢把头低下来,请大家想令他们特别开心的事情。持续15秒钟,然后请大家回到自然状态。

(4)在这种状态下,人也是不可能真正体会到那份快乐的,因为人的身体此时处于低迷状态。

【提示】　这个训练来源于身心互动原理,训练中的行为可能让你觉得荒诞,只有你全力配合,亲身体验过后,才会体会到自身情绪的改变。

情绪控制的两个最常用的方法就是专注和动作创造情绪,你不妨变通着试试,从现在开始_____

任务三:快乐拍手歌舞

时　　间:约15分钟。

材　　料:伴奏音乐。

目　　的:通过用肢体语言宣泄自己的情绪和内心冲突,还能帮人认清自身的困境,并在现实生活中带来改善。

操作程序:

对《幸福拍手歌》的歌词进行改编,变成针对情绪表达的舞蹈音乐,一边唱,一边做出相应的动作。(画线处做动作)

快乐拍手歌

如果感到快乐你就拍拍手(动作)

如果感到愤怒你就踩踩脚

如果感到无奈你就耸耸肩,耸耸肩

看呐大家都一齐耸耸肩。

如果感到悲伤你就哭一哭

如果感到害怕你就抖一抖

如果感到紧张你就深呼吸,深呼吸

看呐大家都一齐深呼吸

　　如果感到着急你就抓抓头

　　如果感到疲惫你就伸伸腰

　　如果感到兴奋你就大声笑,大声笑

　　看呐大家都一齐大声笑

　　如果感到心烦你就跳一跳

　　如果感到孤单你就握握手

　　如果感到无聊你就转三圈,转三圈

　　看呐大家都一齐转三圈

　　一　二　三　四

　　咦,你怎么多转了一圈呀,哈哈哈……

　　【提示】　动作可以创造情绪,可以探索和体验人的内心世界,恢复心理能量,增强身体在空间中的自由,恢复自己与身体的亲密联系,释放压力,重新燃起内在的活力,重新建立身体与心灵的统一。

　　这个小歌舞带给你怎样的感觉? _____

◎ 案例导入

"邮件门"事件

　　2006 年 4 月 7 日晚,EMC 大中华区总裁陆纯初回办公室取东西,到门口才发现自己没带钥匙。此时他的私人秘书瑞贝卡已经下班。陆试图联系后,未果。数小时后,陆纯初还是难抑怒火,于是在凌晨 1 时 13 分通过内部电子邮件系统给瑞贝卡发了一封措辞严厉且语气生硬的"谴责信"。陆在发送这封邮件的时候,同时传给了公司几位高管。

　　瑞贝卡的做法最终为她在网络上赢得了"史上最牛女秘书"的称号。两天后,她在邮件中回复了一封不依不饶、咄咄逼人的邮件,还选择了更加过火的做法。她回信的对象选择了"EMC(北京)、EMC(成都)、EMC(广州)、EMC(上海)"。这样一来,EMC 中国公司的所有人都收到了这封邮件。

　　瑞贝卡这种做法看上去十分过瘾,其实相当不职业。面对大中华区总裁的责备,一个秘书应该怎样应对呢?

　　【提示】　职场中无人会接受一个不懂职场沟通规则的秘书,有效掌控自己的情绪是秘书的必修课。

　　在日常生活中,我遇到过让我情绪失控的事情吗? _____

　　面对不良情绪的困扰,我用的调控法是 _____

◎ 理论知识

人们每时每刻都处在一定的情绪状态下。可以说,人们所有的心理活动都伴随着一定的情绪体验。情绪广泛地渗透在秘书的工作生活中,并极其明显地影响到大学生的学习、交往、生活和健康,并影响到他们对自己、对他人、对人生的看法和态度。因此,要优化情绪,增强情绪的调节能力,促进秘书的健康发展。

一、情绪概论

情绪是指人们在内心活动过程中所产生的心理体验。人的任何心理活动都伴随着一定的情绪。情绪是人对客观事务的态度的体验,是人的需要得到满足与否的反映。

1.情绪的构成要素

情绪由三个要素构成的,即在认知层面上的主观体验,在生理层面上的生理唤醒,在表达层面上的外部行为。当情绪产生时,这三种层面共同活动,构成一个完整的情绪体验过程。

(1)主观体验:情绪的主观体验是人的一种自我觉察,即大脑的一种感受状态。人有许多主观感受,如喜、怒、哀、乐、爱、惧、恨等。人们对不同事物的态度会产生不同的感受,人对自己、对他人、对事物都会产生一定的态度,如对朋友遭遇的同情,事业成功的欢乐,考试失败的悲伤。这些主观体验只有个人内心才能真正感受到或意识到,如我知道"我很高兴",我意识到"我很痛苦",我感受到"我很内疚"等。

(2)生理唤醒:人在产生情绪时,常常会伴随着一定的生理唤醒。如激动时血压升高;愤怒时浑身发抖;紧张时心跳加快;害羞时满脸通红。脉搏加快、肌肉紧张、血压升高及血流加快等生理指数,是一种内部的生理反应过程,常常是伴随不同情绪产生的。

(3)外部行为:人在产生情绪时,还会出现一些外部反应过程,这一过程也是情绪的表达过程。如悲伤时会痛哭流涕;激动时会手舞足蹈;高兴时会开怀大笑。情绪所伴随出现的这些相应的身体姿态和面部表情,就是情绪的外部行为。它经常成为人们判断和推测情绪的外部指标。但由于人类心理的复杂性,有时人们的外部行为会出现与主观体验不一致的现象。比如在一大群人面前演讲时,明明心里非常紧张,还要做出镇定自若的样子。

主观体验、生理唤醒和外部行为作为情绪的三个组成部分,在评定情绪时缺一不可,只有三者同时活动,同时存在,才能构成一个完整的情绪体验过程。

2.情绪的来源

情绪是人的情感较强烈的、带冲动性的、明显的外部表现。情绪可以表现为喜悦或悲哀、爱慕或憎恨、惊喜或愤怒、恬静或烦躁、轻松或紧张、乐观或忧郁等。情绪会直接影响人的意志、思维和言行,能决定人的工作效率甚至成败。那么,情绪是怎样产生的呢？

（1）刺激引发

如外来事件的刺激：喜事能引发个体欣喜、愉快的情绪，而挫折则会引发沮丧、失意的情绪；再如外在环境的刺激：阳光和煦、景色宜人会让人心情舒畅，而嘈杂拥挤、肮脏不堪会令人烦躁和压抑；此外，内在生理和心理状况的影响：躯体病患或不适导致情绪低落，一段痛苦的往事勾起悲伤、烦恼的情绪。每一种情绪的产生都存在或隐或显、或直接或间接的刺激源。

列车上的惨案

×年春节期间，×地开往×地的临时客车上，挤满了南下的民工。整个车厢挤得水泄不通，臭气熏人的车厢里不足一平方米的空间里竟然挤了七八个人。

一个小伙子挤在车厢里的小茶几边，站了一天一夜，疲惫不堪，只能一支接一支地猛抽香烟，以驱散心中的烦躁不安。列车的呼啸声、车厢的喧哗声、难闻的浑浊空气，终于使他无法自控。突然，他抓起桌上其他旅客的杯子、饮料瓶、水果等物疯狂地朝着周围的旅客头上砸去，随即挥舞一把水果刀刺伤了 6 名旅客。

【提示】 嘈杂、拥挤的环境会让人烦躁不安，人极易发生急性综合性应激反应。宽敞的空间是保持平静心态不可或缺的条件。

你由此联想到引发你的情绪刺激源的生活经历有 ＿＿＿＿＿＿＿＿＿＿

＿＿＿＿＿＿＿＿＿＿＿＿＿＿＿＿＿＿＿＿＿＿＿＿＿＿＿＿＿＿＿＿＿＿

（2）与人的认知密切相关

同样的刺激事件，未必引起同样的情绪状态。因为情绪的产生常常是个人认知判断引起不同的内心体验的结果。

秀才赶考遇见棺材

两个秀才一起赴京赶考，路上遇到了一支出殡的队伍，看到了一口黑乎乎的棺材。其中一个秀才心里"咯噔"一下，凉了半截，心想：完了，真倒霉。于是心情一落千丈，那个"黑乎乎"的阴影一直挥之不去，结果，文思枯竭，名落孙山。

另一个秀才看到那个"黑乎乎"的东西时，心里也"咯噔"了一下。但他转念一想：棺材，官……财……噢，那不是有"官"也有"财"嘛，好兆头啊！于是情绪高涨，走进考场，文思泉涌，果然一举高中。

回到家里，两人都对家人说：那"棺材"真是好灵验！

第一个秀才在考场上文思枯竭是因为情绪不好，而情绪不好是因为他碰见棺材后认为是"触了霉头"；而另一个秀才在考场上文思泉涌是因为情绪兴奋，而情绪兴奋是因为他碰见棺材后认为是"好兆头"。

【提示】 你的看法决定了你的情绪，你的情绪决定了你的命运！世间许多事情本身并无所谓好坏,全在于当事人怎么看。其实,人对事物的看法,没有绝对的对错之分,但有积极与消极之分,而且每个人都必须为自己的看法承担最终的结果。

当我们面对一件事情时,学会如何保持乐观豁达的心境而避免自寻烦恼就显得十分重要。我遇到负性事件时,多数时候采用的看法是_____
_____

由此可见,情绪的产生不仅要有刺激的存在,还必须以一个人的需要为依据,通过认识活动,对刺激加以解释、评价,确认自己对它采取何种态度,并且体验到这种态度,这样,才产生了某种性质的情绪。

二、秘书进行情绪管理的意义

在日常生活中,我们很多时候都能感受到情绪的作用,有时它使我们精神焕发,充满激情,思维敏捷,干劲倍增;有时它又使我们萎靡不振,暮气沉沉,思路阻塞,消极懒惰。情绪是一种巨大的神奇力量,也是一把双刃剑,既可以使最精明的人变成疯子,也可以使最愚蠢的傻瓜做出明智之举。

律师的败诉

在法庭上,律师拿出一封信问洛克菲勒:"先生,你收到我寄给你的信了吗？你回信了吗？"

"收到了!"洛克菲勒回答他,"没有回信!"

律师又拿出二十几封信,一一地询问洛克菲勒,而洛克菲勒都以相同的表情,一一给予相同的回答。

律师控制不住自己的情绪,暴跳如雷,不断咒骂。

最后,庭上宣布洛克菲勒胜诉! 因为律师因情绪的失控让自己乱了章法。

【提示】　生活中,面对不同的环境,不同的对手,有时候采用何种手段已不太关键,而保持好自己的情绪才是至关重要的。

面对人生,我大多数时候的情绪是_____
_____

每个人都有自己的情绪,而情绪是一种很复杂多变的东西,让人捉摸不到,但是无论如何,都应该收放自如地管理好自己的情绪。情绪把握得好,就能够激发无穷的潜能,成就辉煌的业绩;而如果情绪掌控不住,不管三七二十一发泄一通,结果就会把场面搞得十分难堪,甚至跌入万劫不复的深渊。因为一旦情绪失控,就意味着言行失控,会任凭仇恨、妒忌、恐惧、绝望、狂热、愤怒等情绪肆意膨胀,不但使已有的才能难以正常发挥,还会摧毁心智,甚至夺去人的宝贵生命。

秘书的情绪,是秘书对客观事物是否符合其需要而产生的内心体验。它是秘书实践活动主观方面的前提条件,受到自然环境、自身健康状况和社会环境等因素的影响和制约。

钉子的故事

有一个坏脾气的男孩,他父亲给了他一袋钉子,并且告诉他,每当他发脾气的时候就钉一个钉子在后院的围栏上。第一天,这个男孩钉下了 37 根钉子。慢慢的,每天钉下的数量减少了,他发现控制自己的脾气要比钉下那些钉子容易。

于是,有一天,这个男孩再也不会失去耐性,乱发脾气。他告诉父亲这件事情。父亲又说,现在开始每当他能控制自己脾气的时候,就拔出一根钉子。

一天天过去了,最后男孩告诉他的父亲,他终于把所有钉子给拔出来了。

父亲握着他的手,来到后院说:"你做得很好,我的好孩子,但是看看那些围栏上的洞。这些围栏将永远不能回复到从前的样子了。你生气的时候说的话就像这些钉子一样留下了疤痕。如果你拿刀子捅别人一刀,不管你说了多少次对不起,那个伤口将永远存在。话语的伤痛就像真实的伤痛一样令人无法承受。"

【提示】　感情也是这样的:每一次误解、每一次钻牛角尖、每一次赌气,都会在对方心里打上钉子。或许你可以拔出来,或许时间可以抚平疤痕,但那个伤口将永远存在。每一次争吵都会让感情添一条裂缝,或许时间会让裂缝弥合,但这恐怕需要两三年时间。

在管理自己的情绪这方面,我自认为做得如何?　＿＿＿＿＿＿＿＿＿＿＿＿

当事件发生了,我有否觉察到自己情绪的失控,又是如何改进的?　＿＿＿＿＿＿

情绪管理就是善于掌控自我,善于调节情绪,对生活和工作中的矛盾和事件引起的反应能适可而止地排解,能以乐观的态度、幽默的情趣及时地缓解紧张的心理状态。

秘书的情绪管理就是指在工作期间控制好自己的情绪。作为秘书,能碰上一个自己欣赏的上司是很幸运的,但并不是每个秘书都有这种幸运。在工作中,你总会遇到一两个合不来的上司。如果你讨厌自己的上司,并把这种情绪挂在脸上,那你肯定做不好自己的工作。当然,对于上司来说,如果他觉得你对他没什么好感,他也不会觉得愉快,从而在工作中对你存有偏见,这样你的工作也无法顺利开展。所以,无论遇到什么样的上司,都要控制好情绪,以理性的态度对待自己的工作和上司。

秘书在工作中出现失误和受委屈都是常有的事,当你被上司严厉批评之后,情绪低落是难免的。遇到这种情形,一定要忍耐,不把低落的情绪表露在脸上。一个喜怒哀乐皆形于色的秘书会让人觉得很幼稚,以致很难得到上司和同事的信赖。所以,作为秘书,无论什么时候都应管理好自己的情绪,展现出开朗和朝气蓬勃的一面。

对于案例中的邮件门事件,面对大中华区总裁的责备,一个秘书应该怎样应对呢?正确的做法应该是,同样用英文写一封回信,解释当天的原委并接受总裁的要求,语气要温婉有礼。同时给自己的顶头上司和人力资源部的高管另外去信说明,坦承自己的错误并道歉。

在不同场合、不同情景、不同对象面前,要善于选择和控制自己的情绪和行为方式,不能因情绪激动而手舞足蹈,也不因情绪低沉而紧皱眉头,沮丧颓废。作为秘书工作人员,在任何时候都要防止自己突然暴跳如雷,勃然大怒,这是一个人没有修养的表现。当然,自制不是表面的强作笑容或硬压怒火,我们该表达自己情绪、思想、感情时还是要表达的。自制力实际上是人的高度的思想道德修养和性格坚强的表现。一个秘书人员如果没有很强的自制能力,就不可能在工作中做出更好的成绩,他也不是一个非常好的秘书工作人员。

秘书人员要善于经常保持积极的、乐观的、平静的情绪,防止并善于克制消极、悲观、急躁的情绪。作为青年秘书人员,尤其应努力使自己的情绪趋向于成熟。情绪的成熟首先在于能控制自己的情绪。行动的热忱应该是出于理性,而不应只是源自情绪;重要的行动应基于反复的分析思考,而不能凭对事物的直觉反应。情绪的成熟还表现为自信、沉着,生活中有适当的平衡,善于把一时的激情化为持久的温情,温情能给行动增添力量,给生活增加幸福感。

三、驾驭自己的情绪

一个优秀的秘书不仅要有较高的理论修养和知识修养,具有良好的工作作风、职业道德和广博的知识,还必须了解并善于调节自己的心理,平衡心理,控制情绪。秘书要尽可能地冷静对待社会环境、舆论评价等的影响,能驾驭和控制自己的情绪,经常保持积极、乐观、平静的情绪,防止并善于克服消极、悲观、烦躁的情绪。

生活中,每个人都难免会碰到情绪问题。但是,通过加强自我修养是完全可以做到有效驾驭自己情绪的。自古以来,评价人的标准,只看一个人的涵养和行事的风格,就知是否可以成为可塑之才,是否有大将之风,因此要做好秘书工作,除了常识与能力之外,全看能否将情绪操控得当。情绪处理得好,可以将阻力化为助力,帮助秘书人员解危化险、政通人和。情绪若处理得不好,便容易被激怒,产生一些非理性的言行举止,轻则误事受挫,重则违法乱纪。

1.体察自己的情绪并适当地表达出来

秘书应时时提醒自己注意:"我现在的情绪是什么?"例如,当你因为朋友约会迟到而对他冷言冷语时,问问自己:"我现在有什么感觉?"冷言冷语背后的情绪是生气。不管自己处在何种负面情绪中,先接受自己的真正情绪。当我们认清自己的情绪,才有机会掌握情绪。体察自己的情绪,是情绪管理的第一步。第二步是不被表面情绪局限,辨识真正感受到的情绪并向对方表达。再以朋友约会迟到的例子来看,你之所以生气可能是因为他让你担心,在这种情况下,你可以婉转地告诉他:"你过了约定的时间还没到,我好担心你在路上发生意外。"试着把"我好担心"的感觉传达给他,让他了解他的迟到会带给你什么感受。什么是不适当的表达呢？例如，你指责他："每次约会都迟到，你为什么都不考虑我的感受？"当你指责对方时，也会引起他负面的情绪，他会变成一只刺猬，忙着防御外来的攻击，没有办法站在你的立场为你着想，他的反应可能是："路上塞车嘛！有什么办法，你以为我不想准时吗？"如此一来，两人开始吵架，别提什么愉快的约会了。如何适当表达情绪，是一门艺术，需要用心地体会、揣摩，更重要的是，要应用在生活当中。

2.建立健康的情绪调控理念

情绪的管理和调节，不是要让自己成为只会乐不会悲、只知喜不知忧的人。情绪应该为我们服务，而不应该成为我们的主人。驾驭情绪的主人，必须能清晰地理解自己的情绪，准确地把握他人的情绪，学会适时适度地调节和管理情绪，当陷入某种损伤身心的情绪之中时，要能够转换心情，恢复常态，并且运用情绪积极引导和促进思维。

每种情绪都有其意义和价值，负面情绪也是，它可以改变我们不能接受的情况，指引我们离开威胁或伤害。同时，调控情绪也不意味着强行压抑自己的情绪，硬要做到"喜怒不形于色"。以往人们认为"有修养"的表现之一就是不在人前发脾气或哭出声来，其实过度的情感压抑是不利于身心健康的，甚至还可能导致病理状况。要正确对待负面情绪，不要一味强调用所谓正面情绪去取而代之，否则我们会因失去接触内心真实情感的能力而变得"该笑不笑，该哭不哭"的"麻木不仁"。情绪的正确把握应该是给它一个恰当的空间，对正面情绪，我们充分享受，完全拥有；而对负面情绪，我们不但知道如何与之相处，且有很多的方法去处理。

3.打破原有的认知体系，建立新的认知体系

通常我们都以为愤怒、生气、忧郁的原因是外在的境况引发的。20世纪50年代美国临床心理学家艾里斯（A Ellis）提出的合理情绪疗法却认为：情绪不是由某一诱发性事件本身所引起的，而是由经历了这一事件的个体对这一事件的解释和评价所引起的，这一理论又被称作 ABC 理论。ABC 来自3个英文字的字首。在 ABC 理论的模型中，A 是指诱发性事件（Activating events）；B 是指个体在遇到诱发事件之后相应而生的信念（Beliefs），即他对这一事件的看法、解释和评价；C 是指在特定情景下，个体的情绪及行为的结果（Consequences）。通常，人们会认为人的情绪及行为反应是直接由诱发性事件 A 引起的，合理情绪疗法的 ABC 理论指出，诱发性事件 A 只是引起情绪及行为反应的间接原因，而 B——人们对诱发性事件所持的信念、看法、解释才是引起人的情绪及行为反应的更直接的起因。

对于同一事件 A，人们有不同的评价和信念 B，这对情绪和行为会带来不同的结果 C。在这些想法和看法背后，有着人们对一类事物的共同看法，这就是信念。合理的信念会引起人们对事物的适当的、适度的情绪反应；而不合理的信念则相反，会导致不适当的情绪和行为反应。当坚持某些不合理的信念，长期处于不良的

情绪状态之中时,最终将会导致情绪障碍的产生。因为情绪是由人的思维、人的信念所引起的,所以艾里斯认为每个人都要对自己的情绪负责。他认为,当人们陷入情绪障碍之中时,是他们自己使自己感到不快的,是他们自己选择了这样的情绪取向。不过有一点要强调的是,合理情绪治疗并非一般性地反对人们具有负性的情绪。比如一件事失败了,感到懊恼,有受挫感,是适当的情绪反应;而抑郁不堪,一蹶不振,则是不适当的情绪反应。

不合理信念往往具有三个特征:

(1)绝对化要求。是指人们以自己的意愿为出发点,对某一事物怀有认为其必定会发生或不会发生的信念,它通常与"必须"、"应该"这类字眼联在一起。比如,"你必须考到多少分"、"你应该比谁好"等。

(2)过分概括化。这是一种以偏概全、以一概十的不合理思维方式的表现。过分概括化的人在看问题时容易走极端,往往导致对自身或他人的不合理的评价。如一遇到失败就认为自己"一无是处"、"一钱不值"、是"废物"等;别人稍有过失就认为这个人无一可取,全面否定。持有这种信念的人,要么会导致盲目自罪自责、自卑自弃,要么会一味责备他人或外在环境,产生敌意、愤怒等不良情绪。

(3)糟糕至极。这是一种认为如果一件不好的事发生了,将是非常可怕、非常糟糕,甚至是一场灾难的想法。人们一旦具有这种信念,就会产生焦虑、悲观、抑郁等不良情绪体验。

我们在认识到这一点后,应该采取一种积极的态度来应对情感痛苦和烦恼,其具体步骤是:

(1)找出使自己产生不良情绪的诱发事件;

(2)分析自己对它的看法、解释和评价;

(3)意识到自己这种不合理信念与不良情绪之间的关系;

(4)学会认知改变和认知重建,用合理信念替代自我挫败的思维;

(5)通过内在心理根源上的改变,使情绪与行为成功转变。

年轻人的困扰

有个年轻人为贫所困,便向一位老者请教。

老者问:"你为什么失意呢?"

年轻人说:"我总是这样穷。"

"你怎么能说自己穷呢? 你还这么年轻。"

"年轻又不能当饭吃。"年轻人说。

老者一笑,说:"那么,给你100万元,让你瘫痪在床,你干吗?"

"不干!"年轻人斩钉截铁地说。

"把全世界的财富都给你,但是你必须现在死去,你愿意么?"

"我都死了，要全世界的财富干什么？"

老者说："这就对了，你现在这么年轻，生命力旺盛，就等于拥有全世界最宝贵的财富，又怎么说自己穷呢？"

年轻人一听，又找回了对生活的信心。

【提示】　同一件事情，从不同的角度去想，心情会大不一样。生活中，我们每个人都会或多或少出现一些不合理的想法，但一个自我调控良好的人会很快意识到这些想法的荒谬，从而使自己很快地从中摆脱出来。

你最近遇到了什么不愉快的事情？＿＿＿＿＿＿＿＿＿＿＿＿＿＿

你的想法是＿＿＿＿＿＿＿＿＿＿＿＿＿＿＿＿＿＿＿＿＿＿＿＿

换一种想法试试＿＿＿＿＿＿＿＿＿＿＿＿＿＿＿＿＿＿＿＿＿＿

＿＿＿＿＿＿＿＿＿＿＿＿＿＿＿＿＿＿＿＿＿＿＿＿＿＿＿＿＿＿

4.以合宜的方式疏解情绪

疏解情绪的方法很多，一般可采取以下几种方式：

(1)倾诉。所谓"分享的快乐是加倍的快乐，分担的痛苦是减半的痛苦"，身边一定要有两三个知心人，让你随时心情不好时都能够打电话或当面向他们分担自己的烦恼。或者通过记日记来理清思绪，写在纸上的越多，积压在心里的越少，而且在写日记的过程中，可以对过去发生的事进行总结，并更加客观地对待。

一个陌生女人打来的电话

一天深夜，一位医生突然接到一个陌生女人打来的电话，对方的第一句话就是："我恨透他了！""他是谁？"医生问。"他是我丈夫！"医生感到突然，于是礼貌地告诉她："你打错电话了。"但是，这位妇女好像没听见似的，继续说个不停："我一天到晚照顾四个小孩，他还以为我在家里享福。有时候我想出去散散心，他却不肯，而他自己天天晚上出去，说是有应酬，谁会相信……"尽管这中间医生一再打断她的话，告诉她，他并不认识她，但是她还是坚持把自己的话说完。最后，她对这位素不相识的医生说："您当然不认识我，可是这些话已被我压了多时，现在我终于说了出来，我舒服多了。谢谢您，对不起，打搅您了。"

原来医生充当了一个听筒。

【提示】　情绪上的矛盾如果长期郁闷在心中，就会影响脑功能或引起身心疾病。倾诉是进行情绪调节的一种办法，它可以使人心情舒畅，起到一定的情绪安定作用。

在遇到情绪困扰时，你是怎样宣泄的？＿＿＿＿＿＿＿＿＿＿＿＿＿

(2)运动。人的心理能量总要流向一定的渠道。处于不良情绪状态时，如果不分散注意力，只能陷在不良情绪中不能自拔，这时如果通过参加体育运动、休闲运动等转移注意力将有助于释放不良情绪。比如健身、打球、舞蹈、深层放松、做按摩等。想象着坏情绪像球一样被打出去,或者随着汗水挥洒出去,会给人一种痛快的感觉。由于不同的生理状态会导致不同的情绪反应,动作可以创造情绪,因此,当感觉烦闷,想改变一下心情的时候,不妨先改变一下自己的生理状态和肌体动作。如改变坐姿、舒展眉心、做几个深呼吸等。

(3)培养陶冶性情的艺术类兴趣爱好,如唱歌、琴棋书画等。很多艺术类的活动都能给人发泄感情的空间,不在乎做得多好,关键是既有兴趣,又能抒发情感。

(4)给自己创造一个愉快的生活环境。比如放音乐、熏香以及柔和的灯光等,或者将自己置身于一个令人心旷神怡的自然环境中,从生理上来舒缓紧张的神经。音乐可以抚慰心灵的创伤,改变人的心境。在国外,音乐疗法已经广泛应用到了外科手术和精神病、抑郁症、焦虑症等病症的治疗上。

(5)精神宣泄。这是一种心理治疗的方法,主要是创造一种环境,让失意者被压抑的情绪自由顺畅地表达出来,恢复心理平衡。

(6)哭泣。很多人认为,哭泣是无能、脆弱的表现,其实适当哭泣对健康非常有益,这是有科学根据的。通常人哭后,情绪强度会减低40%,哭泣能缓解人的心理负担和紧张情绪。

男人哭吧,哭吧,不是罪

一位中年男子从小就被教育"男儿有泪不轻弹",因而他自己也认为哭泣是脆弱、害羞的表现。当他母亲去世、妻子又患癌症时,他在数月里一直感到胸部每天都疼痛不已,精神抑郁,服药也无效。不得已他去了医院,当他把一切告诉医生时,眼泪虽充溢眼眶但仍强制不哭出来,而医生坦言告诉他:"你可以在这儿哭泣。"

于是他突然痛哭起来,足足达10分钟之久。

几天后,该男子的胸痛明显减轻了。

【提示】　哭虽然没能解决根本问题,但它可以让人在紧张中暂时放松,为病人消除积蓄已久的压力或悲伤,有助于使他们鼓起新的勇气。

心理专家提醒:那些不哭的人,该重新学习哭泣的能力! 男人和女人一样需要通过哭泣来抒发心中的不快。你准备好了吗? 不过,哭不宜超过15分钟。　　　

除此以外,疏解情绪的办法还有很多,它们多是经验的总结,人人都能做好,关键是坚持实践。当然,疏解情绪,是为了让自己理清想法,让自己更有能量去面对未来,如果你采用的疏解方式只是暂时逃避痛苦,日后反而需要承受更多的痛苦,这便不是一个合适的方式。有了不舒服的感觉,要勇敢面对,仔细想想,我为什么这么难过? 我可以怎么做,将来才不会再重蹈覆辙? 怎样做可以减少我的不愉快? 这样做会不会带来更大的伤害? 根据这几个角度去选择适合自己并且能有效疏解情绪的方式,你就能够管理情绪,做自己情绪的主人。

◎ 相关链接

音乐处方　调节心情

现代社会，人们工作生活的压力越来越大，每个人面临的心理困惑也越来越多，一些人可能出现恐惧、悲观、自卑、绝望等心理，由此产生烦躁、愤怒、焦虑、抑郁等负性情绪，这些情绪如果长期得不到化解，就可能引发心理疾病。倾听音乐，可以说是忙碌的现代人自我心理调适的好方法。

我国古代名医朱震亨曾经说过："乐者，亦为药也。"清代吴尚先认为："七情之病，看花解闷，听曲消愁，有胜于服药者矣。"而宋代欧阳修以弹琴、听琴治愈自己的抑郁症，以弹琴作为运动，治疗手指运动障碍。

一曲洞箫声起，呜咽缠绵；几处古筝弦响，芳华绝世。音乐是一种神奇的东西，它能直接影响一个人的内在感情，能使一个人感到满足，诱发一个人的活动力，帮助一个人宣泄内在的情绪。音乐既是一种艺术，也是一种非常有效的心理治疗手段。

音乐能影响人的情绪。轻松、欢快的音乐使整个大脑神经功能得到改善；节奏明快的音乐能使精神焕发，消除疲劳；旋律优美的音乐能安定情绪，增加注意力，增强患者生活情趣，有利于身心健康的恢复。音乐可影响人的生理功能，节奏鲜明的音乐具有兴奋作用，使人精神振奋；节奏缓慢、优雅的音乐具有镇痛、降压、镇静、调节情绪的作用。

以下介绍一些调适心理的音乐"处方"，掌握了它，您就可以"随心所欲"，根据自己的心情选择合适的音乐曲目了。

1. 烦躁、愤怒时适合听的音乐

中国曲目：二胡曲《汉宫秋月》，琴歌《阳关三叠》，古题材歌曲《苏武牧羊》等。外国曲目：格里格的《爱的小夜曲》，巴赫与古诺的《圣母颂》，贝多芬的《致爱丽斯》，肖邦的《a小调钢琴协奏曲》等。

2. 焦虑不安时适合听的音乐

中国曲目：琴曲《梅花三弄》、《雁落平沙》，民族管弦乐曲《春江花月夜》，琵琶独奏曲《月儿高》，广东音乐《雨打芭蕉》等。外国曲目：《军队进行曲》、《斗牛士之歌》、《维也纳森林的故事》等。

3. 克服精神抑郁的乐曲

中国曲目：《花好月圆》、《彩云追月》、《采茶歌》、《绣花鞋》、《龙飞凤舞》等。外国曲目：贝多芬的《欢乐颂》，门德尔松的《春之歌》，贝多芬的管弦乐曲《哀格蒙特序曲》，格什温的钢琴与乐队曲《蓝色狂想曲》等。

4.有助于松弛精神、解除疲劳的乐曲

中国曲目:民族管弦乐《彩云追月》,黄自的清唱剧《长恨歌》第一段"仙乐风飘处处闻",贺绿汀的钢琴曲《牧童短笛》等。外国曲目:贝多芬的《田园交响曲》第一乐章,德彪西的交响素描《大海》等。

5.有助于增进食欲、调节用餐情绪的乐曲

中国曲目:民族管弦乐《花好月圆》、《欢乐舞曲》等。外国曲目:巴赫的《咏叹调》,舒伯特的《音乐瞬间》等。

6.具有催眠作用的乐曲

中国曲目:华彦钧的二胡曲《二泉映月》,吕文成的《烛影摇红》,贺绿汀的钢琴曲《摇篮曲》等。外国曲目:莫扎特的《摇篮曲》,门德尔松的管弦乐曲《仲夏夜之梦》等。

其实大自然是一个更大的音乐宝库,漫步在林荫道上,且听风吟,细品鸟语,静谧的自然空间里,连树叶在空中的舞蹈都伴随着音乐的妙响。耳朵带领着心灵,自由地旋转,畅快地呼吸。山间林畔,溪流潺潺,泉水叮咚,静谧祥和的快乐是那样的随处可得。海边沙滩,波涛翻涌,拍击岸石,又带给人一份开阔浪漫的心绪。

每一个音符就是一粒种子,每一粒种子代表一份快乐,让快乐的种子在你内心萌芽,蔓延成一片快乐森林,打扫郁积的情绪,安慰疲惫的身心,美妙的音乐让你忘却周遭的一切烦忧……

◎ 思考与练习

1.平时的生活中,经常有哪些想法在控制着自己的情绪?现在你觉得哪些地方需要改善?

2.在一个团队里面,某个人的情绪是否会影响到其他人?是否会影响到团队的工作效率?为了防止被别人的负面情绪影响,你需要做什么?

◎ 综合实训

秘书心理情景剧

心理情景剧是一个新兴名词,也是当前心理健康教育的新方式,它为观众提供一种发现、思考及解决问题的思维途径,而好的剧目演出则能通过角色的扮演,让表演者和观众产生情感的共鸣,从而促进人们健康地学习和生活。秘书心理情景剧以秘书工作、学习和生活为主题,反映秘书角色内在心理冲突的产生、发展、调整和解决过程。

一、实训内容

内容贴近秘书或秘书专业学生的生活、学习、工作,要能折射出某些心理现象,如秘书人际关系、工作困扰、角色错位、情感困惑等。

二、实训要求

（一）分组

全班分为几个小组，每组10～12人。每组确定编剧、导演、演员、剧务等，要求每个人都有对应的工作。

（二）改编剧本阶段

1. 编剧：可以《外企女秘书职场日记》（谭一平著，华夏出版社2005年版）或《杜拉拉升职记》（李可著，陕西师范大学出版社2007年版）等作品中的人物故事为基础进行剧本改编，也可以根据其他报刊小说中有关秘书的内容改编。

作品风格不限，应当以通俗易懂、启发性、教育性、积极向上为主要创作原则，要求具备戏剧的要素，适合舞台表演，有戏剧冲突，有鲜明生动的人物对话。形式上可采用音乐剧、话剧、小品、哑剧、歌舞剧等表演形式。剧本演出时间控制在10～15分钟。

2. 剧本初稿完成后，上交审核，通过后交给导演。

（三）排练阶段

1. 导演从小组里选择合适的演员，认真组织排练。

2. 演员认真领会角色的喜怒哀乐，熟记台词。

3. 正式演出前3天彩排。

（四）演出阶段

1. 各组做好演出前的各项准备工作：服装、道具、化妆、音乐、灯光等。

2. 场地、剧务等各司其职。

（五）总结

情景剧结束后，各组分析、总结本次活动的成功经验及失败教训。

附录

意志力测验

下列各题中，每题都有5个备选答案，根据你的实际情况，选择一个最适合你的答案：A. 很符合自己的情况，B. 比较符合自己的情况，C. 难以回答，D. 不太符合自己的情况，E. 很不符合自己的情况。

1. 当我决定做一件事情时，就立即动手，绝不拖延。

2. 我给自己定的计划常常不能如期完成。

3. 我能长时间做一件枯燥但却重要的事。

4. 在练长跑时，我常常不能坚持跑到终点。

5. 我没有睡懒觉的习惯，即使冬天也按时起床。

6.如果我对某事不感兴趣,就不会努力去做。

7.我喜欢长跑等可以考验毅力的运动。

8.在遇到困难时,只要有可能,我就立即请求别人的帮助。

9.学习期间,没做完功课,我就不会去玩。

10.面对复杂的情况,我常常举棋不定。

11.要工作或者学习需要,没有人强迫我,我也可以坚持一个月不看电视。

12.我有时下决心从第二天开始做某事,但到了第二天,我的劲头就没了。

13.我答应了别人的事,就不会食言。

14.如果借到一本引人入胜的小说,我在上课时也会忍不住偷偷地拿出来看。

15.即使在冬天,我也能用冷水洗脸。

16.我遇到问题犹豫不决时,很希望别人帮我做决定。

17.我感到制订计划应有一定的余地,免得完不成时太被动。

18.在与人争吵时,尽管明知自己不对,也会忍不住说一些使对方听了难受的话。

19.我绝不拖延应交的作业,即使开夜车也会完成。

20.我比一般人更怕痛。

评分规则:

单数题号,A记5分,B记4分,C记3分,D记2分,E记1分

双数题号:A记1分,B记2分,C记3分,D记4分,E记5分

各题得分相加,得出总分。

你的总分_____

20～35分:意志力很薄弱

36～51分:意志力较薄弱

52～68分:意志力一般

69～84分:意志力较坚强

85～100分:意志力很坚强

如果你的意志力不强,就要加强训练。可以针对有关项目中的问题,选择进行。

模块五　商务沟通的桥梁——秘书的人际交往

◎ 学习目标

知识目标：

1. 了解人际交往的含义和心理需求以及人际交往的重要意义；

2. 了解秘书人际交往应该具备的能力和遵循的原则。

能力目标：

1. 秘书与上司交往应注意的地方；

2. 秘书与同事以及公务交往要注意的地方；

3. 掌握良好的人际交往艺术。

项目一　秘书与上司的交往

◎ 心理训练

任务一：心有千千结

时　　间：大约 10 分钟。

人　　数：全班同学分成若干组，每组 10～12 人。

目　　的：增进成员的情感融合；对生活产生新的领悟。

操作程序：

1. 小组成员围成圆圈。

2. 先举起你的右手，握住对面那个人的右手，再举起你的左手，握住其他任何人的左手，但注意不要握住同一个人的左右手。

3. 要求在不松手的情况下，想办法把结解开，形成一个大的圆圈，用时最少的小组获胜。

4. 实在解不开时，允许成员请求使用一次魔术棒，魔术棒点击到的手结可以暂时松开一下,调整后重新开始连接。

5.分享活动感悟。

通过这个活动,我懂得了 ＿＿＿＿＿＿＿＿＿＿＿＿＿＿＿＿＿＿＿＿＿＿＿

任务二:我说你画

时　　间:15 分钟。

材　　料:两张样图,每人一张 16K 白纸和笔。

目　　的:体验单向沟通和双向沟通等有效的信息沟通要素。

　　　　　明确沟通中信息表达是否清楚与及时反馈的重要性。

操作程序:

1.请一名自愿者上台担任"上司",其余人员都扮演"秘书","上司"看样图一两分钟,背对全体"秘书"下达图画指令。

2."秘书"根据上司的指令画出样图上的图形,但不许提问。

3.根据秘书的图,上司和秘书谈自己的感受。

4.第二轮再请一位志愿者上台,看着样图二,面对"秘书"传达图画指令,其中允许"秘书"不断提问,看看这一轮的结果如何?

通过这个活动,我懂得了 ＿＿＿＿＿＿＿＿＿＿＿＿＿＿＿＿＿＿＿＿＿＿＿

5.请"上司"和"秘书"谈自己的感受,并比较两轮过程和结果的差异。

任务三:信任之旅

时　　间:大约 40 分钟。

人　　数:两人一组。

材　　料:桌子、凳子、绳子、眼罩等。

目　　的:通过助人与受助的体验,增强对他人的真诚的理解、信任和接纳,培养

　　　　　互助与合作精神。

操作程序:

1.教师预先选好两条不同的盲人路线,道路要有障碍,不是笔直的,如上楼、下坡、拐弯,室内外结合。团体成员两人一组,先由一人当盲人,另一人做帮助者。

2.盲人蒙上眼睛,原地转 3 圈(暂时失去方向感),然后在帮助者搀扶下,沿着指导者选定的路线活动。其间帮助者不能用手势、动作,只能用语言沟通,从而帮助"盲人"体验各种感觉。

3.一人做完,按照教师提供的第二条路线,"盲人"与"帮助者"互换角色再走这条新路线。

讨论:在小组成员全部表演结束后,展开交流讨论,谈谈当盲人的体会,谈谈你帮助伙伴的体会,谈谈看不见后是什么样的感受,有人帮助是什么感受。另外,谈谈你当"帮助者"时是怎么想的,你怎样理解你的伙伴,你是怎样恰如其分地提供帮助的,总的活动使你想起了什么。

【提示】 人与人之间需要理解，需要建立相互信任的关系，彼此接纳。人的仁爱之心，在三种情况下最容易激发出来。一是对别人的艰难和困苦，能够充分地理解和同情的时候；二是个人的关爱和救助活动，能够得到他人乃至社会肯定的时候；三是把自己帮助他人真正当成是一种快乐的时候。感受痛苦才能理解痛苦，需要帮助才能愿意帮助，让别人快乐才能自己快乐。

通过这个活动，我懂得了 _____

◎ 案例导入

小邵刚大学毕业便进入了某从事电讯器材业务的外企公司做行政秘书。上任初期，她很想好好表现一下以得到外国老板的赏识和同事们的赞许，因此，她每天总是提早半个多小时到岗，整理办公室，调试空调，并为上司准备好饮料。在工作中她总是抢着多干，很多同事也乐得把一些费力不讨好的事都塞给她做。开始她干得很卖力，经常加班加点，吃苦耐劳，久而久之，她产生了心理上的不平衡，认为其他员工懒惰、欺生，不珍惜她的劳动，帮其他同事干活本是出于热心，那些同事不但不领情，倒认为她是大家的秘书，谁想使唤她就使唤她。一气之下，她再也不像以前那样积极主动，而是上班踩点，办公室再脏再乱也只当没看见，别的同事求她帮忙，她推三阻四，不伸援手。时间不长，她就觉得在这个公司太压抑，而上司也嫌她太不主动，同事都觉得她忽冷忽热，脾气无定，性格孤僻，不好相处。她在公司里虽然做事不少，但口碑越来越差，被上司认为是在人际处理技巧和业务能力方面都有较大缺陷的秘书，最后她只能悻悻地离开公司。

（资料来源：张丽珣主编《商务秘书实务》）

小邵在人际交往方面存在哪些问题？ _____

秘书应如何处理人际关系？ _____

◎ 理论知识

随着社会的发展，人与人之间的关系变得越来越复杂和微妙，而秘书人员在工作中的枢纽地位，决定了他所面临的复杂的多层次、多角度的人际关系。秘书人员要发挥自己的最大潜力，顺利开展工作，一定得通过人与人之间的接触和联系来实现，所以秘书人员必须掌握人际交往的方法和技巧，提高自己的人际交往能力，在工作中构建和谐的人际关系。

一、人际交往概述

（一）人际交往的含义

人际交往是指人们在社会活动过程中人与人之间的信息传递、情感沟通、思想交流与相互施加影响等心理联系的过程，是人类社会特有的现象，是人与人之间合作与竞争的基本形式。

人际交往是个体社会化的必由之路。交往的特点是人与人的相互影响。人在交往中总是拿他的所作所为和周围人的期待进行核对,从了解他们的意见、情感、要求中知道哪些该做,哪些不该做,把别人的行为方式、态度、价值观念等吸收过来纳入自己的人格组织,形成自己的世界观和个性。人总是在交往中不断调整自己的行为定向,使自己和他人更加相似一些。正是交往形成了人们进行活动的共同性。简言之,一个人的人格和行为方式只有在交往中才能产生,没有人际交往,人只能永远是一个生物的人而不能成为社会的人。正是交往,才使人获得社会经验,掌握社会行为规范,从而不断进行自我调节,以适应社会生活的要求。

（二）人际交往的心理需求

交往活动伴随人的一生,是人的基本的需要之一。心理学家马斯洛曾经提出,人类有五大类需要,即生理需要、安全需要、归属和爱的需要、尊重的需要和自我实现的需要。表面看来,没有交往需要的地位。但实际上,每一种需要的满足都离不开人的交往活动。因为,马斯洛的五种需要既不能在个体自我的范围内取得满足的对象,也不能单凭自己的力量从外界求得满足。探讨人类个体进行社会交往的心理动因,即从产生行为动机的心理需要来看,可以分为三个方面:本能需要、合群需要和自我肯定的需要。

1. 本能需要

强调本能作用的心理学家认为,人的交往需要是一种本能,是在个体发展进化过程中逐渐形成的适应社会生活的能力,它通过遗传直接传递给后代。大量的研究都表明,婴儿与母亲的关系是以后形成诸多社会关系的基础,母婴关系在很大程度上影响了婴儿以后人际关系的形成和人际关系的质量。无论是灵长类动物,还是人类,都表现出与其他个体进行交往的本能需要,而且,这种本能需要的满足,还进一步影响和制约了个体的健康成长和发展。人类天生就有与别人共处、与别人交往的需要,也只有在与别人的正常交往中,保持一定的情感联系,形成亲密的人际关系,人才会有安全感。

2. 合群需要

当个体对周围环境缺乏了解和把握,当个体心情紧张、有高恐惧感时,他们倾向于寻求与他人在一起,倾向于寻求他人伴同,这样会使他感到安全。而处于低恐惧的情况下,这种合群的需要并不那么强烈。可见,与人交往能增加人的安全感,减低恐惧感。在我们的社会生活中,每一个人都具有合群需要,个体不可能没有人际交往,适当的人际交往是人类个体满足自身合群需要的手段。

3. 自我肯定的需要

个体对自己的认识是先从认识别人的评价开始的。别人对个体的评价、态度,包括对待他们的行为方式就像一面镜子,使个体从中了解了自己,界定了自己,并形成了相应的自我概念。如果个体从出生起就没有接触人类社会,就没有与人的正常交往机会,那么,尽管他可能各方面的生理机能发展正常,但他的自我概念发展却会受到抑制。所以,在社会生活中,与他人进行有效的交往,了解别人对自己的态度和评价,可以使我们更好地了解自己,确立自己在群体中的地位,并树立相应的可行的奋斗目标。

总之,个体在社会生活中,绝对离不开人际交往,人际交往是个体认识自己的主要社会来源。但是,个体在人际交往过程中,也不能过分依赖于某一个人的观点来评价自己、认识自己,应该学会以辩证的、全面的、发展的观点来认识自己。

(三)人际交往的重要意义

人的成长、发展、成功、幸福都与人际关系密切相关。没有人与人之间的关系,就没有生活基础。对任何人而言,正常的人际交往和良好的人际关系都是其心理正常发展、个性保持健康和生活具有幸福感的必要前提。

1. 人际交往有助于个性发展与健康

愉快、广泛和深刻的心理交往有助于个性发展与健康。心理学家研究发现,如果一个人长期缺乏与别人的积极交往,缺乏稳定而良好的人际关系,这个人往往就有明显的性格缺陷。如在青少年心理咨询中发现,绝大多数青少年的心理危机都与缺乏正常的人际交往和良好的人际关系相联系。同时,心理学家也从各个不同角度做过大量的研究发现,健康的个性总是与健康的人际交往相伴随的。心理健康水平越高,与别人交往越积极,越符合社会的期望,与别人的关系也越深刻。研究表明,那些心理健康水平高者,往往来自于人际关系状况良好的幸福家庭,这从一个侧面提供了人际关系状况影响个性发展和健康的佐证。

2. 人际交往有助于提高人们的安全感

人作为有机体同样要遵循生存第一的生存法则,没有人会怀疑自我保存是人的最根本的原发性需要。因此,人都需要安全感。社会心理学家所做的大量研究提示,与人交往是获得安全感的最有效途径。当人们面临危险的情境而感到恐惧时,与别人在一起可以直接而有效地减少人们的恐惧感,使人们感到安宁与舒适。同时,人际交往还可获得社会性的安全感。当人置身于自己不能把握或控制的社会情境时,会缺乏安全感,因而在自我稳定感和社会安全感方面就可能出现危机。在新的人际关系建立起来之前,会一直处于高度的自我防卫状态。最新研究发现,同生物安全感的建立相似,获得社会安全感的最有效途径同样是与人交往,并由此建立稳定的人际关系。社会安全感的本质是人与人之间的情感联系。只有通过交往,同别人建立了可靠的人际关系之后,人们的社会安全感才能得到确立。

3. 人际交往是个体确立自我价值感的有效途径

人是一种理性的动物。从一个人自我意识出现的那一天起,他就开始用一定的价值观来进行自我评判。人的自我意识的保持和自我价值感的确立是通过社会比较过程来实现的。一个人只有将自身置于社会背景之中,通过将自己与别人进行比较才能确立自己的价值观。所以，人需要了解别人，也需要通过别人来了解自己。因此，需要同别人进行交往，需要同别人建立并保持一定的人际关系。一个人必须不断地通过社会比较获得充分信息，使自己相信自己是有价值的，才能保持其稳定的自我价值评判。

4. 人际交往有助于事业成功

在社会竞争十分激烈的今天，信息就是时间，就是效率，就是财富。信息获取的途径，很大程度上有赖于人际交往。人际交往的过程实际上就是彼此传播信息、沟通知识和经验、交流思想和情感的过程。每个人对客观世界的认识兴趣、经验和体会，往往在交流中会自觉或不自觉地流露出来，并传递给周围的人。通过人际交往，人们可以学习和模仿他人的优点，不断补充和更新知识，取得"听君一席话，胜读十年书"的效果，同时又可以展示自己的才华和优点，得到别人的尊重和认可。从人际关系中得到信息、机遇、扶助就可能助人们走上一条成功之路。

5. 人际交往是人生幸福的重要元素

在日常生活中，有些人往往认为，人的幸福是建立在金钱、成功、名誉和地位的基础之上的。实际上，对于人生的幸福来说，所有这些方面远不如健康的交往和良好的人际关系重要。交往和人际关系在人们生活中的地位无法为金钱、成功、名誉和地位所取代。西方心理学家克林格做了一个广泛的调查，结果发现，良好的人际关系对于生活的幸福具有首要意义。当人们被问到"什么使你的生活富有意义"的时候，几乎所有的人都回答，亲密的人际关系是首要的；自己的生活是否幸福取决于自己同生活中其他人的关系是否良好。如果同配偶、恋人、孩子、父母亲、朋友及同事关系良好，有深刻的情感联系，那就会感到生活幸福且富有意义；反之，则会感到生活缺乏目标、没有动力和不幸。在这些被调查者的回答中，人际关系的重要性远远超过成功、名誉和地位。

二、秘书人际交往应该具备的能力、遵循的原则

1. 秘书人际交往应该具备的能力

（1）社交能力

秘书应具备一定的社交能力，懂得多种场合的礼仪、程序，善于待人接物，善于运用交际手段和艺术，妥善处理交际中的矛盾和冲突。

（2）沟通能力

沟通能力是指一个人与他人有效地进行沟通信息的能力，包括外在技巧和内在动因。一个具有良好沟通能力的人，他可以将自己所拥有的专业知识及专业能力进行充分的发挥，并能给对方留下"我最棒"、"我能行"的深刻印象。

（3）与人合作能力

与人合作能力就是通常人们所说的"团队精神"，个人的能力将在与其他相关人员能力的组合中获得实现。

（4）自我控制能力

不管遇到什么样的问题，通常都可以把握好自己的情绪，能做到有条不紊、按部就班地解决问题。

（5）亲和力

亲和力是指在人与人相处时所表现的亲近行为的动力水平和能力。亲和力强的人，有比较大的人格魅力，让人觉得容易接近、相处，说话办事有分寸，这类人容易与人建立良好的人际关系。

2.秘书人际交往应遵循的原则

秘书工作在任何时候都离不开与人打交道，这就需要秘书有很强的人际交往能力。但在实际工作中，这种人际交往也应遵循一定的原则。概括地说，秘书要遵循以下一般原则。

（1）要以诚待人，不要过于世故。秘书为领导、部门、群众服务，应做到做人要诚实，做事有诚意，待人要真诚。凡事要都能做到一个"诚"字，工作定能顺利，也能赢得真诚的回报。反之，秘书若做事不守规矩，不以诚待人，永远也不可能得到对方的真诚相待。

（2）把握为人处世的适合尺度。秘书人员在为领导服务时要热情周到但不可卑躬屈膝；在协调部门之间关系时，要客观处理，沟通时要有舍取。另外，要与周围的人保持适度距离，不要过于亲近，不分亲疏地靠近对方最终难免引起不快，彼此之间还是应该保持适度距离为好，不论是领导还是同事。

（3）要平等待人，不要盛气凌人。秘书人员在与人交往的过程中，无论对方职务高低、知识多寡、贫富差距、身体强弱、年龄长幼、性别不同，要切记彼此在人格上是平等的，绝不能把自己高抬一寸，把别人低放一尺，有意与对方"横着一条沟，隔着一堵墙"，给别人一种"拒人于千里之外"之感。如果在交际中出现以权压人、以势压人、以强凌弱，把自己看得高人一等，把别人看得一钱不值，那就根本不可能有人人平等，不可能有和谐相处的人际关系。

（4）要互利互惠，追求"双赢"。互利是指双方在满足对方需要的同时，又能得到对方的报答。人际交往永远是双向选择，双向互动。你来我往交往才能长久。在交往的过程中，双方应互相关心、互相爱护，既要考虑双方的共同利益，又要深化感情。秘书人员考虑问题时不能只为自己着想而不为他人考虑，只顾眼前的利益而不考虑长远的利益；在双方意见不能统一时，可跳出"思维定势"，谋求一个折中方案；对利益有争议时，双方要坐下来诚恳协商，必要时不妨都作出一定的妥协。人际关系要达到和谐，必须保持一定的平衡，任何一个好的关系都是双方受益，如果一方长期受损，这种关系是长久不了的。在交际中，秘书人员肯让自己先退一步，肯把对方的面子给足，肯在自己的底线上留有一定的弹性，肯与对方利益共享、共谋发展，那么，就一定能取得沟通的最佳效果，也一定能使人际关系变得更加和谐。

（5）要有合作精神。合作是人际交往的基本准则，一个善于交际的人必定是个善于合作的人。在合作基础上竞争，在竞争基础上合作，是人际交往的基本态势。秘书是为领导服务的，处于上情下达、下情上报的枢纽地位，必须和方方面面、里里外外的人打交道。所以在人际交往中，秘书应给对方多一些支持，少一些拆台；多一些协商，少一些固执；多一些沟通，少一些封闭。只有这样，秘书人员的人际关系才能少一些紧张与摩擦，多一些温馨与和谐，才能得到别人的配合与支持，才能顺利完成各项工作。

（6）要宽以待人，不要苛求于人。身为一名秘书给别人留下的应是良好的待人印象：严于律己，宽以待人，不放纵自己，不苛求他人，只有做到这些，秘书人员才是优秀的。当然，秘书人员也不能因为在领导身边工作就高高在上，对秘书人员来说，在身份、地位发生变化步步高升时，尤其应记住的就是不要给同事和下属造成"一阔脸就变"的印象。

三、秘书与上司的交往

在秘书所有的人际关系中，处理好与上司的关系是最重要的；在秘书所有的服务对象中，上司永远是第一客户。与上司和谐相处，做一个让上司信任、放心并喜欢的人，永远是秘书面临的课题，也是一大难题。如果是一个运作规范的现代企业，秘书的处境还要好一些；如果是一个家族式或传统式的企业，秘书则会时常遇到困扰和尴尬。但无论是什么情况，只要选择了秘书这一职业，就必须认真面对、学会适应。

秘书与上司的关系，从职权的角度上说，是上司与被上司、为主与从属、主导与辅助、决策与参谋的关系。简言之，秘书要为上司服务。秘书处于承上启下的地位，是上司上情下达、下情上报的枢纽，是上司的左右手。因此，秘书与上司应该体现出一种融洽、和谐的关系。

1. 了解上司的工作内容及个人信息

（1）了解上司的工作内容。作为上司的助手，秘书要了解自己上司的职责范围和权限。同时，秘书还应熟悉本公司各职能部门的分工和责任，清楚知道谁、在哪、负责什么样的业务等；只有这样，才能在工作中根据实际情况，迅速地采取对应的行动，熟练地完成文件、传真、电话等交流，高效率地辅助上司的工作；也只有这样，才能在日常工作中根据上司的职责范围和工作重点的需要，积极主动地做一些准备工作。

（2）了解上司工作、生活的特点。有的上司喜欢关起门来独立思考，秘书要尽量不让人去打扰；有的喜欢同大家议论，秘书应根据上司意图，找有关同事，集体探讨；有的喜欢白天工作，有的喜欢晚上工作。秘书要注意改变自己的习惯，适应上司的生活规律，安排好工作和生活。

（3）了解上司的交往范围和一些家庭私事。在公司内部一般都不过问对方的隐私，但作为秘书，又得多多少少地了解一些上司的个人交际范围，只有这样，才有可能帮上司处理一些人际关系。比如在接待客人的时候，如果秘书知道对方与上司是一种什么样的关系，那么就能把握好接待的分寸。有时上司会找机会和秘书商量一些关于他个人的事情或委托秘书帮他办些私事，在这种情况下秘书最好不要辜负上司对自己的信任，因为这种信任是双方工作相得益彰的基础。秘书要把自己与上司的关系调整到这样一种状态，即既不介入上司的私生活，又在一定程度上了解上司的行动。

秘书只有了解了上司，才能更好地与上司建立起有效的合作关系。比如盖茨的秘书露宝就是如此。露宝知道盖茨有在办公室里睡到天亮的习惯，就在办公室里替上司做早饭，减少了上司远离家庭而带来的种种不适应；了解到每次上司出差都要到最后一刻才出发，就亲自对其督促；考虑到上司年纪轻、资格嫩，很多事情都毫无经验，就冲当起微软公司的后勤主管：去机场替出差的盖茨取车，发放工资、记账、接订单、采购、打印文件。

2. 摆正位置，自觉服务

秘书是上司的参谋与助手，是为上司服务的。秘书人员要想处理好与上司的关系，必须首先增强角色意识，树立服务观念。秘书要自觉维护上司的威信，即使上司在工作中出现了差错或失误，也不能随便乱发议论；秘书要尊重上司的意见和决策，必须按职责规定办事，不能越职代权；秘书要体谅上司的困难，为上司分忧，多出主意，多提供服务，尽可能解除上司的后顾之忧，真正做到和上司同甘苦、共患难，这样才有可能和上司建立起深厚的感情。

秘书工作的性质决定了秘书只能在幕后默默无闻地为上司服务，充当绿叶的角色。如果没有淡泊名利、甘为他人做嫁衣的思想，是做不好秘书工作的。秘书人员只有尊重上司，体谅上司，扮好绿叶的角色，才能与上司处理好上下级关系。秘书身为下属，最忌讳的就是冲撞上司，挑战权威。每个上司都希望下级尊重、敬爱自己，因为只有这样，才有权威感和优越感。因而在和上司相处时，牢记一个原则：除了尊重，还是尊重！这也是秘书的基本准则。当上司的某项工作取得了成功，即使都是秘书的功劳，但在外界，秘书也要将荣誉归于上司。

3. 正确领会、贯彻、执行上司意图

首先，秘书人员应在上司意图的形成过程中做好大量辅助性的服务工作。其次，秘书人员必须正确理解、领会上司意图，只有对上司意图的形成背景及目的、作用有正确的认识和理解，才能把握上司意图的真正实质，从而做到正确地传达、贯彻、执行上司意图。再者，秘书人员应做好上司意图贯彻执行中的信息反馈工作，及时了解上司意图执行中的情况，并将发现的问题或现象及时反映给上司，使上司能根据具体情况及时作出新的调整和安排。

4.提高自身素养,增强办事能力

秘书要与上司构建和谐的人际关系,关键在于做好本职工作,提供有效服务。首先,必须具有较强的办事能力。这种办事能力就是秘书的职业才干。秘书的职业才干是做好秘书工作的基本功。如果一个秘书人员不具备一定的职业才干,不能胜任秘书工作职务,就不可能很好地完成上司交办的事项,那么这样的秘书即使有再高的工作热情、再好的工作态度,也不会使上司感到满意的。因此,秘书人员必须练好自己的基本功,提高办事能力,增强职业才干,这是做好秘书工作的基础,也是处理好与上司关系的基本出发点。其次,提高品德素养。这也是秘书人员搞好同上司关系的重要影响因素。

5.树立沟通意识,学会进谏

秘书人员作为领导的参谋和助手,必须时时与领导保持良好的沟通状态。秘书在与领导沟通时,要根据领导者的不同情况,采取不同的方式方法。在一般情况下,秘书汇报工作、请示问题可不必咬文嚼字,但向领导进谏之时,应特别注意进言时场合、地点、时机及语言的选择。进言时,做到态度诚恳,表情自然,口气婉转,语调平衡,切忌理直气壮、态度傲慢、口气粗大。因为一旦领导感到自尊受到伤害,就很难平心静气地听意见。正在气头上的领导,依靠正式规劝起不到效果,甚至会惹祸上身。秘书要与领导站在同一阵地,逐步向领导晓以利害,说明事情造成的后果,会促使领导醒悟,达到规劝的效果。

秘书在向上司进言的时候要注意以下几点。

(1)时机要适当

现代心理学证明:人在情绪不佳、心绪不宁的状态下较之平常更容易悲观失望、思维迟钝且惰于思考,情绪波动大且易产生过激行为。因此,除非特别紧急,秘书一般不要在这个时候向上司谈事情、提建议,一定要选择上司时间宽裕、心情好的时候;否则,他可能会失去耐心,还可能责怪秘书不识眉眼高低,当然很难达到预期目的。

(2)场合要适当

向上司进言要注意谈话的地点和环境。有的事情要到上司的办公室里谈,有的事情要到上司的住所里私下谈,而有的事情则越是有外人听到越好。这里的奥妙就在于所要求办的事的分量和利害关系以及你的上司的脾气秉性。

(3)方式要适当

与上司谈事情、提建议要讲究话题的引入方式。有些事情需要开门见山,直来直去地和盘端出;而有些则需要采取循循善诱、娓娓道来的迂回方式;有些还要边说边看,顾左右而言他,试探性地进行,以避免上司的反感。

(4)态度要适当

秘书在上司面前一定要谦虚,低调行事。即使面对的是年轻的和缺乏经验的上司，即使你有独到的见解和成熟的想法，也应以"您看这样好吗？""我的看法不一定成熟"之类的征询语气，把最后的决定权交给上司。让他觉得你是在请教他、尊重他，在向他学习，从而满足上司的成就感和自尊心。

6.受批评而不急不怨，受委屈而不急不恼

秘书人员受批评可能有两种情况：一种是工作做得不好，没有满足上司的要求。这种情况挨批评是应该的，秘书应虚心接受，及时改进工作。另一种是因上司有误解而批评错了。这种情况，秘书人员可能感到委屈，但从维护大局及上司威信出发，秘书人员不可急于争辩，特别在公共场合更应冷静，要有忍耐性，要识大体，给上司留一定的面子，不要让上司下不来台。待事情过后，气氛缓和之后，再采用适当方式加以解释，这样有益于处理好与上司的关系。

（1）要给上司面子

最优秀的上司也不可能百分之百正确，总会有失误之处。当秘书的，既要善意地向上司提出自己的建议，又要维护上司的自尊，这就要掌握好分寸和技巧。

当上司认识到自己理亏而又不肯认错时，秘书要给上司找一个合适的理由让他下台阶。如说明情况已经发生了变化，而不是上司当初的决策失误；或者编一个善意的谎言，给他一个充足的理由；或者把责任揽到自己头上，为上司开脱。这样既可以改变原来的决定，又保全了上司的面子。

上司有错时，不要当众指出。如果错误不明显，无关大局，其他人也没有发现，不妨"装聋作哑"。如果上司的错误确实有纠正的必要，最好寻找一种既能使上司意识到而又不让别人发现的暗示方式加以纠正。如给一个眼神，打一个手势，递上一张纸条，或借口把上司叫出去，私下指出。

（2）学会承受

秘书委屈地受到批评和指责是常有的事，如果一味地向上司解释或辩解，则是极不明智的表现。无非是要说明是上司错了，而你并没有错。聪明的做法是不必解释，也不必马上解决，一方面使上司有重新思考的机会，另一方面自己也要反思是否确有不周之处，并考虑在适当时机、以适当方式加以解释。作为秘书要知道，有时得罪上司并不是因为你做错了事，而在于你对上司的态度。

忍辱负重

赵华是一家信贷公司的秘书。她工作扎实，尽心尽力，在公司有较好的声誉。有一天早上，她刚走进公司大门，便被老板叫到了办公室。

"你这个当秘书的是怎么工作的？我是不是告诉过你，所有的合同都要由我来亲自过目？可是你看看这个合同，到底怎么回事？"老板冲着她劈头盖脸就是一顿斥责，"公司蒙受了损失，你有不可推卸的责任。你当月的奖金全部扣除。"

赵华心里不明白到底发生了什么事，她拿起合同来看了看，心里觉得一阵委屈,即使有事也怪不得自己。她早就觉得这份合同存在着问题,曾经提醒过老板要注意一下,可是当时因为老板太忙,就放在一边了。结果被骗子坑了。赵华思来想去始终想不通。心高气傲的她,委屈得直想哭。心想,自己平时工作那么认真,为了公司的安全付出了多么大的心血呀! 老板平白无故为什么要处罚自己呢?

她想找老板论理,讨个说法。转念又想:"人在屋檐下,怎能不低头? 如果为了这点事破坏了自己以往的形象实在有些不划算。算了,权且当一次替罪羊吧!"

自从这件事之后,赵华并没有把自己的情绪带进工作中,依然兢兢业业,依然任劳任怨,见了老板依然彬彬有礼,好像什么事也没有发生。

后来,司法机关介入了这起经济案件,那些骗子因为另外一起相同的案件被警方逮捕了,而负责这项业务的职员小陈,因为收取了那些骗子的好处费,涉嫌受贿,被依法逮捕。小陈还交代了自己趁老板不在公司的时候,偷梁换柱,使这份合同躲过了老板的审查,至此,真相大白。

不久,公司对内部人员进行调整,充实了力量。在全公司的大会上,老板当着全体职工的面,向赵华表示了歉意,年底的时候,还给赵华包了一个大红包。

这就是"忍辱负重"的好处。试想如果赵华在受到老板误解以后,忿忿不平地去找老板争辩或一气之下一走了之,那又怎能有后来的结果?

（资料来源:孟庆荣主编《秘书工作案例及分析》）

【提示】　要知道老板也是人,不是神,他也有办错事的时候,秘书要学会承受委屈,学会把自己的委屈和痛苦隐藏起来,不但要能接受上司的各种指派,还要能够承受被误解、被错怪、被无端训斥所带来的痛苦。不能顶撞、不能争辩、更不能和他对着干。只有这样,才能保住职位,使上司不厌恶、不排斥,才可以为建立良好的工作关系打下基础。

7.沟通协调好与上司亲属、朋友之间的关系

上司的亲属圈、朋友圈以致同学圈,是上司重要的人际关系,也是秘书可以利用的重要的人际关系资源。作为上司的秘书,不仅要与上司和谐相处,还要"爱屋及乌",与上司的亲属、朋友加强沟通与联系,与他们建立良好的关系。

(1)尊重上司的亲属和朋友

上司的亲属和朋友,一般都是与上司关系十分亲密的人,他们对上司的用人、处事及经营决策往往都会产生重要的影响,有时甚至会起到决定性的作用。秘书要想获得上司的赏识和信任,不仅要做好工作,给上司留下好的印象,而且还要注意那些足以影响和左右上司的人,和他们处好关系,让他们在上司面前说好话,而不是搬弄是非。所以,秘书应该记住上司亲属和朋友的名字,见面时主动打招呼,尤其是对长辈,一定要表示应有的尊重,努力给他们留下一个美好的印象。

(2)为沟通提供便利

秘书负责安排上司的工作日程,是外界与上司联系的纽带和桥梁。上司的亲

属和朋友如果有事来访,秘书应根据其来访的目的尽量提供方便,将其来访要求及时通报给上司,征求上司的意见,尽早给予安排或及时将意见反馈给来访人。对远道而来的,还要安排好食宿。虽然秘书不能帮助解决实际问题,但可以为问题的解决提供机会、创造条件,因而必然会赢得来访者的好感。

(3)帮助排忧解难

对上司的亲属和朋友提出需要帮助解决的一些问题和实际困难,在不违反原则的前提下,秘书应尽可能地给予帮助和解决。这样做,不仅可以拉近自己与上司之间的距离,还可以替上司解除后顾之忧,使其能够集中精力去关注工作中的大事。

当然,秘书在处理这类问题时,一定要摆正自己的位置,明确自己的职权范围,不可滥用职权,越权行事。更为重要的是,一定要分清事情的性质,不能违反原则,违规行事,不能以权谋私,也不能为别人打着上司的旗号谋私利开方便之门。一旦出了问题,就会给上司造成不良的影响。因此,秘书要把握好分寸,有的问题一定要请上司定夺,千万不可擅自做主,以免好心反而办了错事。

◎ 相关链接

人际吸引的理论

人际交往中,为什么有些人能相互吸引,有些人则相互排斥、分离,对此,心理学家做了大量的研究,提出了人际吸引的强化理论和社会交换理论等。

1. 强化理论

人际吸引强化理论的代表人物是美国社会心理学家伯恩和克洛利。他们用行为主义的强化理论解释人际吸引,提出了人际吸引强化模式,即人们都喜欢带给自己酬偿的人,而讨厌带给自己惩罚的人,前者引起积极愉快的感觉,因而产生吸引,后者相反。

值得注意的是,对于很多人来说,受他人喜欢、尊重、理解就是一种报偿,而被他人讨厌、轻视、误解就是一种损害。人们喜欢爱自己的人而讨厌恨自己的人,这被称为好感回报性法则。

人际吸引的强化理论对于解释人际吸引现象,分析认识人际吸引形成发展的规律,有一定的启示,但它主要用"趋利避害"的生物学观点解释人际吸引现象,而抹杀了人的主观能动性。

2. 社会交换理论

社会交换理论采用强化心理学原理和经济学原理,把人际交往过程看做是一种商品交换过程,彼此相互满足、相互强化的程度影响人际交往的进展。

社会交换理论的代表人物霍曼斯认为,人际交往实质上类似于商品交换,这不仅是物质商品的交换,而且是诸如赞许、声望、爱慕、服务、信息等精神商品的交换。在社会交换过程中给予他人东西对自己来说是损失,但从他人那里得到东西对自己来说是受益。人们的行为都是以受益最大而损失最小为方向的,得到的益处、奖赏越多,其相应的行为越会重新表现。

社会交换理论认为,人际交往中,能否相互吸引,关系能否持续,主要取决于双方需要的满足程度。如果双方都感到收益(包括认同、赞赏、尊重、信任、物质)大于或等于支出,关系则得以维持;反之,一方认为得不偿失,则吸引减少,关系逐渐淡化甚至中止。个体交往是这样,团体交往亦是如此。

社会交换理论揭示了人际行为中的交换规律,为了解人类的一般社会行为,解释人际吸引现象提供了有益借鉴,但其中有过于经济学化的倾向。

◎ **思考与练习**

1.如果你是一位女秘书,你将如何处理好与男上司的关系?你如何看待当今社会上对女秘书的某些消极认识?

2.如果你看到公司的两位老总正在吵架,而且吵得很严重,你作为秘书会怎么做?

项目二　秘书与同事及公务的交往

◎ **心理训练**

任务一:数字传递

时　　间:大约40分钟。

材　　料:眼罩等。

目　　的:在没有语言交流的情况下进行良好的沟通。

操作程序:

1.分组,每组5~8人,选派一名组员出来担任监督员。

2.所有参赛的组员按纵列排好,队列的最后一人到教师处,教师向全体参赛学员和监督员宣布游戏规则。

3.教师:"我将给你们看一个数字,你们必须把这个数字通过肢体语言让你全部的队员都知道,并且让小组的第一个队员将这个数字写到讲台前的白纸上(写上组名),看哪个队伍速度最快、最准确。"全过程不允许说话,后面一个队员只能够通过肢体语言向前一个队员进行表达,通过这样的传递方式层层传递,直到第一个队员将这个数字写在白纸上;比赛进行三局(数字分别是0、900、0.01),每局休息1分

15 秒。第一局胜利积 5 分,第二局胜利积 8 分,第三局胜利积 10 分。

　　4.小组讨论:(1)在 P(计划)D(实施)C(检查)A(改善行动)循环中,在这个游戏中如何得到体现? (2)四个循环中,哪个步骤最为重要?

　　通过这个活动,我懂得了 _____

任务二:最佳配图

　　时　间:大约 20 分钟。

　　材　料:"最佳配图"资料,每人一张。

　　目　的:通过活动使学生明白许多事情的答案是多元的,多角度地看问题更有
　　　　　　助于完善自己。

操作程序:

1.老师将"最佳配图"资料发给大家,每人一张。

2.请学生根据自己的理解,在 2 分钟内把 10 个图案作两两配对。

3.全班交流"最佳搭配",说出各自的理由。

温馨提示:

1.要求学生之间先不讨论,独立完成"最佳配图"。

2.在交流中,充分听取学生的不同意见,并将所有的不同答案用不同颜色的线条汇总在一张图上,点评时就一目了然了。

　　通过这个活动,我懂得了 _____

任务三:优点轰炸

　　时　间:30 分钟。

　　目　的:学会发现别人的优点,学会欣赏别人。

　　　　　　重新认识自己,了解自己的个性特征,学习自我欣赏、自我肯定。

操作程序:

1.以小组为单位围圈,一位同学坐在中央(每人轮流一次),其他人说出他的优点及欣赏之处(如性格、相貌、能力等)。

2.被称赞的同学说出哪些优点是自己以前察觉到的,哪些是没意识到的?

【提示】　进行"优点轰炸"时,态度要真诚。努力去发现别人的长处,不能毫无根据地吹捧,这样反而会伤害别人。

每个人都需要别人的赞美和肯定,赞美就是将这种肯定由衷地表达出来。抓住合适的机会,找准对方的闪光点进行夸奖。真诚的赞美,可以提高自信心和幸福感,有助于培养和谐的人际关系。

当你听到别人对自己的赞美时,感受是

◎ 案例导入

大学毕业后,华君在某外贸公司以秘书工作为起点,开始了职场历练。他积极表现,与人为善,工作一年后,就理顺了公司内部关系,同时也在公司内部培育起了一种善于沟通、崇尚和谐的良好氛围,因此深受领导喜欢,不久就升为秘书科主任。

2004年年终,公司由于资金周转困难,一时间员工工资无法全额发放,部分员工言行过激,纷纷涌向总经理办公室,讨要说法。华君推心置腹地与员工沟通,认真倾听并真心理解他们的苦衷,告诉他们公司并非有意拖欠工资,而是三角债竞争迫使公司不得已而为之。员工们在他动之以情、晓之以理的劝说下,逐渐消除了对抗情绪。对于个别有困难的员工,他还及时给予经济援助。

华君在回忆自己的职业生涯时,这样说道:"秘书工作大部分都是行政性、事务性的,要想从琐碎的行政事性、务性工作中体现出秘书的价值,就得怀着一颗仁爱的心,做一个正直、善良、有爱心的人。超越'琐碎',与人为善,将工作做到大家的心坎里。"

(资料来源:谭一平主编《秘书人际沟通实训》)

你认为华君的成功之处在哪里?

◎ 理论知识

一、秘书与同事交往

对于秘书人员来说,任何单位除了领导者便是同事了,在单位的工作氛围中,秘书人员与各级领导处好关系固然重要,但为了建立一个和谐、高效的工作环境,秘书人员与同事间处好关系也同样重要。因为秘书与同事关系的好坏,也将直接影响秘书本人工作的小环境,影响工作效率,并可能影响到本单位的全局性工作。

1.要经常面带微笑

微笑是一种万能剂,它可以让自己的烦恼烟消云散,可以消除你全身的困乏,更可以消除双方的紧张局势、缓解矛盾,能有效地缩短与同事之间的距离。因此,微笑是给人留下良好印象的简洁方法,也是人际交往中最廉价、最有效的因素之一。戴尔·卡耐基在其《积极的人生》中说:"微笑是友善的信号",它不仅能帮助你建立起良好的自我形象,赢得更多的朋友,而且能使你更加赢得同事的好感,为你创造一个更好的人际环境,得到他们的尊重与喜爱。

2.宽容随和、求同存异

单位里的同事是由年龄、性别、学识、专长、能力、性格各异的人员所组成的,各人都有所长。这一方面能使大家通过相互合作,取长补短,发挥群体的智慧、力量干好工作。另一方面由于阅历、观点、情趣、习惯不同,同事之间在生活和工作中的分歧在所难免。对此秘书要宽容,在工作中要耐心倾听同事的意见,正确的要积极采纳,不妥的也应以诚恳的态度与对方商讨,争取对方在没有感到被强迫的情况下接受你的观点,对方一时不理解,要允许他保留意见,而不应该把自己的见解强加于人。这有助于相互之间形成平等、融洽的关系。

第六枚戒指

在美国经济大萧条时,有位姑娘好不容易找到了一份在珠宝店当售货员的工作。她在这里勤勤恳恳努力地工作着。

一天,店里来了个顾客,他使劲盯着那些高级的首饰。

这时,电话铃响了,姑娘走过去接电话。不小心把一个碟子碰翻,碟中六枚精美的戒指落到了地上。姑娘慌忙蹲下身去捡,找遍了柜台下面,却只找到五枚。

这时,她看到那个男子转身向门口走去,顿时她意识到了什么,当那男子的手将要触及门把手时,她柔声叫道:"对不起,先生!""什么事?"男子问,他脸上的肌肉在抽搐。

"先生,这是我头一回工作。现在找个工作很难,想必您也深有体会,是不是?"姑娘小声地说。

这个顾客久久地审视着姑娘。终于一丝微笑浮现在他的脸上。他说:"是的,但我肯定你会在这里干得不错,我可以为你祝福吗?"他走向前向姑娘伸出了手。

"谢谢,我同样祝你好运。"姑娘也伸出了手。

结果怎么样?

聪明的你一定猜到了:男子离开后,姑娘把手中的第六枚戒指放回原处。

【提示】 宽容的姑娘没有大喊大叫,她用诚恳温和的方式给对方台阶下,同时也给自己留下了一步退路。

人总是爱面子的,给他人一个台阶,不但显示出自己良好的修养,也会赢得更多信赖。正如教育家苏霍姆林斯基所说:"有时宽容引起的道德震动比惩罚更强烈。"

3.真诚尊重

每个人都渴望得到别人的尊重,尊重别人也就等于尊重自己。首先真诚是对人对事的一种实事求是的态度,是待人真心实意的友善表现,真诚和尊重首先表现为对人不说谎、不虚伪、不骗人、不侮辱人,所谓"骗人一次,终生无友";其次表现为对于他人的正确认识,相信他人、尊重他人。秘书要取得同事的支持和合作,就应该主动地、真诚地关心同事。要想得到,就要付诸行动。

秘书在代表上司向同事布置任务时,尽量以商量的口气,不能颐指气使,发号施令。工作上应多体谅同事的难处,尽力给以帮助解决,正所谓"帮别人就等于帮自己"。

另外,秘书对同事也应树立"服务"的观念。秘书要关心同事的生活和情绪,抽空多与同事接触,与他们谈心,以增加了解,消除隔阂,促进友好合作。只有真诚尊重,才能创造和谐愉快的人际关系。

4.同等友好

秘书与一般同事之间应尽量做到同等友好,不要因为某些同事暂时的得势而阿谀奉承,也不要因为同事受到排挤而随之冷落。平等相待不仅仅是做人的一种标准,也是一种秘书应具备的职业修养。我们在一视同仁地对待同事的同时,不要想到一定要求回报,其实在交往的过程中,你一定能够从任何一位同事的身上学到东西。对待弱者应该以一颗公平对待之心,而不要以怜悯之心,这样不但不会建立感情,反而会伤害同事。对待强者,也不要冷眼而视,产生对抗情绪,他们之所以比你强,肯定有高出你的地方,要虚心地向他们学习。此外,还有一点也应该注意:如果秘书与某个同事特别情投意合,也应注意在公务场合不要表现出来,如经常同进同出、同桌吃饭、平时聊天等等,以免遭到其他同事的妒忌或领导怀疑搞小团体。无论是同性还是异性同事之间,都应加以注意。

5.维护团结

秘书作为主管上司与职工之间的中介和桥梁,应努力维护上下级之间与同事之间的团结。秘书在传达上司不太有利于职工的指令时,应注意维护上司的威信与形象;同样,在向上司反映不太有利于职工的情况时,既不能隐瞒、掩饰,又要尽力保护职工的利益。尽量采取对事不对人的态度,使职工的缺点既得以纠正,使之获得必要的教训,又不至于受到伤害。对于同事、职工间的矛盾,也应尽己所能加以协调、缓和。总之,维护同事间的团结,维护上下级之间的融洽关系,归根到底是为了维护组织的利益。

6.谦虚谨慎,互相学习,取长补短

秘书人员平时不要总拿自己的长处去比别人的短处,而应当取他人之长,补自己之短,虚心地学习别人的优点,使自己更完善。当听到同事提出意见、批评时,不能意气用事。秘书人员还要具有良好的合作精神。现代社会中离开了人

与人之间的相互合作,恐怕将一事无成。秘书要做好工作,也离不开与人合作。具有合作精神,体现在说话办事要多为别人着想,而不仅仅从自己的立足点出发。当工作中与人打交道时,多用商量的口吻;请人予以配合、协助时,提出的要求要恰如其分,在时间安排、要求方式、合作方法等方面多从对方的角度想一想,才能以自己的诚恳打动对方,而不能动不动打着领导的幌子,用领导的名义压人。

7.与人为善

与同事建立良好的人际关系,互敬互信,这不是一朝一夕能做到的。长期相处共事,总有说话不注意、做事不到位的时候,因此,与同事包括上司出现一些误会和矛盾是难免的。有些年轻的秘书一遇到点误会或发生点矛盾,就会马上对同事失去信心,变得心灰意懒甚至怀疑对方的人品,无限上纲上线,以为对方有什么企图或用心,于是最后决定以牙还牙,这样,双方的关系很快就降到了冰点。因此,作为秘书一定要与人为善,富于宽容。与同事出现了误会甚至矛盾,自己应该迈出第一步,主动想办法来化解矛盾。只有这样,对方才会更加信赖和敬重你,彼此的关系才会更加紧密。如果出一点事就垂头丧气,经不起挫折,怨天尤人,那他的人际关系肯定是一团糟。

金无足金,人无完人,包括领导人在内,公司里每个人身上都有这样或那样的缺点和毛病,比如这位同事脾气比较暴躁,那位同事气度不大等,但这些缺点和毛病毕竟不会直接干扰你的工作,所以,作为秘书,你没有必要计较同事身上这些东西。与人为善,工作就会轻松得多,人际关系也不会变得那么冷漠。

放大镜和望远镜

在一次大型的演讲会场,一位知名的社会学家和心理学家这样演讲道:"如果现在有一位长得国色天香的美女来到我们的面前,任何一个人拿着一只500倍的放大镜来观看这位美女的脸庞,一定都非常失望,因为我们所看到的将是坑坑洼洼、凹凸不平的一张难看的脸;但现在我们每个人如果拿一只望远镜来看远处的一座高山,我们看到的将是青山绿水,绿荫葱葱,仿佛人间仙境,令人流连忘返。"在人际关系中,有人总是拿着放大镜看别人,令对方原形毕露,显得一无是处,也使得自己无法信任他人,交到朋友。相对的,有的人是拿着望远镜,始终都能欣赏到别人的美好一面,就是这个不拘小节的特性,使宾主尽欢,无往不胜。

【提示】 放大镜的焦点应对准自己,而非别人。如果能虚心地请求他人,对自己提出最严厉的批评,这样放大镜和望远镜都能同时发挥最大的效用。

秘书常在领导和同事之间起着居中协调及上下沟通的作用。这项工作是非常难做的。在做工作时,一定要把握上传下达的适度,在传达领导的意见时应该将上情准确地说清楚,要注意语气语调,稍不留心,言词过重,便有发号施令的嫌疑。在落实领导交给的任务时,尤其是不受同事欢迎的任务时,一定要注意方式方法,避免引起同事的反感。在向领导汇报结果之前,一定要进行深入的调查研究,仔细地了解分析,切勿主观武断,妄下结论。向领导汇报结果时,要注意如实反映,不添油加醋,不掺杂个人的见解,言词要得体,防止激化同事与领导之间的矛盾,被同事误认为你打小报告。

二、秘书的公务交往

秘书人员除了主要与领导交往、与同事交往外,由于工作的职责范畴和本身的角色规定性,还常常要与外单位的人员打交道,要处理相关的往来事务,这些都属于秘书的公务交往。秘书人员针对不同的交往对象,必须在坚持原则的基础上,灵活处理各项工作,使双方找到平衡点,能够皆大欢喜。

1.秘书与职能部门交往

秘书要与职能部门的人员多接触,建立正常的合作关系,主动帮助他们与领导沟通,在职责权限允许的范围内帮助职能部门解决工作中的困难,特别要注意平等对待不同职能部门的人员,不搞厚此薄彼,这样关键时刻才能得到职能部门的积极配合与支持。秘书人员常常受领导的指派,出面协调各职能部门之间的关系,解决相互之间的矛盾。在促进职能部门协调的过程中,秘书人员既要忠实于领导的意图,明确协调的基本原则,又要针对具体情况,认真做好被协调各方即不同职能部门的工作,切实解决他们的问题,消除他们的隔阂,促使他们抛弃成见、化解矛盾。这一过程实际上是为职能部门服务的过程。对于秘书人员来说,也是熟悉部门职能、了解部门实情、建立与部门的联系的过程。处理得当,将建立起对工作有利的人际关系,对日后的工作可能长期有用。所以,秘书人员应将促进各职能部门的协调当做自己的职责,主动积极地做好这项工作,从而进一步促进各职能部门之间、秘书人员与各职能部门之间的人际关系朝着良性循环的方向发展。

2.与下级单位交往

由于秘书工作的特性,使得秘书成为领导最亲近的人,经常会代表领导去发布一些命令,指挥下面的员工去办理一些事情。秘书人员与下级交往时,一定要注意平等待人,承认大家是共同协作的关系,在工作方面只有职位上的差异,要给人平易近人的亲切感,博得大家的好感与支持,而不能以命令代替协商,强加于人。秘书毕竟不是领导,只有平易近人才能博得大家的好感,加大说话的分量。对下级所犯的错误应该用宽容的态度去对待。同时,为了工作的效率性、准确性,秘书在处理同下级的关系时还应该关心他们工作以外的东西,比如家庭状况、性格爱好、日常生活等,在他们中间树立良好的形象。

3.秘书与社会各方的交往

秘书常常要代替领导与社会各方来往,单位的许多事宜取得的成效的好坏往往与秘书和社会各方的关系的好坏有很大的关系。因此,对所有来访者都要热情接待。与人交往时要诚实守信,互信互惠,使关系和谐发展;要维护他人的尊严;要谦虚,不能自傲。另外,还要注意做好保密工作。

握 手

那年,我被安排在局办公室做文秘工作。

············

有一天,我一头扎进材料堆里,埋头苦写,没有察觉外面有人进来。当突然听到有个声音传来,没搞清情况,我就侧过身,习惯性地把手伸过去,那人快速地迎了上来。他是个五十多岁的老上访户,是出了名的难缠户。他见我主动握手便说:"小同志,只有你还能把我当人看,你真好,谢谢你!"我心里一惊,这不经意的握手竟有如此分量。让这位难缠的上访户,说出这般话来。我泡了一杯浓茶,放下手头的材料,静下心来和他谈了两个多小时,在我们的交谈中,那人终于云开雾散,明白了事理,从此再没来局里闹事。

没多久,又来了一位老大爷,他蓬头垢面。我热情地迎了过去,伸出右手。老人丝毫没有心理准备,见我主动跟他握手,像获得了意外惊喜,慌里慌张地伸出他松树皮似的手来感慨地说:"俺是乡下来的,你不嫌俺脏,还和俺握手,你们真是好政府呢!"

此刻,我呆呆地站在那里,两眼发直,再一次感悟到"握手"的分量。

(资料来源:董国宾《扬州晚报》2008-07-28)

【提示】 正如董国宾所说,有些工作并不是难做,关键是没有像握手那样,开个好头。握手可以传递着问候和祝福,进行着人与人之间无言的交流。

三、人际交往的艺术

美国成人教育家戴尔·卡耐基在调查了无数的明星、巨商、军政要员之后认为,一个人事业上的成功,只有15%是由于他的专业技术,另外85%要靠人际关系和处世技巧。人际关系是人们在物质交往和精神交往过程中发生、发展和建立起来的人与人之间的联系和关系。因此,若要有良好的人际关系,我们就应有良好的人际交往能力。要有良好的人际交往除了积极主动地同他人交往外,还需要掌握一些必要的技巧和艺术。

(一)提高综合素质,优化个人形象是秘书搞好人际交往的前提

秘书人员在与他人交往前,应保证自己有良好的个人素质和形象,这样才能在人际交往中得心应手。首先,秘书人员应具备以下几项基本素质。

1.思想素质

作为一名优秀的秘书人员,在公司领导级人物的身边工作,应当具有爱岗敬业精神、实事求是精神和高度的社会责任感。此外,秘书还应具有极强的保密观念和保密习惯,随时随地维护自己公司的利益。

2.心理素质

不论在工作中还是在生活上，作为一名秘书都要时刻保持良好的心态，心理状态要正常，不要被情绪所左右。每一天都应以平和的心态从事自己的工作。这样才可以保证自己的工作不被情绪所左右。若心理有障碍或喜怒无常，这样是不可能做好秘书工作的。

3.自身素质

秘书的自身素质包括多方面的内容，主要涉及工作能力、沟通能力、社交能力和承受力。

（1）高效的工作能力。工作时能将琐碎繁忙的工作变得井然有序，能适应各种环境的变化和工作节奏的突变。因为秘书的工作本来就很琐碎，若没有这基本的工作能力，也就难以胜任了。

（2）善于人际沟通。秘书最重要的职能是上传下达。当老板和下属之间的沟通有了障碍，甚至影响到了团队关系和公司利益的时候，秘书就应该用交往的艺术，巧妙地进行沟通，化解上下级之间的尴尬和猜疑。

（3）良好的社交能力。由于工作性质的需要，熟悉地方政府官员、公司客户、上级的亲朋好友等与上级相关的"人脉圈"是十分重要的，与他们建立良好的公共关系也有助于我们的工作。

（4）能担当重要责任。秘书负责各领导层的沟通和联络，经常草拟文件，甚至替上级制订计划。在这样的一个角色里：秘书应大胆谨慎地扮演好一个管理者的角色。不暴露自己的缺点和犯错，谨言慎行。

4.知识技能

秘书的工作范围其实是很广的，涉及各行各业。服务于不同的行业，我们秘书人员应有不同的知识结构，比如，服务于律师事务则作为秘书须懂得相关法律知识，而商务公司中的秘书则应具备良好的商务谈判能力和协调能力，最好还能具备企业管理知识、财务知识等。

5.优化个人形象

秘书人员要注意塑造好自己个人在别人心目中的形象，使别人乐于接受自己，这样才能促进人际交往的发展。开展交往活动，仅仅了解别人是不够的，还必须对自己有充分的了解。

（1）可以从他人的态度中了解自己。平时工作中或做事时要经常注意别人对自己的态度，可以由此来反观自己。

（2）在与别人的比较中认识自己。有意识地建立比较对象，对方可以是自己的同事，也可以是同行业竞争者，然后不断地通过比较来体察反省自己，以便对自己有全面而深刻的了解。

（3）通过工作成果认识自己。秘书人员应积极、主动地参加公司的各项工作和活动,通过自己的实际行动来完成工作。通过工作成果可以显示出自己的优势和不足。

此外,还应该记住的是要时常笑脸迎人,笑容是一种令人感觉愉快的面部表情,是人际交往的润滑剂,它可以缩短人与人之间的心理距离,可以为深入沟通与交往创造温馨和谐的氛围。

(二)巧妙运用交际技巧能使秘书人际交往顺通无阻

"世事洞明皆学问,人情练达即文章。"作为一名优秀的秘书应善于交际,和别人见面就熟,使人感觉很容易接近,这样也容易被人信赖。这就需要秘书在与人交往时多运用些技巧,它能起扬帆顺水的作用。

1.寻找共同的语言

"酒逢知己千杯少,话不投机半句多。"如果在交往时双方能有共同的话题、共同的语言和体验,这样的交往就容易产生共鸣,也容易吸引对方。但我们应切记,不论何时都要以诚相待,只有在一定的范围内敞开胸怀,唤起理解和同情,取得信任,交往才会成功。

2.善解人意

"己所不欲,勿施于人。"作为一名秘书,在交往的时候,要善于听取对方的言论,站在对方的立场上考虑问题,善意理解对方的意图和意见,设身处地地为对方着想,这样虽然在交往中付出了代价,但给自己和组织带来的利益将是稳定和长期的。

羊羔的说服力

一个牧场主养了许多羊。他的邻居是个猎户,院子里养了一群凶猛的猎狗。这些猎狗经常跳过栅栏,袭击牧场里的小羊羔。牧场主几次请猎户把狗关好,但猎户不以为然,口头上答应,可没过几天,他家的猎狗又跳进牧场横冲直闯,咬伤了好几只小羊。

忍无可忍的牧场主找镇上的法官评理。听了他的控诉,明理的法官说:"我可以处罚那个猎户,也可以发布法令让他把狗锁起来。但这样一来你就失去了一个朋友,多了一个敌人。你是愿意和敌人作邻居呢? 还是和朋友作邻居?"

"当然是和朋友作邻居。"牧场主说。

"那好,我给你出个主意,按我说的去做。不但可以保证你的羊群不再受骚扰,还会为你赢得一个友好的邻居。"法官如此这般交代一番。牧场主连连称是。

一到家,牧场主就按法官说的挑选了 3 只最可爱的小羊羔,送给猎户的 3 个儿子。看到洁白温顺的小羊,孩子们如获至宝,每天放学都要在院子里和小羊羔玩耍嬉戏。因为怕猎狗伤害到儿子们的小羊,猎户做了个大铁笼,把狗结结实实地锁了起来。从此,牧场主的羊群再也没有受到骚扰。

为了答谢牧场主的好意,猎户开始送各种野味给他,牧场主也不时用羊肉和奶酪回赠猎户。渐渐地两人成了好朋友。

（资料来源：王悦编译《环球时报》2005-04-18）

【提示】　在现实生活中,我们总是习惯从自己的主观判断出发为人处世,因而常导致一些误解的发生。所以,要达到彼此的认同和理解,避免误会和偏见,就是要善于从对方的角度和处境认知对方的观念,体会对方的情感,发现对方处理问题的个性方式。只有设身处地地多为对方着想,才能够最大限度地理解别人,从而找到相处的最佳途径和解决问题的恰当方法。

3.学会倾听

秘书人员在和来访者交谈时,要认真听取来访者的述说,热情接待,并根据情况及时作出处理。耐心地听别人讲话,尊重讲话人的情感和态度,既表现了秘书人员的涵养,又体现了对交谈者的关心。这样才能在交际场上运筹帷幄。

4.真诚地赞赏

每个人都希望获得别人的肯定,以此来确认自己的重要性。赞美对方的行为,往往会收到意想不到的效果。所以,秘书人员在交往过程中,不要吝啬赞美,并且这种赞美是真诚的、发自内心的。适当的赞美既可以给对方带来快乐也可以增进双方的友谊,从而得到对方的理解和支持,有利于做好办公室工作。

实事求是的赞美如剂良药

在非洲南部的巴贝姆巴族中,至今依然保持着许多优秀的生活礼仪和处世方式。譬如,当族里的某个人因为行为有失检点而犯了错误的时候,族长便会让犯错的人站在村落的中央,公开亮相,以示惩戒。但最值得称道的是:每当这时候,整个部落的人都会不由自主地放下手中的工作,从四面八方赶来,将这个犯错的人团团围住,用赞美来"治疗"他的心灵,修正他的错误,引导他以此为戒,总结教训,重新做人。

围上来的人们,会自动分出长幼,然后从最年长的人开始发言,依次告诉这个犯错的人,他今生曾经为整个部落做过哪些善事、哪些好事。每个族人都必须将犯错人的优点和善行,用真诚的语调叙述一遍。叙述时既不能夸大事实,也不允许出言不逊。对前面已经有人提及的优点和善行,后面的人不能再重复叙说。总之,每个人在叙说时,都要有新的发现,新的褒扬。整个"赞美"的仪式,要持续到所有的族人都将正面的评语说完为止。

"赞美"的仪式结束以后,紧接着便要举行一场盛大的庆典。庆典在老族长的主持下进行,部族中的男女老少都要参加。人们要载歌载舞,用一种隆重而热烈的礼仪来庆贺犯错的人脱胎换骨,改过自新,重新开始一种全新的生活。

（资料来源：李智红《知音（海外版）》2005年第3期）

【提示】　实事求是的赞美,就像是一剂良药,能够愈合对方因为犯错而引发的心灵创伤和悔恨,鼓舞改过的信心,点燃向善的正气。秘书人员在交往过程中,不要吝啬赞美。

5.沉着应对

人际交往中,时常会有意想不到的事情出现,作为秘书人员应具有良好的应变能力,去应付突来的一切。因为交际场上的事不可能都是一帆风顺的,我们秘书要学会巧妙地避开尴尬或需保密的话题,灵活变通,运用幽默的方式处理意料之外的情况。

6.主动交往

俗话说"山不转水转",意思是做人要多交朋友,广结善缘,这样一旦有什么事,就可以随时随地找到朋友帮忙,而且,在交友过程中,秘书不但可以增长见识,而且能够拜师学艺。秘书每天都要与形形色色的人打交道,不仅要上知天文,下懂地理,而且,上司随时会交代一些让人一下子不知所措的工作,使秘书不得不求人帮忙。因此,秘书必须建立起自己的人脉关系。要建立起自己的人脉关系,你就要扩大自己的交友范围,而且要主动出击。

要多交朋友,主动交朋友,自然就要参加一些社交活动,如与同事一起吃饭、泡吧和唱歌等。通过这些娱乐活动,加深彼此的了解,增进友情,这样不仅有益于身心的健康,而且对工作大有帮助。

7.保持适当距离

作为秘书,一方面要积极主动与各方面交往,扩大人际交往的范围,保持良好的人际关系,但在另一方面又要注意不给人一种正在拉帮结伙、营私舞弊的印象。如果秘书给人一个正在拉帮结伙的印象,那不仅同事不欢迎,而且上司也会讨厌。所以,在与周围的人交往的过程中,既要积极主动,又要注意保持适当距离,即君子之交淡如水。所谓适当距离,就是无论关系再密切,交情再深,双方都有自己的隐私,在彼此以诚相待的基础上互相尊重,不干扰对方的私生活,在和谐中保持各自的独立。

一些年轻的秘书喜欢讲义气,他们以为既然成了哥儿们或姐儿们,那还需要分什么彼此?你的事就是我的事,如果你有事我不帮你那还算什么哥们儿?由于过分不分彼此,有时就在无意中触及了对方的隐私,刺痛了人家的伤疤,在不知不觉中伤害了朋友。所以,与同事必须保持适当的距离,有些话对方不方便说就不要问,有些事对方没有请求就不要做,这样就能保证双方的关系持久而又和谐。

(三)熟知社交礼仪是秘书人际交往的必要点

礼仪既是形象,也是纽带,传递着尊敬、友好的信息,是人际交往乃至有益发展、心灵沟通的前提。它既影响自己给人留下的第一印象,也关系到交往的成败。

由于秘书工作的特点,所处地位的特殊:既在单位内部起联系沟通作用,又在社会上成为一个单位的窗口和代表，所以礼仪在秘书人员身上是"全方位"地体现。礼仪在秘书的人际交往中起着重要的作用：可以帮助秘书工作者明确自己的地位，规范自己的行为；尊重领导权威，尊重领导意见；按正常渠道上情下达、沟通信息；同时也在礼仪中保全自己的人格尊严。

1.形象礼仪

秘书人员的个人礼仪应讲究外在形象。秘书是在一个"外向性"岗位上工作的人员，要与多种对象打交道，所以自身的衣着打扮要合体和谐，言谈举止要符合自己的身份，以免影响来访者或被来访者的情绪。

2.接待礼仪

在把握好自身形象的基础上，接待宾客是应事先做好准备，了解对方情况。见面时要保持微笑，并注意称呼问题，给人留下良好的第一印象。

3.处事礼仪

在处事方面，作为管理层中的中介部门，秘书要与各职能部门和外部世界联系沟通，由于身处领导近旁，会使其他人对秘书有特殊看法，这时秘书人员应以诚相待。以诚相待不仅包括感情的真挚，也包括礼仪的周到。例如尊重对方的地位，理解对方的处境，同情对方的困难，赞赏对方的成就等。通过这些来取得对方的信任，化解误会。

当然，在工作中，秘书人员所要涉及的还有多方面的内容，如在迎送礼仪上，秘书人员要做到有始有终，始终给对方好的印象；除此之外，宴请礼仪及参观游览礼仪等都是秘书人员应熟知和掌握的礼仪内容。

（四）培养优良的人际交往风度

人的交往风度是其心理素质和修养的外部体现，能反映出一个人的道德品格、思想感情、性格气质、处世态度乃至交往的诚意。在人际交往中应培养良好的人际交往风度，它是秘书人员成功交往的基本条件。所以，秘书人员在交往时应努力做到以下几点。

1.饱满的精神状态

与人交往时精神状态是很重要的，因为对方直接面对的就是秘书自己本人，神采奕奕，精力充沛，能激发对方的交往动机，活跃交往气氛。

2.诚恳的待人态度

在工作态度方面，不管对待什么样的交往对象，都应以平等的态度，表现得诚恳而坦率。交往时不卑不亢，端正而不过于矜持，充分示显出秘书人员的诚挚内心。

3.洒脱的仪表礼节

人的仪表魅力不仅取决于长相和衣着，更在于人的气质和仪表。秘书得体的礼仪能增加人的交往风度，举止体现着一个人的修养和风度。秘书在待人接物中要学会自我约束、自我节制，但又不能谨小慎微。

4.适当的行为神态

在与人交往时面部肌肉放松,面带笑意,是一种轻松友好的表示,端庄大方、温文尔雅的行为习惯能正确地表达良好愿望,保持分寸得当的交往距离能使彼此心理上都感到舒适坦然。

总之,秘书人员应培养良好地人际交往,这样才能更好地在工作中发挥自己的才干,提高工作的效率和工作的质量,营造良好的工作氛围。

◎ **相关链接**

增减效应

在人际交往中,我们总是喜欢那些喜欢我们的人,总是不喜欢那些不喜欢我们的人。然而,人是复杂的,其态度不是一成不变的,当对方对我们的态度在喜欢与不喜欢之间转变时,我们会有什么样的反应呢?

为此,心理学家做了一系列的实验。其中有这么一个实验:被试的 80 名大学生,将他们分成四组,每组被试都有七次机会听到某一同学(心理学家预先安排的)谈有关对他们的评价。

其方式是:第一组为贬抑组,即七次评价只说被试缺点不说优点;第二组为褒扬组,即七次评价只说被试优点不说缺点;第三组为先贬后褒组,即前四次评价专门说被试缺点,后三次评价则专门说被试优点;第四组为先褒后贬组,即前四次评价专门说被试优点,后三次评价则专门说被试缺点。

当这四组被试都听完该同学对自己的评价后,心理学家要求被试者各自说出对该同学的喜欢程度。结果发现,最喜欢该同学的竟是先贬后褒组而不是褒扬组,因为这组的被试普遍觉得该同学如果只是褒扬或先褒后贬均显得虚伪,只是贬抑显得不客观,而先贬后褒则显得客观与有诚心。

实验的结果,使心理学家提出了人际交往中的"增减效应",即我们最喜欢那些对我们的喜欢显得不断增加的人,最不喜欢那些对我们喜欢显得不断减少的人;一个对我们的喜欢逐渐增加的人,比一贯喜欢我们的人更令我们喜欢他。当然,我们在人际交往中不能机械地照搬"增减效应"。因为我们在评价人时,所涉及的具体因素很多,仅靠褒与贬的顺序变化不能说明一切问题。倘若我们评价人时不根据具体对象、内容、时机和环境都采取先贬后褒的方法,往往会弄巧成拙。尽管如此,这种"增减效应"仍然有其合理的心理依据:任何人都希望对方对自己喜欢能"不断增加"而不是"不断减少"。不是吗?许多销售员就是抓住人们的这种心理,在称货给顾客时总是先抓一小堆放在称盘里再一点点地添入,而不是先抓一大堆放在称盘里再一点点地拿出……

◎ **思考与练习**

1.你在平时的学习和生活中,注重自己的人际关系吗?你认为自己的人际关系怎样?

2.如果你是一位女秘书,你将如何处理好与男上司的关系?

◎ **综合实训**

表达与倾听训练

一、活动目标:

1.学习人际沟通的基本技能——表达能力和倾听能力。

2.体会"倾听"在人际沟通时所产生的效果。

二、活动程序:

1.4 人为一组,自由组合,要求同寝室的不在一组;平时关系比较亲密的不在一组。未满 4 人的,则分派到其他组,组成 5 人小组。

2.每组 4 人轮流扮演说话者、倾听者和观察者(两人为观察者,5 人小组可以有三个观察者)。每人都必须分别扮演三种角色,体会每种角色的立场与感觉。

3.三种角色的任务如下:

说话者:用两分钟时间,介绍自己近期的实训情况以及实训体会。

倾听者:扮演倾听的角色,并复述说话者说的内容,要求精准复述。

观察者:负责观察两人的对话情形,一个负责观察说话者,一个负责观察倾听者,但不介入说话者与倾听者的对话。

4.讨论与分享:每人都扮演过三种角色后,小组成员作经验分享,说话者与倾听者分享彼此的感觉,观察者说出所观察到的情形。

在人际沟通中,不仅需要把自己的意见、想法清晰的表达出来,更重要的是要用心倾听对方所传达的讯息。但是在复述的时候,非常精准的复述很少,即便是类似录音机似的复述,也难以做到百分之百,这就是人际交往中的沟通漏斗。因此我们要讲究沟通的技巧,让漏斗漏的越少越好,如此才能真正达到双向沟通的目的。这种倾听的能力,是种基本的沟通态度,也是一种可以学习的技巧。

附录

人际交往能力测试

这份社交能力自测表,共包括 30 道题,你可按照自己的符合程度进行打分。凡符合者打 5 分,基本符合者打 4 分,难于判断者打 3 分,基本不符合者打 2 分,完全不符合者打 1 分,最后统计总得分。

1. 我上朋友家做客,首先要问有没有不熟悉的人出席,如有; 我的热情就明显下降。 （ ）

2. 我看见陌生人常常觉得无话可说。 （ ）

3. 在陌生的异性面前,我常感到手足无措。 （ ）

4. 我不喜欢在大庭广众面前讲话。 （ ）

5. 我的文字表达能力远比口头表达能力强。 （ ）

6. 在公共场合讲话,我不敢看听众的眼睛。 （ ）

7. 我不喜欢广交朋友。 （ ）

8. 我的要好朋友很少。 （ ）

9. 我只喜欢同我谈得拢的人接近。 （ ）

10. 到一个新环境,我可以接连好几天不讲话。 （ ）

11. 如果没有熟人在场,我感到很难找到彼此交谈的话题。 （ ）

12. 如果要在"主持会议"与"做会议记录"这两项工作中挑一样, 我肯定是挑选后者。 （ ）

13. 参加一次新的集会,我不会结识多少人。 （ ）

14. 别人请求我帮助而我无法满足对方要求时,我常感到很难对人开口。 （ ）

15. 不是不得已,我绝不求助于人,这倒不是我个性好强,而是感到 很难对人开口。 （ ）

16. 我很少主动到同学、朋友家串门。 （ ）

17. 我不习惯和别人聊天。 （ ）

18. 领导、老师在场时,我讲话特别紧张。 （ ）

19. 我不善于说服人,尽管有时我觉得很有道理。 （ ）

20. 有人对我不友好时,我常常找不到恰当的对策。 （ ）

21. 我不知道怎样同嫉妒我的人相处。 （ ）

22. 我同别人的友谊发展,多数是别人采取主动态度。 （ ）

23. 我最怕在社交场合中碰到令人尴尬的事情。 （ ）

24. 我不善于赞美别人,感到很难把话说得自然亲切。 （ ）

25. 别人话中带刺揶揄我,除了生气外,我别无他法。 （ ）

26. 我最怕做接待工作,最怕同陌生人打交道。 （ ）

27. 参加集会,我总是坐在熟人旁边。 （ ）

28. 我的朋友都是同我年龄相仿的。 （ ）

29. 我几乎没有异性朋友。 （ ）

30. 我不喜欢与地位比我高的人交往,我感到这种交往很拘束,很不自由。 （ ）

记分与解释：

把你的得分相加即为本测验的总分。你的总分越高，你的社交能力就越弱；反之，你的总分越低，你的社交能力就越强。

如果你的总分大于 120 分，那么你的社交能力存在很大的问题，你不太善于交往或你不喜欢社交，社交对于你来说，是一件痛苦或害怕的事。你在社交场合，习惯于退缩、逃避，你对自己的社交能力没有自信，你还没有学会如何与别人尤其是陌生人打交道。为此，你要走出自我封闭的圈子，尝试去与人交往，不怕失败和尴尬，你就会发现人际交往能带给你许多的乐趣和益处。

如果你的总分在 90～109 分，那么你的社交能力有待进一步提高，你对人际交往还有些拘谨和尴尬。但你是可以交往的，如果你更大胆些，更多地注意培养自己的社交能力，那么你会从社交活动中获得更大的快乐和成功。

如果你的总分在 70～90 分，那么你的社交能力尚可。

如果你的总分低于 70 分，那么你是一个善于社交的人，你喜欢交往，能从社交中获得快乐和收获。你能与不同的人相处，能较快地适应环境。

测验结果仅供参考。

模块六 拥有平常心——
秘书的心理健康

◎ **学习目标**

知识目标：

1.认识压力以及影响因素；

2.了解挫折的定义以及挫折产生最重要的因素；

3.掌握影响秘书人员产生心理挫折的原因。

能力目标：

1.能够化解压力,遇到挫折时能够进行自我心理调节；

2.克服工作中常见的心理障碍,保持心理健康。

项目一 秘书压力管理

◎ **心理训练**

任务一:认识压力

时　间:30分钟。

目　的:旨在帮助学生正确认识压力。

　　　　了解压力的来源和压力对情绪状态的影响以及压力的两面性。

操作程序:

1.写出自己曾经有过的压力。

2.写出在压力作用下取得的最高绩效。

3.小组讨论,觉察自己的压力起因。

4.认识消极的心中私语。如"我对未来的估计是否很消极?""我把事情弄得比原来更糟吗?"思考这些内心私语是否使自己的心情变坏了,它能否帮我解决问题。

5.小组讨论:如何正确认识压力。用积极的内心私语代替消极的内心私语。

	消极的内心私语		积极的内心私语
1	我必须	1	我愿意
2	这不公平	2	事情就是这样
3	我没用	3	我有时会出错
4	太可怕了	4	太遗憾了
5	……	5	……
6	……	6	……
7	……	7	……
8	……	8	……

【提示】　压力在很大程度上取决于我们内心对自己的评价,而且一定的压力对于发挥自己的潜力具有积极的意义。但一定要注意不要被压力所困扰,成功者往往是能够驾驭压力的人。

在这个侧重内心训练的过程中,我对自己所经历的压力及压力的来源真正进行深入的反思了吗?＿＿＿＿＿＿＿＿＿＿＿＿＿＿＿＿＿＿＿＿＿＿＿＿＿

任务二:人际支持网络

时　　间:20 分钟。

目　　的:疏解生活中的压力与困境,建立与运用支持系统。

操作程序:

1.请在下面的人际支持系统网中写下你在遇到困难和压力时,所有可以寻求到帮助的资源(在空格内填写一个名字或称呼)。

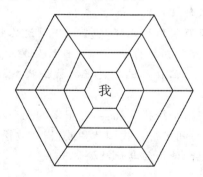

2.现在请你看一看,你填在第一位的是谁? 谁离你最近? 你为什么选他(她)? 在你遇到困难和挑战的时候,你是怎样向他(她)寻求支持的? 如果你的支持网络里只有两三个人,请你仔细探究原因,如害怕被视为弱者,害怕显得无能,曾经求助却被拒绝甚至伤害等。

3.小组分享你刚完成的人际网络图:

(1)为什么你会选择这些人进入你的支持系统里?

(2)你会如何运用这个支持网络?

(3)你已经多长时间没有与其中的人交心恳谈了?

(4)你将如何改变目前的支持网络?

【提示】 有这样一个社会人际支持系统,当我们内心欣喜、痛苦、烦恼、无助时,就能得以倾诉、分享,或得到同情、关怀和支持。

"当局者迷,旁观者清",我的支持系统曾帮助我渡过难关,他们是怎样做的?

_____

我获得了什么改变? _____

任务三:冥想放松

时　　间:30 分钟。

材　　料:放松音乐。

目　　的:掌握放松身心的基本技能。

操作步骤:

指导语:找一个舒服的姿势坐下来,闭上眼睛,你就能感受到自己在慢慢地放松。做几个深呼吸,保持放松的状态,让自己的呼吸变得自然、流畅。

想象在你的头顶上有一道非常柔和透亮的金色的光,慢慢从宇宙最深处照在你的头上,整个头部非常放松。继续的,这个金色柔和的光照在肩膀上,肩膀肌肉慢慢地放松。继续让这道温暖的光照到整个脊椎和背部,使你的背部充分舒展每一块肌肉。继续的,这道光照射你的胸部到达你的心脏,进入你的内在,带给你所希望的智慧和自信。让这金色的光照在你的胃部、腹部,感觉一下胃部、腹部在这道光的照射下慢慢地变得舒展舒服。

现在这道金色的光正照在你的腿部,一直往下到达你的脚,站在这道来自宇宙深处的金色的光当中,你可以拥有力量、智慧、自信和健康。你可以想象被这种有力量、金色的光包围的感觉,让自己进入更深的放松状态,完全地进入自己的内在世界当中。

【提示】 我们生活在这个纷扰的社会,有很多的无奈和痛苦,要保持良好的心情,就应该学会在合适的时间进行自我调节和放松,在放松中获得能量。

你还可以和大家交流你使用的其他放松调节法:_____

_____

◎ 案例导入

Cynthia 的压力

Cynthia，女，31 岁，某外企中方总经理秘书，毕业于北方的一所知名大学的英语专业。毕业后在上海一直从事秘书工作。虽然所在公司待遇算不错，但始终有一种紧迫感。她不想一辈子都当秘书，可五六年过去了仍找不到任何晋升机会。眼看曾经的同学升职的升职，结婚的结婚，至今依然单身的她心急如焚。她想过换行，可发现自己除了行政事务方面就没其他的一技之长了。

放眼当今企业的秘书岗位，80％都是被年轻女性占据。这与秘书所需要的细心、周到的特点不无关系。而年轻人之所以选择这个职业，一是入行易，二是希望以此为平台，为将来的发展做准备。从事秘书一旦超过五年而在未来又看不到任何提升机会，必然会产生迷茫与困惑。如同案例中的 Cynthia，年龄于她而言是一种警报。

虽然现代社会对秘书的要求在不断地提高，但是，秘书掌握的毕竟是处理日常事物及人员沟通等通用技能，无需任何专业知识背景。一旦想要转行，难度很大。这也是 Cynthia 所遇到的困扰之一。在大学时读的是英语专业，但是她发现公司中很多年轻的新员工英语都很出色，而且除此以外，他们还有其他的专业背景，这让 Cynthia 很是羡慕。

Cynthia："青出于蓝而胜于蓝呀！公司里的年轻人真的很厉害，再加上我的岗位容易切入，让我很有压力。"Cynthia 的话反映了秘书共同的心声。

【提示】　Cynthia 的压力来自于哪里？她面临困惑的根本原因是什么？
因为行业的特殊性，秘书面临诸多危机，应该如何做好各方面的准备？＿＿＿＿

◎ 理论知识

一、压力概述

1.压力的含义

什么是压力呢？似乎还没有一个统一的定义，各有各的说法。压力最初是一个物理学的概念，直到 20 世纪初，医学界才有了压力的概念，著名心理学家将压力定义为环境中的刺激所引起的人体的一种非特异性反应，即我们常说的应激。也有人将压力定义为外部压力事件的刺激作用，个人关系、工作和经济状况等生活变化都会形成压力。20 世纪 80 年代中期的心理学家认为压力不单指外部刺激事件，也不单指机体对其的反应，而是指个体对环境认知评估的动态过程，目前多数心理学的压力研究都是在这一意义上使用"压力"概念的。

当外界事件所产生的影响太大、内在期望与现实发生冲突或生活事件改变频繁时,都会引起压力。压力是精神与身体对变化的反应,也可以说是个体对外在或内在事件的生理与心理反应。我们把生活中超越个人能力所能处理的或扰乱个体平衡状态的事件所引起的心理反应,称为压力。

压力的主要表现有:工作头绪多,期限要求紧,学习负担重,家务较多,时间紧张;生理上的反应包括精神紧张,容易疲劳,偶尔发生无名的头痛,背经常酸痛;情绪低落,容易生气,感到生活枯燥,缺乏情趣和快乐,甚至对未来产生迷茫。秘书工作的压力最典型的表现就是觉得自己的工作像团乱麻,永远理不出头绪来,老是无法按时按质完成上司交代的工作,有时甚至干脆把上司的意图弄反了。

2.压力的来源

(1)外部压力

自然环境:洪涝、干旱、地震、火灾;

社会环境:战争、通货膨胀、失业、能源危机;

工作:任务改变、工作环境、组织与人事问题。

(2)内部压力

信念、经历、个体心理倾向性、情绪状态、期望值等。

职业记者的压力

小刘,26岁,是一名报社跑社会新闻的记者,由于工作的关系,她大部分的时间都不能由自己控制,遇到突发的新闻事件,即刻要跑到现场,有时候一天都没能吃上一顿饱饭。报社发稿有字数限制,每月工作量不达标的人会被记录在案,连续三个月不达标就得"走人"。为了保住自己的饭碗,小刘说自己每天都要绞尽脑汁地找新闻线索,有时连续几天跑回来的稿子都被"毙掉",整个人就会陷入郁闷烦躁的状态。上大学时,小刘非常喜欢打羽毛球,但是现在,球拍已经放在角落里很久了,也没有时间去拍拖和朋友聚会。如今的她明显觉得自己体力大不如前,每天的睡眠都不好,还大把大把地掉头发,偶尔爬几步楼梯就开始眼冒金星。

【提示】　现代职业人压力重重,随着社会的加速发展,各行各业都面临着各种各样的压力,如果不能调控过度的心理压力,会使身心遭受严重后果。

作为一名学生,是否也感受到压力?_____

我的压力来自于_____

生活中,遭遇压力是不可避免的,压力本身并不是坏事,它也有积极的、有价值的一面,适当的压力往往是一种动力,如增加工作效率、提高工作满意度等,可促使我们达到追求理想的生活目标。

在这种心理压力之下,我们能够保持较好的觉醒状态,智力活动也处于较高的水平,可以更好地处理生活中的各种事件。曾经看到过一幅漫画,就很好地展示了压力的好处。一个人坐在文件堆积如山的办公桌旁边,右手拿着笔,左手拿着一枚定时炸弹,漫画的题目叫做:我只有在巨大的压力之下才能高效率地工作。若完全没有压力,人们可能停滞不前,没有进步。

在组织行为学上通常认为,压力与工作绩效呈倒 U 形关系,也就是说随着压力感的增加,工作绩效会逐步增加,但增加到一定程度后就会出现一个拐点,这时候工作绩效最高,如果再对个体施加过大的压力,就会导致工作绩效的迅速降低,导致旷工和消极怠工、玩世不恭和缺乏责任心等。

压力的另外一个重要的后果就是导致健康状况的破坏,包括心理的和生理的。压力感能使人们新陈代谢出现紊乱以及引发高血压、心血管疾病、偏头痛和紧张性头痛、癌症、关节炎、呼吸道疾病、溃疡、大肠炎等各种疾病。有研究显示,持续不到 1 个月的严重压力与患感冒的概率之间没有什么关系,但那些持续时间超过 1 个月,或更长时间的慢性压力就会导致患病率的显著升高。压力还可以导致心理上的一些疾病,如紧张、焦虑、情绪低落甚至自杀等行为。

当我们感受到压力的时候,身体会本能地做出反应,但这些反应,却往往没有引起人们的足够重视,被人们忽略了,时间长了,渐渐累积在身体里,就会影响身体健康。长期性的压力,如果处理不当,就会导致身体不适甚至是病痛,又会使工作能力降低,影响人际关系。如果压力超过最大限度,就会使我们心力衰竭,行为混乱。如果不及时调整,必然会导致焦虑不安、抑郁症、精神障碍等心理问题和疾病。从生理角度讲,长期精神高度紧张也会使其内分泌功能失调,人体免疫力下降而导致各种生理疾病产生,甚至会导致过劳死,其后果不堪设想。

3.影响压力的因素

生活中压力是自然的、不可避免的,但每个人感受到的压力是不同的,即使是同样的刺激,不同的人压力感也是不同的。压力一般受下列因素影响。

(1)经验

当面对同一事件或情境时,经验影响人们对压力的感受。曾有人对两组跳伞者的压力状况进行调查发现,有过 100 次跳伞经验的人不但恐惧感小,而且会自觉地控制情绪;而无经验的人在整个跳伞过程中恐惧感强,并且越接近起跳越害怕。同样的道理,一帆风顺的人一旦遇到打击就会惊慌失措,不知如何应付;而经历过坎坷的人,同样的打击却不会引起重大伤害。现在的学生大多都生活安逸,经受的挫折少,因而抵抗压力的能力较弱。

(2)准备状态

对即将面临的压力事件是否有心理准备也会影响压力的感受。心理学家曾对两组接受手术的患者做实验。对其中一组在术前向他讲明手术的过程及后果,使患者对手术有了准备,对手术带来的痛苦视为正常现象并坦然接受;另一组不做特别介绍,患者对手术一无所知,对术后的痛苦过分担忧,对手术是否成功持怀疑态度。结果手术后有准备组比无准备组止痛药用得少,而且平均提前三天出院。因此,有应付压力的准备也是减轻伤害的重要因素。

（3）认知

认知评估在增加压力感和缓解压力中有着重要作用。同样的压力情境使有些人苦不堪言,而另一些人则平静地对待,这与认知因素有关。当一个人面对压力时,在没有任何实际的压力反应之前会先辨认压力和评价压力。如果把压力的威胁性估计过大,对自己应对压力的能力估计过低,那么压力反应也必然大。例如,你的数学考试成绩不理想,如果你认为别人会看不起你,担心自己学不好数学,你就会焦虑、难过;如果你认为有时考不好是正常的事,可以借此让自己弥补缺漏,那你就会心情平静地去面对。正如一位哲学家所说:"人类不是被问题本身所困扰,而是被他们对问题的看法所困扰。"

（4）性格

不同性格特征的人对压力的感受不同。A 型性格特征的人竞争意识强,工作努力,争强好胜,缺乏耐心,成就动机高,办事讲求效率,时间紧迫感强,成天忙忙碌碌的,他们很难使自己处于放松状态,因而很容易受到压力的侵害。研究发现,A 型性格者患心脏病的人数是 B 型性格者的 2～3 倍。而 B 型性格特征的人个性随和,生活悠闲,对工作要求不高,对成败得失看得淡薄,感受到的心理压力不强。显然,减压对 A 型性格的人很有必要。

（5）环境

一个人的压力来源与他所处的小环境有直接关系,小环境主要指工作单位或学校及家庭。工作过度、角色不明、支持不足、沟通不良等都会使人产生压力感,家庭的压力常常来自于夫妻关系、子女教育、经济问题、家务劳动分配、邻里关系等。如果工作称心如意,家庭和睦美满,来自环境的压力必然小,则心情舒畅,身心健康。

（6）人际关系

现代社会竞争激烈,生活节奏快,外界压力越来越大、导致产生的心理压力也越来越大,越来越多。如果人际关系不好,人与人之间的交流很少,会造成人际的紧张气氛,不但心理压力很大,而且也不容易得到别人的援助,压力就无法舒解。人际关系和谐,人与人之间可以互相关心、互相支持、互相帮助,这样就可以降低心理压力,化解心理障碍,有利于心理健康。

自救先得找源头

××是一家民营公司的销售经理,7 年来业绩一直不错。但近两年,她感觉外部竞争越来越激烈,本公司家族式管理体制越来越显落后,于是她感到做得很辛苦,尽管工作量没有增加,但却感觉工作压力越来越大,一种说不清道不明的职业恐惧长时间地困扰着她,使她原本驾轻就熟的工作倍感沉重。她采用的减压办法是到处出差,但是效果并不好。

【提示】　减压首先要真实地面对内心世界,只有明确自己的职业压力源来自哪里,分析清楚内心的恐惧究竟是什么,才能有的放矢。

你需要看一看你担心失去什么:工作? 职位? 领导的重视? 发展的机会? 家人的信任? 稳定感? 你还需要看一看你可能失去的对你意味着什么:是暂时的还是长期的,是根本的还是局部的,是可以承受的还是无法承受的。

××的职业压力主要来自内心的恐惧:她担心自己的老板和企业失去原有的竞争能力;担心企业失去奋斗了多年才占据的行业地位;担心自己失去理想的方向和动力。

如果是你,你的自救方案是_____

_____

二、秘书心理压力的处理办法

秘书的工作活动是十分重要的脑力劳动。在工作中一旦感到了压力,就必须学会释放工作压力。若不注意调整,就容易产生心理问题,因此秘书人员面对各种复杂的工作和敏感的人际关系,如果能以乐观进取的精神、宽容谦让的态度去对待,就可以消除内心的紧张,减轻心理压力,从而保持自己的身心健康。

所谓压力处理,是指当压力对我们可能造成伤害时,用一些方法与技巧去应对,以减低压力带来的消极影响。为了有效地处理压力,应该了解面对压力时解决问题的策略和具体方法。

1.了解自己的能力,制订切实可行的目标

一个人充分了解自己,是指一方面知道自己的长处、优势,另一方面还要了解自己的短处、缺点,只有这样才能扬长避短。只有善于严格解剖自己的人,才能对自己的能力做出恰当的估计,掌握选择的主动权。在确立目标标准时,要切合自己的实际,避免两种极端倾向:一种是目标过高,好高骛远,不考虑自己的能力条件和客观环境的影响,就可能产生目标不能实现而导致的受挫感。如工作永远追求完美无缺,永远追求第一,由于目标过高难以实现,整日生活在担心失败的阴影中,给自己造成不必要的压力。秘书人员不能选择自己无力完成的事情,使自己陷入难以应付的困境,造成过度的心理压力,而应该根据自己的实际能力水平来安排自己的各项活动,选择合理的目标。另一种表现是目标过低,不经努力就可以轻而易举达到,会使目标失去激励作用。秘书人员为自己的行为确立的目标标准,应根据社会需要,结合自身实际,合理确定,以使确立的目标既有可能实现,又具有激励作用。

2.加强体育锻炼,劳逸结合,培养业余兴趣爱好

(1)积极参加各种形式的体育锻炼活动

体育锻炼不仅能锻炼人的体魄,而且能锻炼人的意志,调节人的心理状态,对促进人的身心健康大有好处。秘书人员虽然工作比较繁忙紧张,但还是应想办法挤出时间坚持体育锻炼。体育锻炼的方式方法很多,如跑步、散步、打拳、练气功等,不管采用什么方式,一定要有恒心和毅力,才能收到较好的效果。

余先生的压力应对法

"因为压力太大,我曾经几天失眠。"公务员余先生对记者说,"我们的压力不来自工作,而是来自工作环境,这里的人事关系太复杂了,气氛微妙得让人窒息。我一个大男人人前不能流泪,只能人后找个地方喝闷酒;或者回家泡澡,听优美的轻音乐,在短时间内放松、休息,恢复精力,让自己得到精神小憩,觉到片刻的安详、宁静与平和。"余先生有时候还去运动消气,"我家里吊着一个沙包,郁闷时就打它,我还买了一辆攀爬车,连续骑车能消耗很多体力,出一身汗的感觉很好。"

【提示】 缓解压力的办法有很多,能让自己更有能量去面对未来,就是适合自己的减压之道。

在我遇到压力时,我用得较频繁的减压办法是 _____

(2)积极参加各种有益的活动,培养健康的兴趣和爱好

积极参加各种有益的活动,可以避免产生孤独、恐惧等不良的心理反应。特别是秘书人员,积极参加各种有益的活动,既是人际交往的需要,有利于开展各项工作,同时也有利于维护身心健康。每个秘书都应该有自己的业余爱好,如打乒乓球、逛街、听音乐、书法、摄影等,不仅可以释放工作压力,解除疲劳,起到陶冶情操、丰富内心情感、促进心理健康的作用,而且有助于工作能力的提高。

3.建立和扩展良好的社会支持系统,拥有朋友

人是社会性的,不能离群索居,需要他人的支持,也需要关爱他人。所谓支持系统,就有如树木的根脉,彼此息息相关,互通生长资源。与人互动,沟通心灵,倾吐遭遇的心理压力事件,也是行之有效的减压方法。每个人的支持系统包括家庭、学校、同伴和社会机构。家庭支持资源有父母、兄弟姐妹、长辈;学校支持资源有老师、辅导员、心理咨询师;同伴支持资源有同学、同辈、朋友;社会支持资源有医生、老乡等。有这样一个社会人际支持系统,当我们内心欣喜、痛苦、烦恼、无助时,就能得以倾诉、分享,或得到同情、关怀和支持。逆境中遇到的困难可能使你举步维艰,在这个时候你没有必要封闭自己,应该利用一切可能的时间和机会来与朋友进行沟通和交流,把自己的一些苦闷和忧愁向自己的朋友和亲人倾诉,希望能得到他们的理解和支持。向他们倾诉你心中不快以及今后打算,改变内心的压抑状态,以求身心的轻松,从而让目光面向未来。"一个篱笆三个桩,一个好汉三个帮。"通俗

地表达了集体和社会支持在个人应对困境、面对压力时所起的支持作用。

4.积极面对人生,自信豁达,知足常乐,笑口常开

(1)充满信心

一个意志坚强的人,当逆境出现时,相信自己能够掌握自我命运,能够从逆境中走出去,并从中获得健康、知识、活力与成功。比如在工作中出现了逆境压力,应该想到既然这份工作是自己选的,就要相信自己的眼光,绝不轻言放弃。要坚信暂时的不顺利只是小插曲,经过峰回路转,前面一定是柳暗花明。

(2)善于化压力为动力

遇到挫折和失败或即将遇到挫折和失败时,会面临很大外在的心理压力,在这个时候,你是气馁,当逃兵,还是奋起,继续而勇敢地追寻?这对人是一个很大的考验,很多名人、伟人在挫折和失败面前,从不低头、气馁,而是善于化压力为动力,从逆境中奋起。他们的成功经历很值得我们大家去深思,去学习。经历挫折,换个角度讲,是对人的意志、决心和勇气的锻炼,是对人综合实力的检验。失败乃成功之母。楚汉之争,刘邦屡败屡战,百折不挠,终于在垓下一战,十面埋伏,将项羽打败。人是经过千锤百炼才成熟起来的,重要的是吸取教训,不犯或少犯重复性的错误。

"天空的立法者"开普勒

德国天文学家开普勒,从童年开始便多灾多难,在母腹中只呆了七个月就早早来到了人间。后来,天花又把他变成了麻子,猩红热又弄坏了他的眼睛。但他凭着顽强、坚毅的品德发奋读书,学习成绩遥遥领先于他的同伴。后来因父亲欠债使他失去了读书的机会,他就边自学边研究天文学。在以后的生活中,他又经历了多病、良师去世、妻子去世等一连串的打击,但他仍未停下天文学研究,终于在 59 岁时发现了天体运行的三大定律。他把一切不幸都化作了推动自己前进的动力,以惊人的毅力,摘取了科学的桂冠,成为"天空的立法者"。

【提示】 笑对人生,相信命运可以掌握在自己手中。

压力也可以变为动力,面对困境,我的态度是＿＿＿＿＿＿＿＿＿＿＿＿＿＿＿

＿＿＿＿＿＿＿＿＿＿＿＿＿＿＿＿＿＿＿＿＿＿＿＿＿＿＿＿＿＿＿＿＿＿＿＿＿＿

5.建立心理防卫机制

心理防卫机制是心理学的名词,是指自我对本我的压抑,这种压抑是自我的一种全然潜意识的自我防御功能,是人类为了避免精神上的痛苦、紧张焦虑、尴尬、罪恶感等心理,有意无意间使用的各种心理上的调整。这些方式对摆脱烦恼、恢复心理安宁与稳定有着积极作用。其中有几种可以借鉴。

(1)合理化

合理化又称文饰,是指无意识地用一种通过似乎有理的解释或实际上站不住脚的理由来为其难以接受的情感、行为或动机辩护以使其可以接受。而所谓的解

释和借口往往是不客观的,通常采用贬低目标价值或抬高个人意识的方法来阐明现实状况的合理性和自己选择的自愿性,文过饰非,歪曲事实,给自己一个合理化解释,以减轻痛苦和责任,维护面子。合理化有三种表现:一是酸葡萄心理,即把得不到的东西说成是不好的;二是甜柠檬心理,即当得不到葡萄而只有柠檬时,就说柠檬是甜的;三是推诿,是指将个人的缺点或失败,推诿于其他理由,找人担待其过错。三者均是掩盖其错误或失败,常常是自欺欺人的,解决不了什么问题,但它能使个人保持内心的安宁,免于心理失衡。这种方法适合偶尔及短期内使用,如果成为一种习惯化思维方式,往往会助长惰性心理,使人不思进取,如阿Q惯用的精神胜利法。

"酸葡萄心理"也是一种减压方式

一天,一只饥饿的狐狸出来找东西。它已经一天没吃东西了,肚皮早已饿得瘪瘪的了。忽然,它看到路边葡萄架上挂满了沉甸甸的葡萄,狐狸的口水都流出来了! 可是葡萄很高,它够不着,怎么办呢? 对了,跳起来不就能够着了吗? 于是,狐狸向后退了几步,猛地跳了起来。可惜,还差一点儿。

再试一次,还是够不着,而且差得越来越远,于是只好放弃了。临走之前,它安慰自己:"葡萄是酸的,不吃也罢。"

【提示】 当遭遇无法解除的压力时,学会合理化防御机制可以帮助取得心理平衡。

你采用过这种做法吗? ＿＿＿＿＿＿＿＿＿＿＿＿＿＿＿＿＿＿

这样做对自己和他人有什么影响? ＿＿＿＿＿＿＿＿＿＿＿＿＿＿＿

＿＿＿＿＿＿＿＿＿＿＿＿＿＿＿＿＿＿＿＿＿＿＿＿＿＿＿＿＿＿＿

(2)补偿与升华

补偿是指个人因身心某个方面的缺陷而不能达到某种目标时,有意识地采取其他活动获取成功,或通过别的途径达到目标来代偿。这是以一个活动的成功来弥补另一活动的失败,即所谓"东方不亮西方亮","失之东隅,收之桑榆"。

升华是补偿的最高表现形式,它是指将被压抑的不符合社会规范的原始冲动或欲望,另辟蹊径,用符合社会认同的建设性方式表达出来,并得到本能性满足。这是一种积极有益的自我防卫方式。

很多文艺作品都是作者把内在的冲动加以升华,而以社会能接受的方式加以表现的结果。歌德年轻时爱上了他朋友的妻子,这种爱的欲望又无法实现,他非常痛苦,把自己关到房子里不愿见人。几个星期过去了,一部世界名著《少年维特之烦恼》诞生了。歌德把自己无法满足的欲望升华为一部小说。在小说里,他把自己在现实里不能讲的话痛快淋漓地宣泄了出来,被压抑的爱情得到了释放,他获得了新生,并因此而成名。

（3）幽默

幽默是指当自己处于尴尬处境时，运用有趣、诙谐的语言或动作改变气氛。幽默能使生活充满情趣，哪里有幽默，哪里就有活跃的气氛。谁都喜欢与谈吐不俗、机智风趣的人交往，而不喜欢跟抑郁寡欢、孤僻离群的人接近。幽默感可以化解压力，增进身体健康。幽默的创造或欣赏能释放人们内心的攻击冲动与焦虑情绪，维持心理上的平衡，调节负面生活压力的影响，能缓和紧张，释解压力。

苏格拉底和妻子桑斯佩

有一次，庸俗凶悍的桑斯佩为了一点小事大发脾气，当着客人的面，对丈夫苏格拉底破口大骂。然后，又将一盆脏水浇到大哲学家的头上，水从头直泻全身，苏格拉底顿时成了落汤鸡。

但苏格拉底不仅没有生气，而且还幽默地说："我早知道雷声之后，必有大雨。"人们不能理解苏格拉底的宽容，便问他："你怎么会娶这样一个泼辣的女人呢？"苏格拉底说："善骑者，必选暴躁的劣马，因为若能驾驭一匹暴烈的马，自然有能力驯服其他所有的马。同样，如果我能忍受桑斯佩的坏脾气，那么，在这个世界上，我还有什么人不能相处呢？"

【提示】　幽默是一种优秀的性格品质，也是一种高明的待人接物的技巧，它需要智慧与经验的积累。

在日常生活中，你留心观察，幽默的人是怎样化解困境的？＿＿＿＿＿＿＿＿＿＿

＿＿＿＿＿＿＿＿＿＿＿＿＿＿＿＿＿＿＿＿＿＿＿＿＿＿＿＿＿＿＿＿＿＿＿＿＿＿

在压力面前，各人应对方法各不同，有人会采取一些不恰当的应对措施或者消极的自我防御机制，如否认、退行、回避、压抑、反向、抵消、攻击、自责、依赖药物、酗酒抽烟等以减轻压力，结果适得其反。也有人会主动采取一些积极的或至少是无害的应对措施，如宣泄、转移注意力等，如通过读书学习来转移压力，在书的世界中遨游时，一切悲愁忧伤都抛诸脑后，烟消云散，读书可以令人在潜移默化中变得心胸开阔、豁达。知识的积累，技能的提高，不仅能为自己赢得更多的自信，也将会为自己争取更多的机会。

此外，还可以采取呼吸调节法、肌肉松弛法、去除非理性观念法、知觉放松法、思想中断法等办法从生理和心理层面达到缓解压力的效果。

◎ 相关链接

教你几招缓解心理压力

应对策略之一：自我测试

以下列出的是一些应对压力事件的比较常用的办法，哪些是你的行为特征或者是你的常用办法，请注上标记。

1. 我将自己的需求忽略，只是埋头工作，拼命工作。

2. 我寻找朋友进行交流并获得他们的支持。

3. 我比平时吃更多的东西。

4. 我进行某种形式的体育锻炼。

5. 我发怒，并将烦恼统统赶走。

6. 我花些时间来放松，喘口气，做伸展运动。

7. 我抽支香烟，喝那些含有咖啡因的饮料。

8. 我面对压力的根源，做工作改变它。

9. 我收回自己的感情，远离人群只做自己的事情。

10. 我改变自己对问题的看法，以求更加透彻地看待它。

11. 我睡觉的时间比我真正需要的时间长。

12. 我花一些时间离开自己的工作环境。

13. 我外出购物，用买东西的办法使自己感觉良好。

14. 我和朋友们开玩笑，用幽默的办法来钝化困难的锐气。

15. 我比平时喝更多的酒。

16. 我沉溺在个人的爱好或兴趣中，它使我放松并感觉良好。

17. 我吃药来使自己放松或者改善睡眠。

18. 我让自己保持健康的饮食。

19. 我只是忽视问题，并且希望很快地过去。

20. 我祈祷，思考，丰富自己的精神生活。

21. 我对存在的问题担心，害怕去做任何触及到它的事情。

22. 我集中精力对付那些我能够控制以及能够接受的事情。

以上的各项条目中，序号为偶数的条目是一些更具有建设性的策略，而标有奇数号的条目趋向于不大好的应对压力的策略。如果你选择的是奇数序号的条目，那么你就应该考虑一下对你的思考方式和行为方式是否要做一些改变。你可以尝试着采用过去没有采用过的偶数序号策略的方法。

应对策略之二：改变生活方式

1. 确定一个"放松时段"融入日常生活里，试着养成放松的习惯。

2.尽可能多做令你感到愉快的事情。

3.不要让压力积起来。

4.做到劳逸结合。

5.坚持在家里和工作中应有的权利。

6.避免劳累过度或接受太多的工作任务。

7.不要躲避令你感到害怕的事情。

8.要学会记住自己的成绩和进步,并会表扬自己。

应对策略之三:学会说"不"

当人们请求你帮他们做事情而给你造成压力时,你通常很难说"不"。考虑一下你是否能够做或者愿意做他们要求你做的事情。如果你不能够或不想做,学会有效地拒绝他人的请求。

应对策略之四:说出你的想法

诚实地表达你的意见,这一点很重要,虽然这有可能会惹恼别人或引起争论。如果确信别人的某个请求是不合理的,你就得说出来。当愤怒和挫折无法宣泄时,人就会郁闷、沉默、唠叨、指责或背后诽谤,不能表达自己的意见会导致"消极—挑衅"的行为,这种行为对健康有害,因为被压抑的挫折或愤怒会对免疫系统造成伤害。

应对策略之五:建设性的批评

说出你的感受,解释为什么别人的行为伤害了你,或给你带来了不便,告诉别人你是多么希望他们能够改变。

应对策略之六:处理冲突

1.避免争执

每个人都遇到过与朋友、家人或同事在某个问题上产生冲突的情况。争执会造成压力,但冷静、克制、自信以及据理力争会缓解这种压力。

2.处理冲突

处理冲突时,要谨慎地选择你的语言,要诚实、自信、得体。

3.保持中性

处理冲突的一个技巧叫"保持中性",它是把话中的"刺"剔掉,重新组织起话的内容。举个例子,如果有人说"我无法和老板相处",你回答,"你想讨论改善你和老板的关系?"

应对策略之七:自我激励

承认你能从错误中吸取教训,下一次更正。告诉你自己:"我已经做得最好,对我来说已经足够好了。""金无足赤,人无完人。""即使我时常失败,人们仍会喜欢我。""犯错误并不意味着做人的失败。"

应对策略之八：学做三件事

1. 学会关门

学会关门即学会关紧昨天和明天这两扇门，过好每一个今天，每一个今天过得好，就是一辈子过得好。

2. 学会计算

学会计算即学会计算自己的幸福和计算自己做对的事情。计算幸福会使自己越计算越幸福，计算做对的事情会使自己越计算对自己越有信心。

3. 学会放弃

特别推荐汉语中一个非常好的词，这就是"舍得"。记住，是"舍"在先，"得"在后。世界上的事情总是有"舍"才有"得"，或者说是"舍"了一定会"得"，而"一点都不肯舍"或"样样都想得到"必将事与愿违或一事无成。

应对策略之九：学说三句话

1. "算了！"

即应对一个无法改变的事实的最好办法就是接受这个事实。

2. "不要紧！"

即不管发生什么事情，哪怕是天大的事情，也要对自己说："不要紧！"记住，积极乐观的态度是解决任何问题和战胜任何困难的第一步。

3. "会过去的！"

不管雨下得多么大，连续下了多少天也不停，你都要对天会放晴充满信心，因为天不会总是阴的。自然界是这样，生活也是这样。

应对策略之十：学会"三乐"、"三不要"

"三乐"：

助人为乐、知足常乐、自得其乐。进一步说就是在自己好的时候要多助人为乐，在自己过得一般的时候要知足常乐，而当自己处于逆境中时则要学会自得其乐。

"三不要"：

1. 不要拿别人的错误来惩罚自己

现实生活中有许多人一不怕苦，二不怕死，再重的担子压不垮他，再大的困难也吓不倒他，但是他受不起委屈，冤枉。其实，委屈、冤枉，就是别人犯错误，你没犯错误；而受不起委屈和冤枉就是拿别人的错误来惩罚自己。懂了这个道理，再遇到这种情况，对付它的最好办法就是一笑了之，不把它当一回事。

2. 不要拿自己的错误来惩罚别人

当自己受到冤枉或不公正待遇后，也冤枉别人或不公正地对待别人。事实上当你伤害别人时，自己会再次受到伤害。

3.不要拿自己的错误来惩罚自己

何谓好人？我们认为，如果交给他（她）做 10 件事，他（她）能做对 7～8 件，就是好人。显然，这句话潜藏着另外一层含意，就是好人也会做错事，好人也会犯错误。所以，好人做错了事，一点都不要紧，犯了再大的错误也不要紧，只要认真地找出原因，认真地吸取教训，改了就好。

◎ 思考与练习

1.在什么时候、什么情况下会对你造成压力？你最伤痛或者遗憾的事是什么？

2.列出你感觉压力最大的三项事件，并写出最常出现的负面思考，讨论有效的应对方法。

项目二　秘书挫折应对

◎ 心理训练

任务一：绝处逢生

时　　间：20 分钟。

目　　的：通过帮助别人打消轻生念头，认识在面临困难和挫折时为什么要心存希望。

操作程序：

1.热身活动：10 人一组，围成圆圈，每个人伸出右手，掌心向下；同时伸出左手，食指顶在左边那人的右手掌心上。教师开始说一段事先准备好的话，要求大家听到这段话中出现某个字或词（如听到"抓"字时），你伸出的右手要快速抓住左边人的食指，而自己伸出的左手食指要同时尽可能逃脱，以免被抓。

2.讨论：

(1)你逃了多少次？被抓了多少次？

(2)你是否因反应错误而出现误逃和误抓的情况？

(3)为什么会出现反应错误？

(4)在游戏中你的体验是什么？

3.小组中一位同学扮演因父母离异，自己生活无着落，感到无亲情之爱，悲痛欲绝的角色，请其他同学列出理由劝说他放弃自杀念头。

4.另一组中一位同学扮演被告知身患绝症，痛苦万分，准备自杀的角色，请其他同学列出理由劝说他放弃自杀念头。

5.大家评出本组最佳"劝手"。

【提示】 很多人被自己的思想和挫折折磨得死去活来,因消极的心态和毁灭性的思想而离开这个世界。面对挫折和困境,你总有摆脱的机会,你可以选择任何一个时刻作为信心的开始。

跌倒了不叫失败,跌倒了爬不起来或不爬起来,那才是失败。你怎么对待你的跌倒？ _____

任务二:人生曲线

时　　间:20分钟。

目　　的:对过去、现在和未来的我做出评估和展望。

操作程序:

1.画一个坐标,横坐标表示年龄(时间),纵坐标表示对生活的满意程度。

2.然后找出自己生活中的一些重要的转折点,连成线。

3.最后在小组中以坦诚的心情向他人介绍自己的人生。通过相互交流了解千差万别的人生经历。

【提示】 生活中有太多不堪回首的往事和痛苦,失意、失恋、失落,过于沉湎这类情绪就会影响健康和生命的成长。过去的由它过去,要拿得起放得下。成长是一个"错了再试、败了再来"的过程,生活中"失败"的经验和"成功"的经验一样可贵。

回忆自己的成长历程,分享将一副重担从肩上卸下来的感觉_____

_____

任务三:秘密大会串

时　　间:约40分钟。

材　　料:纸、笔。

目　　的:帮助成员面对与处理当前的困扰。

操作程序:

1.面对学习、生活和即将到来的就业,不少人心中会有许多的担心,请每位同学想一想目前最困扰自己的事是什么,最想解决的问题是什么,考虑好后写在纸上,不署名。

2.写完折叠好,投入已准备好的秘密箱中。

3.全体成员完成后,邀请同学从秘密箱中随机抽出一张,大声念纸上的内容,请全班同学共同思考,帮助提问题的人解决问题。讨论完一张,再讨论另一张,直至所有纸条上的问题都逐一解决。

4.最后教师引导同学思考怎样从他人经验中学习成长。

【提示】 因为匿名,可减少大家的担忧,大胆提出问题,全体共同出主意、想办法,帮助别人也帮助自己。大家彼此支持,相互建议并善意地提出个人见解。

在这个过程中我学会了_____

◎ 案例导入

秘书必须学会忍耐

这些年来,我培养了上万名秘书,总的感觉是那些家境清贫、童年不幸、涉世较早、生活刻苦的女孩比较适合培养当秘书。因为她们很能吃苦,而且善解人意,对社会的适应和对苦难的承受力很强,也容易与人相处,一句话,特别能忍！而独生子女则很困难,因为先天条件太优越,一个孩子有 6 位长辈照顾,难免溺爱过度而习惯娇气任性,如果自己又不能正确对待及刻意修炼,很难想象她会用心去服务上司、伺候上司。

当然,秘书并非就应该逆来顺受,但你必须学会忍。忍是一种美德,耐是一种品质。长期的忍耐肯定不容易,但如果你能以平常心、清净心、欢喜心来待人接物处事,以足够的善意和诚意来做好职业本分,你就会有超乎常人的大智慧和大慈悲。

(资料来源:廖金泽《秘书怎么办》)

【提示】 秘书工作的性质,要求秘书必须甘于奉献。其从属性、辅助性、服务于上司的工作特点又导致秘书经常会感觉受委屈,因此具备良好的控制力是秘书的必修课。

我认为抗挫力来自于＿＿＿＿＿＿＿＿＿＿＿＿＿＿＿＿＿＿＿＿＿＿＿＿

◎ 理论知识

挫折广泛存在于每一个人的生活之中,贯穿于人的一生,遍布于生活的方方面面。对挫折的心理反应和应对挫折的能力,在很大程度上反映了一个人的心理素质和心理健康水平。

一、挫折概述

1.挫折的定义

挫折是指个体在通向目标的过程中遇到难以克服的障碍或干扰,使目标不能达到、需要无法满足时所产生的不愉快情绪反应。

挫折包括三个方面的含义:一是挫折情境,即指对人们的有动机、有目的的活动造成的内外障碍或干扰的情境状态或条件,构成刺激情境的可能是人或物,也可能是各种自然、社会环境;二是挫折认知,即指对挫折情境的知觉、认识和评价;三是挫折反应,即指个体在挫折情境下所产生的烦恼、困惑、焦虑、愤怒等由负面情绪交织而成的心理感受,即挫折感。其中,挫折认知是核心因素,挫折反应的性质及程度,主要取决于挫折认知。

2.挫折的产生

挫折的产生与以下五个方面有关。其一是需要和由此产生的动机;其二是在动机驱使下有目的的行为;其三是使需要不能获得满足或目标不能实现的内外障碍或干扰的情境状态或情境条件,称为挫折情境,挫折情境可以是实际存在的,也可能是当事人想象中的;其四是对挫折情境的知觉、认识和评价,称为挫折认知,挫折认知既可以是对实际遇到的挫折情境的认知,也可以是对想象中可能出现的挫折情境的认知;其五是因受到挫折而产生的情绪和行为反应,称为挫折反应。

在以上五个方面中,挫折认知是产生挫折最重要的因素。因为只有在挫折情境被知觉后人们才会产生挫折感;否则,即使挫折情境实际存在,只要不被知觉,人们也不会有挫折感。所以,挫折感的实质是当事人的一种主观感受,当事人是否有挫折感和挫折反应的强弱,主要取决于当事人对挫折情境以及对自己的动机、目标与结果之间关系的知觉。不同的人,需要和动机的强度、对实现目标的评价标准、对自我的预期以及对挫折的归因等都不尽相同,所以,即使面对同样的挫折情境,不同的人会产生不同的挫折反应。如同样是考试不及格,有的学生痛不欲生,有的学生懊悔不已,有的学生则不以为然,这就是因为他们对考试不及格这一挫折情境的认知不同所造成的。正如巴尔扎克所说:"世上的事情,永远不是绝对的,结果完全因人而异。苦难对于天才来说是一块垫脚石,对于能干的人是一笔财富,而对于弱者是一个万丈深渊。"

二、秘书挫折形成的原因

引起挫折的原因一般可分为外在环境客观因素和内在个体主观因素两种。

(一)外在客观因素的影响

影响秘书产生心理挫折的外在因素有很多,主要有以下几种。

1.对秘书的工作性质缺乏认识

秘书从事的是服务性工作,其工作性质是辅助性、从属性的,秘书工作才能的发挥,直接受制于领导,许多日常事务性工作需要经常加班加点,十分辛苦,而待遇较低;秘书需要做好领导的参谋和助手,需要有能力,但往往又是幕后英雄;秘书处于一个复杂的人际关系网,无论与领导还是与周围其他人的相处状况很大程度上制约着秘书的工作状态。在这种情况下,如果没有对秘书工作的正确认识,往往会造成心理上的负担,从而产生挫折感。

秘书是个"受气包"

"受气包"的"气"通常有两个来源:客户和领导。客户指外部客户。一般而言,与客户打交道的职位,都格外强调"服务意识"。实际工作中,哪个人没碰到过难缠不讲理的客户? 有了委屈你得"忍"。因此招聘时总要出特习钻,甚至是习难的面试题,直让被面试的人觉得刻薄、不可理喻。

而来自领导的"气"更是需要你"受"。有调查显示，秘书是职场中受气最严重的，因为他们离老板最近。老板也是人，也有心情郁闷的时候，尤其是当事情没有按他设想进展的时候。这时，不妨换位思考，检讨一下自己的工作，如果确实有不足，那么有则改之就行了，不要纠缠在老板的用词、态度等细枝末节上。若老板的"气"过于情绪化，权当左耳朵进右耳朵出。千万别把问题看得过于严重，担心上司对自己心存成见，越想越委屈、越消极，钻进死胡同。

【提示】　当老板正在"出气"时，记住绝不拍案而起，也别针锋相对，哪怕理在你这边。

"火上浇油，最终吃亏的是自己，毕竟他是老板。""等'暴风雨'过去，天晴的时候再心平气和地找老板理论。"对这个观点，你的看法是＿＿＿＿＿＿＿＿＿

＿＿＿＿＿＿＿＿＿＿＿＿＿＿＿＿＿＿＿＿＿＿＿＿＿＿＿＿＿＿＿＿＿

2. 对秘书职业的传统社会舆论与偏见

目前秘书形象还没有在社会上完全树立，人们往往对这个职业有偏见，对秘书职业不能理解，舆论中很少有公正评价，认为秘书是领导的"高级保姆"；秘书没有独立人格，整天点头哈腰、狐假虎威；秘书充当花瓶、"小蜜"；秘书清闲自在、游山玩水等，这些都对秘书的心理挫折有重要影响。

主动揽"过"是秘书必备的品德

供职于市区某大型国企的黄先生，他的秘书生涯已有十三年之久了，可谓是位"老秘"。谈起秘书的工作，黄先生深有感触。

在黄先生看来，秘书是个重要的职位，是上司的特殊助手，他们掌握办公室工作的技巧，能在上司没有过问的情况下表现自己的责任感，以实际行动显示主动性和判断力，并在所有给予的权力范围内作出决定。黄先生告诉记者，真正的秘书不是吃"青春饭"的，从前台秘书到部门初级秘书到中级秘书再到高级秘书，甚至成为总裁助理、行政总监，秘书的发展空间是很大的。

"但秘书的角色也是很特殊的。"黄先生说，做秘书工作的人，就要随时随地处于工作状态。比如常常在晚上才被告知领导明天急要一份文件，无论如何也要在天亮前写出来。"熬夜是经常的事了。"黄先生脱下眼镜，指着黑眼圈告诉记者，一名真正的秘书其实不仅工作相当苦，而且还要懂得委曲求全，主动为领导或上司揽"过"。在黄先生看来，主动揽"过"应该成为一名好秘书必备的品德。由于领导或上司决策不当使秘书在工作中出现失误或遭受挫折时，秘书不但不能有情绪表现，相反，要主动承担自己在执行过程中的责任，以宽领导之心，分担由此而造成的压力。

黄先生意味深长地说，在别人看来，秘书是领导或上司的"红人"，其实秘书是份费人心智的工作。"头皮屑多可能是秘书的最大特点了。"黄先生诙谐地说。合格的秘书就要"想领导所想,急领导所急",而并非是人们所想象的那些作为"花瓶"摆设的作用。

【提示】 秘书工作的本质特征是辅助性,工作非常重要,但其角色较为特殊,为领导服务,需要承受更多的压力。

你心目中的秘书形象是＿＿＿＿＿＿＿＿＿＿＿＿＿＿＿＿＿＿＿＿＿＿＿＿＿＿

(二)内在主观因素的影响

1.抱负水平的大小和目标标准的高低

抱负水平是一个人为自己的行为所确立的目标标准。一般而言,标准越高,越易受到挫折。个人在选择目标时往往带有理想成分,对自己抱的期望值也高,但一旦发生现实冲突,目标实现受阻,就会产生受挫感。秘书对自己提出或制订的各种建议或方案要结合自身实际和现实需要及可能性,合理确定期望值,使制订的目标切实合理,避免挫折感的产生。

2.对挫折的承受力

挫折的承受力也称耐受力,即个体受到挫折免于心理和行为失常的能力。这种能力其实是一个人意志品质的体现。凡是具有良好意志品质的人,他就能忍受各种挫折并战胜它。面对挫折每个人的承受力是不同的。如果一个人缺少这种能力,遇到一点小挫折就会长吁短叹,自怨自艾,颓废沮丧甚至精神崩溃,轻生寻死。一个人的挫折承受力主要与其生活态度、生理条件、生活阅历及个性因素有关。因此,锻炼坚强的意志品质,对于秘书培养战胜挫折的勇气和信心具有重要影响。

3.对情绪的控制力

当主观意志的实现受到阻碍,人会引发情绪反应,但它又是可以控制和调节的,只要有决心,认清症结所在,自觉培养情绪自控能力。一个具有健全理智的秘书,完全可以做到在挫折面前"猝然临之而不惊,无故加之而不怒"。

关于"踢猫现象"

何为"踢猫现象"?以下有例为证。

有一天,公司经理正在气头上,恰好办公室主任来请示工作,他就满面怒容地将办公室主任斥责了一番。

办公室主任莫名其妙地被经理斥责了,正在火头上,秘书这时前来汇报工作,办公室主任就怒气冲冲地将秘书训斥了一顿。

秘书无缘无故地被主任训了,心中愤愤不平,回到办公室发现男朋友来接她,于是劈头盖脸就将他骂了个够。

她男朋友高兴而来,扫兴而归,走到街上,怒火难耐,见到一只猫,就一脚踢了过去……

【提示】 把压抑和不满及时疏泄出去,保持心态平衡,增强耐挫力,但前提是不要对无辜者发泄你的攻击性。

　　你在生活中有迁怒于人的情况发生吗？_____

　　后果如何？_____

_____

　　三、秘书应对挫折的策略

　　导致挫折感的某些主客观原因我们是无法控制的,那么当因为客观原因而导致失败和挫折时,就不要怨天尤人,应该敢于接受。人生难免会遇到挫折,没有挫折的人生不是完整的。挫折就像是一把双刃剑,可让人一蹶不振,也可以让人再接再厉。人要学会如何从挫折中长大,才能真正成材。

鸡蛋、石头和皮球

　　一只鸡蛋落在地上,它悲伤地哭道:"我完了,我这只倒霉蛋。我为什么这么倒霉?"接着就粉身碎骨,壮烈牺牲了。

　　一块石头落在地上,它愤怒地大叫:"谁敢跟我作对？你硬,我比你更硬!"它把地面砸了个窝,但它自己也深陷其中出不来了。它气急败坏,但无能为力。

　　一只皮球落在地上,砸得越猛,它弹得越高,然后轻巧地换了一个姿势,在地上打了个滚,就又蹦蹦跳跳地走了。

　　【提示】　鸡蛋、石头和皮球的遭遇,反映了生活中人们对待挫折的不同态度。有的人遇到挫折就一败涂地,再也站不起来了;有的人遇到挫折暴跳如雷,继续撞南墙;有的人遇到挫折,轻轻一笑,改变一个方向,又上路了。

　　遇到挫折,你是怎么应对的呢？_____

　　你欣赏哪一种呢？_____

_____

　　秘书在公司中是一个很重要的角色,他是上司的谋士,也是上下级的纽带。因为其工作的特殊性,所以秘书更要学会如何去面对挫折。

　　秘书因其面对的人与事都比较丰富,所以很容易产生挫折,如果不及时排除,那接下来的工作就无法进行,对于企业形成的影响是巨大的。

　　人在遭遇挫折时,往往感到缺乏安全感,使人难以安下心来,工作和生活都会受到影响。那么,人在遭受挫折的时候,又应如何进行调试呢？

　　1.善于总结经验教训

　　遇到挫折时应进行冷静分析,从客观、主观、目标、环境、条件等方面,找出受挫的原因,采取有效的补救措施。从失败中吸取教训,重新塑造自己。

　　2.要有一个辩证的挫折观

　　经常保持自信和乐观的态度,要认识到正是挫折和教训才使我们变得聪明和成熟,正是失败本身才最终造就了成功。首先,挫折可以帮助自己成长。人的成长过程是适应社会要求的过程,如果适应得好,就觉得宽心、和谐;如果不适应,就觉得别扭、失意。而适应就要学会调整自己的动机、追求和行为。一个人出生时,根本不知道什么是对,什么是错,正是通过鼓励、制止、允许、反对、奖励、处罚、引导、劝说,甚至身体上的体罚与限制才学会举止与行为得当,学会在不同环境、不同时间、不同对象、不同规范条件下调整行为。反之,从小无法无天的孩子,一旦独立生活就会被淹没在矛盾和挫折之中。其次,挫折可以增强自己的意志力。由学校走出社会,会承受更大的压力,学生时代对各种困难体验都不深,缺乏忍耐力,没有坚强的意志,一旦遇到挫折就被击垮了。实际上生活中许多轻度挫折,是意志力的"运动场",当你大汗淋漓地跑完全程,克服了生活的挫折,就会获得愉快的体验。心理学家把轻度的挫折比作"精神补品",因为每战胜一次挫折,都强化了自身的力量,为下一次应付挫折提供了"精神力量"。

当然,挫折并非越多越好,挫折频率也并非和挫折承受力成正比,任何事情都应有度,物极必反。如果"屋漏偏逢连夜雨,船破又遇顶头风",接连遭受挫折反而会使承受力降低,甚至导致心理疾病。祥林嫂就是因接连遭受打击而精神失常的。所以,挫折也有负面效应。

3. 学会在困境中鼓励自己

学会自我宽慰,能容忍挫折,要心怀坦荡,情绪乐观,发奋图强,满怀信心去争取成功。没有河流的冲刷,便没有钻石的璀璨。正因为有挫折,才有勇士与懦夫之分。生活中的失败挫折既有不可避免的一面,又有正向和负向功能;既可使人走向成熟、取得成就,也可能破坏个人的前途,关键在于你怎样面对挫折。

等待灵魂赶上来

印第安人赶着羊群往日落的地方走去。他们行走的速度很快,不过每走过一段距离,都要停下来。停下来的时候,映着天空悠悠的云,印第安的牧人们安详地跳起舞蹈,老人们咂着烟草,蓝色的烟雾更加显得宁静和祥和。有一个过路人看到这样的情景,就对印第安人说:"你们再不赶紧上路,日落之前就到不了目的地了。你们还等什么呢?"

印第安人说:"我们慢下来,是因为我们在等灵魂赶上来啊!"路人愕然。

人生的境况也是这样。我们往往匆匆忙忙过一辈子,到头来也不知道自己的前方到底有些什么值得我们如此。

一味的追逐丧失了我们应得的幸福。行色匆匆,满心装满了忧虑;追逐甚多,内心里痛不欲生。人生之所以有痛苦,在于欲念太多。欲念逼迫着我们,使得我们的心灵荒芜,野草杂生。

(资料来源:林虹等编著《心情相册》)

【提示】 学一学印第安人的从容,心态慢下来,放弃细微的乐趣、短促的享受,才能得到广阔的宁静和永久的祥和！

总结以往,在困境中,你觉得对自己最有效的宽慰是＿＿＿＿＿＿＿＿＿＿＿

＿＿＿＿＿＿＿＿＿＿＿＿＿＿＿＿＿＿＿＿＿＿＿＿＿＿＿＿＿＿＿＿＿＿＿

4.不苛求自己和他人

金无足赤,人无完人,每个人的生理条件和个性因素不同,人的能力、观念都有很大差异,不要盲目攀比,不苛求自己。应该对他人抱着宽容和体谅的态度,体谅别人的过错和难处,允许别人犯错误和改正错误,对他人的苛刻往往会造成人际关系的挫折。环境中的人或事令我们受到伤害或打击时,我们应该抛开那些无益的气恼,而在自己内心这块快乐的园地找到希望、安慰和鼓励。每个人都可以在自己心里种下一点快乐的种子,这些快乐种子可能是一些爱好、一点信心、一个理想。无论我们受到的打击有多严重,只要我们能保持自己内心的平静,就不会真的受到环境的伤害,就可以迎难而上,给"挫折一个微笑,给自己一个机会"。

一袋土豆

一位老师让她班上的孩子们玩一个游戏。她告诉孩子们每人从家里带来一个塑料口袋,里面要装上土豆。每一个土豆上都写着自己最讨厌的人的名字,所以痛恨的人越多口袋里土豆的数量也就越多。

第二天,每一个孩子都带来了一些土豆。有的是两个,有的是3个,最多的是5个。然后老师告诉孩子们,无论到什么地方都要带着土豆袋子,即使是上厕所的时候。

日子一天天过去,孩子们开始抱怨,发霉的土豆散发出难闻的气味。另外,那些带着5个土豆的孩子也不愿意再随身带着沉重的袋子。一周后,游戏结束,孩子们终于解放了。

老师问他们:"在这一周里,你们对随身带着土豆有什么感觉?"孩子们纷纷沮丧地表示,带着土豆袋子行动不便,还有土豆发霉后散发的气味很难闻。

这时,老师告诉他们这个游戏的意义。她说:"这就和你心里嫉恨着自己讨厌的人一样。嫉恨的毒气将会侵蚀你的心灵,而你无论到什么地方都要带着它。如果你连腐烂土豆的气味都无法忍受一个星期,你又怎么能让嫉恨的毒气占据你的一生?"

（资料来源:郭言编译《环球时报》2005-01-09）

【提示】　不要让一生都背负仇恨的包袱,忘记别人的过错更可取。

"原谅别人,也是对自己好。"你对此的体会是＿＿＿＿＿＿＿＿＿＿＿＿＿

＿＿＿＿＿＿＿＿＿＿＿＿＿＿＿＿＿＿＿＿＿＿＿＿＿＿＿＿＿＿＿＿＿＿＿

5.要始终保持一种乐观情绪

每个人都可能有环境不好、遭遇坎坷、工作辛苦的时候,身处逆境的人很容易认为人间没有乐趣，或生命没有价值，这样无形之中就给自己添加了承重的精神压力。相反，我们如果能看淡这些逆境中的困难，始终保持乐观情绪，认为人虽然注定了要靠劳力、靠工作来维持自己的生活，虽然注定了有七情六欲来品尝人间各种各样的悲欢离合，但同时，我们却也有机会来欣赏这有鸟语花香的世界，我们还有智能来体味人间苦乐的真谛，我们也还有心情来领略爱心善良和同情。相信你如果能这样去看待困难的话，心里一定会舒服很多。

沙漠里的半壶水

在沙漠里迷路的两个人，都只剩下半壶水。

一个人想："沙漠这么大，我只剩下半壶水，肯定要命丧沙漠了。"

另一个人则想："太好了，居然还有半壶水。我可以走出沙漠了。"

结果，前者感到很绝望，轻易地放弃了努力；而后者充满了信心，最终走出了沙漠。

【提示】　正是人们对事物的看法，决定了人的情绪及行为反应。所以，决定快乐情绪的不是别人，正是你自己。

悲观者与乐观者，你更希望自己是哪一种？　＿＿＿＿＿＿＿＿＿＿＿＿＿＿＿＿＿

你有行动证明吗？　＿＿＿＿＿＿＿＿＿＿＿＿＿＿＿＿＿＿＿＿＿＿＿＿＿＿＿＿＿

俗话说，人生不如意事十之八九。没有任何一个人一生中可以不经历挫折和失败。成功学告诉我们，在成功的天平上，逆商（即面对逆境或挫折时，不同的人产生的不同反应的能力）的砝码，远比智商和情商更重。

李嘉诚、霍英东、盖茨、韦尔奇、松下等中外成功人士都经历过无数的挫折与逆境，但是他们永远都在勇往直前。从成功人士身上我们可以看出，光有情商、智商只能成才，只有具备逆商才能成大事。

正如美国成功学宗师拿破仑·希尔所说："幸运之神要赠给你成功的冠冕之前往往会用逆境严峻地考验你，看看你的耐力与勇气是否足够。"

比尔·盖茨在接受世界八大财经媒体之一的《金融时报》采访时说："我有过颓丧和虚怯。微软公司在每次起飞过程中遇到的困难和阻力一次比一次大，从技术难关、竞争对手的围攻到政府的指控，如果我不是最终以勇气和毅力战胜颓丧和虚怯，恐怕早就被市场竞争的浪潮淹没了。"对盖茨而言，淹没在市场竞争狂风恶浪中的可能性，远比面临的飞跃机会要多得多。

韦尔奇从小就患口吃症，他当过球童、报童，卖过鞋；洛克菲勒小时候食不果腹，衣不蔽体，18岁时，以1000美元开始创业；松下幸之助不满10岁就背井离乡当学徒，一生体弱多病，草创松下电器时仅有3名员工和不到100元的资本；李嘉诚14岁就因父亲早故辍学打工，当过茶楼堂仔、钟表店学徒、行街仔（推销员）；霍英东当过铲煤工、打铁工、机场苦力……这些成功的人士都经历过逆境的磨难,他们都是以坚韧不拔的毅力克服困难,才走向辉煌的。

挫折在人的一生中是不可避免的,不要哀叹自己为什么那么倒霉,总要遇到不如意或是失败,其实每个人都会遇到挫折,只是有大有小而已。可能许多同学都曾学过"天将降大任于斯人也,必将苦其心智,劳其筋骨,饿其体肤,空乏其身"这句话。也就是说,做任何事情要想获得成功,必须得付出代价,而遇到挫折和失败是所付出的代价的一部分。遇到失败和挫折并不可怕,关键在于你如何对待挫折,不能一遇到挫折就心灰意冷、一蹶不振。

拒绝接受这份礼物

一位禅师,在旅途中碰到一个不喜欢他的人。连续好几天,好长一段路,那人一直用尽各种方法侮辱他。

最后,禅师转身问那人:"假如有人送你一份礼物,但你拒绝接受,那么这份礼物属于谁呢?"

那人回答:"当然属于原本送礼的那个人。"

禅师领首道:"没错。对于这些天来您送给我的礼物,我一概拒绝接受。"

说完这话,禅师微微一笑,转身走了。

而那人却愣在原地,好半天也没回过神儿来。

朝天上吐唾沫的人,最终弄脏的,往往是自己的脸。

【提示】　面对别人的误解和非议,面对生活的烦恼和忧伤,我们何不也把它当做一份礼物呢? 只要轻轻说一声拒绝,你就会换来一份好心情。

你有过被人中伤的体验吗? _____

你当时是怎样的感受? _____

采取了怎样的行动? _____

爱迪生说过:"伟大人物最明显的标志就是他坚强的意志,不管环境变换到何种地步,他的初衷与希望仍不会有任何改变,而终于克服障碍以达到所期望的目的。"我们已经清楚了面对挫折时,重要的应该是分析失败的原因,以便日后面对新的挑战和困难,但是我们也知道一个人如果总是遇到失败和挫折,这无疑对他的自信心是一个沉重的打击,那么这就需要我们有意识地在平时加强自己的能力,尽可能地挖掘自己的潜能,这样就为自己成功打下了良好的基础。而每一次成功的体验,不管大的成功或小的成功,都会增强自己的信心,这样我们就会去尝试更具挑战性的事情,在更为激烈的竞争中和更为困难的情况下,锻炼和提高自己的能力,于是就形成了一个良性循环。

四、保持秘书心理健康

(一)心理健康的含义和标准

1948年,世界卫生组织定义健康为"不仅是没有疾病和病态(虚弱现象),而且是一种个体在身体上、心理上、社会上完全安好的状态"。由此可见,一个健康的人,既要有健康的身体,还应有健康的心理和行为。关于心理健康的标准,比较通行的是:

(1)智力正常;

(2)具有较好的社会适应性;

(3)具有健全的人格;

(4)情绪情感稳定,能够保持良好的心境;

(5)有健全的意志和协调的行为;

(6)心理特点符合心理年龄。

(二)重视秘书的心理健康

秘书的工作绩效不仅取决于他的学识才干,也取决于他的心理健康状况。良好的心理状态,是秘书发挥才能的基础条件之一;反之,不良的心理因素则会妨碍秘书的积极性、主动性和各种能力的发挥,导致工作效率低下。

秘书处于各组织系统的枢纽,地位的特殊,事务的繁忙,角色的复杂,都使其心理处于紧张状态,若不予以重视并及时调整,就会造成心理失调甚至引起心理疾病。

秘书工作的特点对秘书的心理健康提出了很高的要求,秘书人员要清楚地认识到这一点,在实践中不断增强心理素质,提高心理健康的水平。

(三)秘书心理健康的获得

除了以上的减压和应对挫折办法外,还应做到以下几点。

1.树立正确的人生观和适度的抱负水平

人生观处于人的心理现象的最高层次,对人的心理活动具有重要的调节和指导作用,是个体行为的最高调节者。秘书人员只有树立了正确的人生观,才能正确对待工作与生活中出现的各种矛盾、困难和挫折,才能对外界环境产生适当的行为反应,保持良好的心理状态。反之,缺乏正确的人生观,就等于失去了对自己行为的正确而有效的控制,就容易被各种不健康的心理因素所影响和干扰,从而影响到个人身心健康的发展。秘书人员树立正确的人生观,不仅是心理健康的要求,也是政治思想素质的要求。秘书人员要在充分认识自己的基础上,力求在完成工作目标的过程中去实现自己的理想抱负。

2.创造良好的人际环境

人际交往是人与人之间通过一定方式进行接触从而在心理上和行为上发生相互作用的过程。秘书的人际关系往往十分广泛而复杂,对秘书的交往水平提出了很高的要求。秘书人员只有清醒地认识到自己的人际关系状况，形成正确的自我意识，宽容待人，乐于合作，才能创造良好的人际关系环境，促进心理的健康发展。

3.克服工作中常见的各种不良心理影响

不良心理是指影响个体正常行为和活动效能的心理因素或心理状态，它会妨碍秘书形成积极的人生态度。认识并克服这些不良心理，对提高秘书人员战胜困难和挫折的信心，保证身心健康，是极其关键的。秘书活动中，比较常见的心理问题有以下几种。

（1）嫉妒

嫉妒并不是一种好的心理，它可以让一个人失去理智。秘书的嫉妒具有指向性和对等性，大都是对同事发生的。引发嫉妒的条件有：各方面条件与自己相似或不如自己的人居于优位；自己所厌恶而轻视的人居于优位；与自己同性别或年龄的人居于优位；比自己高明并有意无意去炫耀的人居于优位。嫉妒的中心往往是对方的地位、荣誉、权力和业绩。嫉妒往往使人变得偏激，带有心理紧张和攻击性意欲，甚至做出违反道德规范的事情。

嫉妒既然是一种不健康的心理，就应该注意防范和加以消除。

为了摆脱嫉妒这种恶劣情绪，可以首先停止自己和别人的较量，正视自己的差距，然后扬长避短，去发现和开拓自己的潜能，不断充实和提高自己，改变现状。要有"你强我要通过努力比你更强"的积极心态，切忌"我不强也不能让你强"的消极情感。以冷静、达观对待事态的发展，从病态的自尊或自卑中解放出来，认识到每个人都会"自得其所"、各有归宿，甚至承认对方确实比自己高明。这样就能达到一个新的思想境界，不当情感的俘虏，从嫉妒的恶劣泥淖中自拔出来。

（2）焦虑

秘书由于压力过重，遇到了挫折，或自己的成就动机得不到及时满足，都容易产生焦虑，自尊心损伤，自信心丧失，不安、忧虑甚至惊慌。正常的焦虑能增强觉醒的强度，在生活和工作中是必要的，但若不能及时恢复到正常状态，则可能导致心理和行为上的失常，甚至引起精神上的疾病。当秘书出现这种心理障碍时，该如何克服呢？

首先，要敢于面对焦虑，增强自信，对未来充满信心。你可以冷静地问自己："这件事最坏又会坏到什么程度呢？"勇敢地回答这个问题，焦虑也就消失了。

其次，培养"处之泰然，安之若素"的襟怀，不为一时一事所困扰，不为小小的得失而耿耿于怀。这样，焦虑心理自然就消失了。

再次，可以制订一个行动计划来代替你的焦虑。当你拿出一个有意义的工作目标并全力以赴地去实现它时，也就无暇去焦虑了。

（3）厌烦

厌烦是心理疲劳的一种情绪表现。心理健康学认为：厌烦是腐蚀心灵的蛀虫，一个人如果长期地恹恹无生气,没完没了地感到精神疲倦、兴味索然、精疲力竭,最终会导致生命活力的丧失,严重者甚至会轻生。秘书若为厌烦所困,就会缺乏工作热情,注意力分散,工作效率降低。虽无全力劳动之负担,却老是感到疲惫不堪,虽悉心休息补养,却总不见起色。经常厌烦使自己对工作失去信心,不能把握自己。秘书在日常工作中应当保持乐观的心情。

要消除厌烦,最重要的是树立正确的理想和信念,确立工作目标,充实生活内容,在丰富多彩的心灵世界里,不给厌烦留下存在的空间角落。还要有正确的思维方法,懂得厌烦本身是无济于事的。法国作家大仲马说得好:"人生是一串无数的小烦恼组成的念珠,达观的人总是笑着数完这串念珠。"秘书就是要做这种达观的人。

渔夫与哲学家

有一个渔夫,这一天没有去下海捕鱼,而是在岸上找了一个地方躺下,睡着了,而且睡得很香。有一位来此观光的哲学家看见了这位渔夫,像所有受过文化知识熏陶的人一样,他看见这个渔夫睡在这里,觉得他很可怜,于是,他就走过去,结果惊醒了渔夫。那个哲学家就和渔夫攀谈起来。

哲学家问:"你今天为什么不下海捕鱼呢?"

渔夫没有正面回答他的问题,而是问了哲学家一个问题:"那你说说,我今天为什么就要下海捕鱼呢?"

哲学家可能觉得渔夫问的这个问题很奇怪,他就不假思索地说:"捕到鱼你就可以卖很多的钱啊!"

"那,我卖很多的钱又是为了什么呢?"

"你有了很多的钱,你就可以好好地享受生活,过一种无忧无虑的生活了!"

那个渔夫笑了,说:"刚才我就是在这儿无忧无虑地睡觉,是你来了打破了我的好梦!"

【提示】 换一种角度看人生,不将自己盲目地投入紧张的工作中,学会让自己适当放松,就能感受到生命的伟大与快乐,并且对生命充满由衷的喜悦与感激。

在压力和挫折面前,你学会了哪些放松自己的办法? ＿＿＿＿＿＿＿＿＿

此外,秘书人员还要积极参加一些有益的文体活动,如社交性晚会、舞会以及适合自己的体育活动,不仅可以联络感情、开阔视野、丰富业余生活,而且能够放松紧张的身心,增进心理健康。

培养秘书人员健康的情感、良好的意志、健全的性格,对秘书提高工作效率、增强适应性、保证身心健康,都是极为重要的。

◎ 相关链接

罗杰斯·卡尔
——美国人本主义心理学的理论家和发起者、心理治疗家

　　罗杰斯·卡尔（Rogers,Carl Ransom 1902—1987）早年在农场长大,童年的梦想是成为一名牧师,年轻时曾随青年基督教联合会（YMCA）来过北京。罗杰斯的突出贡献在于创立了一种人本主义心理治疗体系,其流行程度仅次于弗洛伊德的精神分析法。

　　罗杰斯认为每个人生来就具有自我实现的趋向,当由社会价值观念内化而成的价值观与原来的自我有冲突时便引起焦虑,为了对付焦虑,人们不得不采取心理防御,这样就限制了个人对其思想和感情的自由表达,削弱了自我实现的能力,从而使人的心理发育处于不完善的状态。而罗杰斯创立的来访者中心治疗的根本原则就是人为地创造一种绝对的无条件的积极尊重气氛,使来访者能在这种理想气氛下,修复其被歪曲与受损伤的自我实现潜力,重新走上自我实现、自我完善的心理康庄大道。

　　罗杰斯的自我论和马斯洛的自我实现论在基本观点上是一致的,都认为人有追求自我价值实现的共同趋向。但他更强调人的自我指导能力。相信经过引导人能认识自我实现的正确方向。这成为他的心理治疗和咨询以及教育理论的基础,自我指导原理起初是在心理治疗经验中得出的。他认为,精神障碍的根本原因是背离了自我实现的正常发展,咨询和治疗的目标在于恢复正常的发展。他的疗法后改称"来访者中心疗法"。这种方法反对采取生硬和强制态度对待患者,主张咨询员要有真诚关怀患者的感情,要通过认真的"听"达到真正的理解,在真诚和谐的关系中启发患者运用自我指导能力促进本身内在的健康成长。这一原理也适用于教师和学生、父母与子女以及一般人与人之间的关系,因此,又称以人为中心的理论。他的心理疗法今天在欧美各国已广泛流行,他的人格理论也颇有影响。

◎ 思考与练习

　　1.就秘书职业而言,对于"史上最牛女秘书"的做法,你的观点是什么？说说你认为较好的做法是怎样的？

　　2.回顾并写下你曾经遇到的烦恼或不快事件,你采用的是什么样的应对方式？效果如何？你遇到的哪些挫折和变化是自己无法处理的？

◎ **综合实训**

模拟面试

一、实训目的

1.参与模拟面试,切身感受到求职面试的具体情境,学会求职中的面试技巧。

2.找到自己的不足,更好地充实自己。

3.培养自己综合能力和心理素质。

二、实训内容

面试的内容包括仪表风度、言谈举止、专业基础知识、综合分析能力、反应与应变能力、人际交往能力、自我控制能力与情绪稳定性、工作态度、上进心、进取心、求职动机以及兴趣爱好等。

三、实训要求

准备材料:面试提问材料,学生准备个人简历,着职业装。

1.每组当中有一人扮演"应聘者"的角色,其他人则作为"面试官"。要求学生分组准备一个 8～10 分钟的模拟面试。每人都要轮流做一次面试者。

2.各组经过准备后,要在班级现场表演各自的面试过程。

3.小组成员代表谈谈准备过程与现场表演中的感受,并回答其他同学的提问。全部完成后,老师对活动进行总结。

4.结合实训中出现的问题,老师给大家讲解进行成功面试的技巧。

四、注意事项

1.实训中,教师扮演多种角色,既是模拟面试的主考官,也是模拟面试的裁判,还是面试相关知识和技能的传授者。在模拟面试时,一定要注意实践训练,如果时间允许,可以组织一次模拟面试过程,让学生切身体会面试现场的情景,以便对知识点有很好的把握。

2.面试的成败与否,并不完全取决于现场的表现,前期的准备是否充足,是否有针对性,才是确保面试成功的关键。最根本的准备就是要有针对性,要在应聘前对你应聘的企业和行业进行了解、分析,知己知彼方能百战百胜。一定要争取大量的面试机会,这样会积累很多面试方面的宝贵经验和教训,而当你真正想要的那份工作需要面试时,你就不会那么紧张,因为之前你已经演习了好多遍。

通过面试,用人单位了解求职者看问题的角度、知识层次、思想素质和特长,还能够观察求职者的姿势、态度、表情,借此进一步了解求职者的素质、能力以及修养程度。

以求职者方面看,面试的实质就是推销自己,登门访问企业,尽显自身之长,也能够了解企业状况,经营策略和人才培养计划,从而使自己更进一步地认识用人单位。

　　3. 应聘成功的关键因素：应聘者良好的个性特征，学习能力，掌握新工作的时间，应聘者的价值观，应聘者的认知接受能力，承认、接受错误的能力，并能从中吸取经验教训。

附录

心理健康状况测试

　　心理健康状况测试也称症状自评量表(SCL-90)，常用以评定心理卫生状况。

　　指导语：以下表格中列出了有些人可能有的病痛或问题，请仔细阅读每一条，然后根据最近一周内(或过去)下列问题影响你自己或使你感到苦恼的程度，给自己打分。"从无"记 0 分，"轻度"记 1 分，"中度"记 2 分，"偏重"记 3 分，"严重"记 4 分。

　　1. 头痛

　　2. 神经过敏

　　3. 头脑中有不必要的想法或字句盘旋

　　4. 头昏或昏倒

　　5. 对异性的兴趣减退

　　6. 对旁人责备求全

　　7. 感到别人能控制自己的思想

　　8. 责怪别人制造麻烦

　　9. 忘性大

　　10. 担心自己的衣饰整齐及仪态的端正

　　11. 容易烦恼和激动

　　12. 胸痛

　　13. 害怕空旷的场所或街道

　　14. 感到自己的精力下降，活动减慢

　　15. 想结束自己的生命

　　16. 听到旁人听不到的声音

　　17. 发抖

　　18. 感到大多数人都不可信任

　　19. 胃口不好

　　20. 容易哭泣

　　21. 同异性相处时感到害羞不自然

　　22. 感到受骗，中了圈套或有人想抓住自己

23.无缘无故地突然感到害怕

24.自己不能控制地大发脾气

25.怕单独出门

26.经常责怪自己

27.腰痛

28.感到难以完成任务

29.感到孤独

30.感到苦闷

31.过分担忧

32.对事物不感兴趣

33.感到害怕

34.感情容易受到伤害

35.旁人能知道自己的私下想法

36.感到别人不理解自己、不同情自己

37.感到人们对自己不友好、不喜欢自己

38.做事必须做得很慢，以保证做得正确

39.心跳得很厉害

40.恶心或胃部不舒服

41.感到比不上他人

42.肌肉酸痛

43.感到有人在监视自己、谈论自己

44.难以入睡

45.做事必须反复检查

46.难以做出决定

47.怕乘电车、公共汽车、地铁或火车

48.呼吸有困难

49.一阵阵发冷或发热

50.因为感到害怕而避开某些东西、场合或活动

51.脑子变空了

52.身体发麻或刺痛

53.喉咙有梗塞感

54.感到前途没有希望

55.不能集中注意

56.感到身体的某一部分软弱无力

57.感到紧张或容易紧张

58. 感到手或脚发重

59. 想到死亡的事

60. 吃得太多

61. 当别人看着自己或谈论自己时感到不自在

62. 有一些不属于自己的想法

63. 有想打人或伤害他人的冲动

64. 醒得太早

65. 必须反复洗手、点数目或触摸某些东西

66. 睡得不稳不深

67. 有想摔坏或破坏东西的冲动

68. 有一些别人没有的想法或念头

69. 感到对别人神经过敏

70. 在商店或电影院等人多的地方感到不自在

71. 感到任何事情都很困难

72. 一阵阵恐惧或惊恐

73. 感到在公共场合吃东西很不舒服

74. 经常与人争论

75. 单独一人时神经很紧张

76. 感到别人对自己的成绩没有作出恰当的评价

77. 即使和别人在一起也感到孤单

78. 感到坐立不安、心神不定

79. 感到自己没有什么价值

80. 感到熟悉的东西变成陌生的或不像真的

81. 大叫或摔东西

82. 害怕会在公共场合昏倒

83. 感到别人想占自己的便宜

84. 为一些有关性的想法而苦恼

85. 认为应该为自己的过错而受到惩罚

86. 感到要很快把事情做完

87. 感到自己的身体有严重问题

88. 从未感到和其他人很亲近

89. 感到自己有罪

90. 感到自己的脑子有毛病

SCL-90 测验答卷

F1		F2		F3		F4		F5		F6	
项目	评分	项目	评分	项目	评分	项目	评分	项目	评分	项目	评分
1		3		6		5		2		11	
4		9		21		14		17		24	
12		10		34		15		23		63	
27		28		36		20		33		67	
40		38		37		22		39		74	
42		45		41		26		57		81	
48		46		61		29		72		合计	
49		51		69		30		78			
52		55		73		31		80			
53		65		合计		32		86			
56		合计				54		合计			
58						71					
合计						79					
						合计					

F7		F8		F9		F10			因子	合计分/项目数	T 分
项目	评分	项目	评分	项目	项目	评分	项目				
13		8		7		19			F1	/12	
25		18		16		44			F2	/10	
47		43		35		59			F3	/9	
50		68		62		60			F4	/13	
70		76		77		64			F5	/10	
75		83		84		66			F6	/6	
82		合计		85		89			F7	/7	
合计				87		合计			F8	/6	
				88					F9	/10	
				90					F10	/7	
				合计							

其中测验答卷中的 F1、F2、…、F10 分别代表各因子，即 F1（躯体化）、F2（强迫）、F3（人际敏感）、F4（抑郁）、F5（焦虑）、F6（攻击性）、F7（恐怖）、F8（偏执）、F9（精神病性）、F10（附加因子）。

T 分为因子分，为各因子的合计分除以该因子的项目数所得。分析时通常看各因子 T 分。

国内正常成人的 SCL-90 的因子分分布测验常模

项　目	X±SD	项　目	$\overline{X}$±SD
躯体化	1.37+0.48	攻击性	1.46+0.55
强　迫	1.62+0.58	恐怖	1.23+0.41
人际敏感	1.65+0.61	偏执	1.43+0.57
抑　郁	1.50+0.59	精神病性	1.29+0.43
焦　虑	1.39+0.43		

资料来源：金华等，中国神经精神疾病杂志，1986(5)：261.

评定时，若某因子 T 分超过 $\overline{X}$±SD，则认为该因子项已达到中等严重程度。

为了便于判别，根据上表的常模制成正常成人 SCL-90 各因子正常值范围表。若各因子的合计分小于所列分，则为正常范围；反之，则该因子项已达到中等严重程度以上。

正常成人 SCL-90 各因子正常值范围

项　目	各因子合计	项　目	各因子合计
F1 躯体化	<28	F6 攻击性	<16
F2 强迫	<28	F7 恐怖	<15
F3 人际敏感	<26	F8 偏执	<16
F4 抑郁	<35	F9 精神病性	<22
F5 焦虑	<23		

测试结果仅供参考。

参考文献

1. 赵中利.秘书心理学.北京:高等教育出版社,2008

2. 季水河.秘书心理学.上海:复旦大学出版社,2008

3. 侯典牧.秘书心理学.北京:首都经济贸易大学出版社,2008

4. 樊富珉.团体心理咨询.北京:高等教育出版社,2005

5. 钟锐.培训游戏金典.北京:机械工业出版社,2007

6. 马建青.大学生心理卫生(第二版).杭州:浙江大学出版社,2003

7. 张梅.心理训练.武汉:华中理工大学出版社,1999

8. 郭霖.大学生心理素质拓展.武汉:湖北科学技术出版社,2006

9. 白羽.改变心力——团体心理训练与潜能激发.杭州:浙江文艺出版社,2006

10. 张金学,井婷.大学生成功心理训练.北京:科学出版社,2010

11. [美]斯宾斯·约翰逊,王岩译.珍贵的礼物.延吉:延边人民出版社,2002

12. 雅琴.小故事大智慧.北京:海潮出版社,2006

13. 李开复.做最好的自己.北京:人民出版社,2005

14. 关雪峰,郭蓉辉.角色决定命运.北京:地震出版社,2007

15. 谢敏.管理能力训练基础教程.上海:华东师范大学出版社,2007

16. 谭一平.外企女秘书职场日记.北京:华夏出版社,2005

17. 孟庆荣.秘书工作案例及分析.北京:清华大学出版社,2007

18. 金常德.秘书职业概论.北京:中国轻工业出版社,2007

19. 廖金泽.秘书训练.深圳:海天出版社,2004

20. 石咏琦.五星级秘书.北京:北京大学出版社,2007

21. 方国雄,方晓蓉.秘书学.北京:高等教育出版社,2003

22. 谭一平.秘书人际沟通实训.北京:中国人民大学出版社,2008

23. 范立荣.现代秘书学教程(第二版).北京:首都经济贸易大学出版社,2009

24. 谭一平.我是职业秘书.北京:机械工业出版社,2008

图书在版编目（CIP）数据

秘书实用心理学／潘慧莉主编． —杭州：浙江大
学出版社，2011.1(2022.7重印)
ISBN 978-7-308-08154-2

Ⅰ．①秘… Ⅱ．①潘… Ⅲ．①秘书—心理学 Ⅳ.
①C931.46

中国版本图书馆 CIP 数据核字（2010）第 233279 号

秘书实用心理学

潘慧莉　主编

责任编辑	葛　娟	
封面设计	吴慧莉	
出版发行	浙江大学出版社	
	（杭州市天目山路 148 号　邮政编码 310007）	
	（网址：http://www.zjupress.com）	
排　　版	杭州青翊图文设计有限公司	
印　　刷	浙江临安曙光印务有限公司	
开　　本	710mm×1000mm　1/16	
印　　张	12.75	
字　　数	257 千	
版 印 次	2011 年 1 月第 1 版　2022 年 7 月第 7 次印刷	
书　　号	ISBN 978-7-308-08154-2	
定　　价	35.00 元	